## OS SIGNOS E A CRÍTICA

Coleção Debates

Dirigida por J. Guinsburg

Conselho Editorial: Anatol Rosenfeld, Anita Novinsky, Aracy Amaral, Bóris Schnaiderman, Carlos Guilherme Mota, Celso Lafer, Dante Moreira Leite, Gita K. Guinsburg, Haroldo de Campos, Leyla Perrone-Moisés, Maria de Lourdes Santos Machado, Regina Schnaiderman, Robert N. V. C. Nicol, Rosa R. Krausz, Sábato Magaldi, Sergio Miceli e Zulmira Ribeiro Tavares.

Equipe de realização: Tradução: Rodolfo Ilari e Carlos Vogt; Revisão: Alice Kyoko Miyashiro; Produção: Lúcio Gomes Machado; Capa: Moisés Baumstein.

cesare segre
## OS SIGNOS
## E A CRITICA

EDITORA PERSPECTIVA

Título do original italiano:
*I segui e la crítica*

© 1969 Giulio Einaudi editore s.p.a., Torino

Direitos para a língua portuguesa reservados à
EDITORA PERSPECTIVA S.A.
1974

Av. Brigadeiro Luis Antônio, 3025
Telefone 288-8388
São Paulo, Brasil 01401

*SUMÁRIO*

Introdução à edição brasileira .................. 9

Primeira Parte:

    Crítica e estruturalismo ..................... 17
    A crítica estruturalista ..................... 31
    A síntese estilística ........................ 45
    Rumo a uma crítica semiológica ............. 53
    O estruturalismo na Itália .................. 77
    Entre estruturalismo e semiologia ........... 103
    Bibliografia .............................. 135

Segunda Parte:

    A "Canção do exílio" de Gonçalves
    Dias ou as estruturas no tempo .............. 139
    Sistema e estruturas nas
    *Soledades* de A. Machado ................... 171
    Convite à Farfalla di Dinard ................ 209
    Victor Chklóvski ou as estruturas
    da piedade ................................ 225
    Caos e cosmo em Gombrowicz ............... 239
    O tempo curvo de García Márquez ........... 247

## INTRODUÇÃO
## À EDIÇÃO BRASILEIRA

Em meu contentamento pela publicação deste livro em edição brasileira há mais que o prazer que todo autor sente quando lhe é dado apresentar sua obra a um público diferente e mais amplo do que aquele a que ela se destinava na origem. As portas que se abrem para *Os Signos e a Crítica* são as de um país onde recebem calorosa acolhida, e imediatamente se desenvolvem de maneira autônoma as metodologias mais modernas — as de uma Europa mais informada e curiosa do que seria possível prever, desde a admirável explosão de idéias — sobretudo poéticas — que foi o Modernismo brasileiro. Inclusive em perspectiva mais ampla, o Brasil é uma das zonas-chave onde o mundo escolhe entre um humanismo iluminado pela razão e a tecnocracia impiedosa, entre progresso como desenvolvimento harmônico da sociedade e de seus membros e progresso como eficientismo opressivo; problema que o crítico não tem o direito de ignorar, ou de encarar com desinteresse, pois a Literatura e a Crítica se tornam atividades parasitárias quando destacadas dos problemas da conveniência política.

O livro foi remanejado precisamente em função das prováveis exigências do público brasileiro: acrescentaram-se dois capítulos histórico-teóricos[1], eliminaram-se três, dedicados a autores italianos que, com ou sem razão, ainda não conseguiram passar o Oceano Atlântico; por fim, e acima de tudo, acrescentou-se um capítulo dedicado a um dos textos "memoráveis" (ao menos no sentido literal) da poesia brasileira, a *Canção do Exílio*, de Gonçalves Dias. Este capítulo, inédito inclusive em italiano, é um dos produtos mais recentes de minha atividade semiológica: é justo que o leiam e julguem primeiro os conterrâneos do poeta.

Um dos ensaios da primeira parte do volume trata explicitamente do estruturalismo italiano: o leitor não tardará a perceber que também os outros, de caráter e ambições mais gerais, mostram sempre, no plano e nas propensões, os sinais do que eu poderia chamar pomposamente de escola italiana. Declarar isto não é uma confissão, mas sim uma tomada de posição metodológica precisa. Pois o pensamento estruturalista é elaborado, com fecunda diversificação, em vários países, aclimatando-se às tradições culturais e à índole destes. Resulta disso uma formosa polifonia, mas uma polifonia de que raramente se captam todas as vozes, ou por incomunicabilidade lingüística, ou pela variável eficiência dos diferentes países no campo da difusão e exportação livreiras.

Acredito que o estruturalismo italiano, praticado sobretudo por lingüistas e filólogos, tenha boas probabilidades de escapar ao mecanismo, inicialmente exaltador e depois destrutivo, da indústria cultural, com seu ritmo, quase biológico, de modas que se devoram sucessivamente. Ele não pretende realizar uma ruptura brusca com respeito à crítica precedente (ao contrário, liga-se de

---

(1) *O Estruturalismo na Itália* saiu, em inglês, na revista *Semiótica* IV (1971), pp. 215-39; *A crítica estruturalista* saiu no volume coletivo *I metodi attuali della critica in Italia*, Turim, 1970 pp. 323-341

maneira bastante estreita à de caráter lingüístico ou estilístico); não ambiciona substituir a Crítica, como forma literária mais sofisticada e atualizada, à Literatura (ao contrário, julga poder fornecer novos instrumentos para a atividade hermenêutica). Se isto lhe tira um pouco do encanto inerente às novidades que se pretendem revolucionárias, acresce em compensação a aparelhagem a que a crítica estruturalista pode recorrer, e suas possibilidades de desenvolvimento, inclusive entre os horizontes que o tempo, como é tarefa, nos quiser desvendar.

Um desses horizontes já está à vista: é o horizonte semiológico. Somente o nominalismo dos rótulos poderia levar a crer que se trate de uma nova moda, e que a trajetória do Estruturalismo esteja finalmente prestes a concluir-se. Este livro quer mostrar, ao contrário, que não só a Semiologia não substitui o Estruturalismo, mas o continua e completa. Deixando de lado o interesse meramente lingüístico das estruturas, fonéticas, sintáticas, lexicais, etc., interessam ao leitor e ao crítico os significados que essas estruturas desprendem. A crítica conteudística interessa-se, certamente, por esses significados, mas o faz prescindindo do modo como eles são instituídos, e portanto prescindindo da atividade significativa que constitui a verdadeira natureza da obra literária. Em vez disso, a crítica semiológica deveria realizar um contínuo vaivém entre as estruturas (vistas como signos, blocos de signos e superposições de signos) e os significados, que são duas faces da mesma realidade: deixando entrever uma possível superação da velha antinomia forma-conteúdo.

Esta concepção da crítica semiológica não é compartilhada por todos aqueles que operam sob o estandarte da Semiologia. Depois que este livro foi publicado na Itália, em 1969, saíram trabalhos semiológicos assentados de maneiras diferentes. Em alguns destes trabalhos, a Semiologia é entendida, mais que como indagação sobre signos, como estudo das relações entre os níveis da obra literária; em outros, parte-se de modelos abstratos de nível semântico, baseados em pares antitéticos, ou em sistemas mais complexos de conceitos elementares (ou seja, tomam-se como base os significados e deixam-se de lado os significantes); outros trabalhos investigam esquemas gerais, invariantes, da narração, considerados como "universais" de nossa percepção de vicissitudes humanas, e fazem Epistemologia, ou Psicologia coletiva, mais do que Semiologia.

Estas maneiras de proceder, em minha opinião, não dão a devida importância às propriedades do ato comunicativo, sobretudo às propriedades daquele singularíssimo ato comunicativo que é o ato de comunicação artística. A crítica semiológica pode alcançar os melhores resultados somente se se conservar consciente de que, mediante os signos literários, são homens que se dirigem a outros homens, homens que acolhem e interpretam as mensagens enviadas por seus semelhantes. E sendo o signo literário uma complicadíssima construção de signos
 uma construção sempre diferente — o semiólogo deve ter condições de perceber a medida e a natureza da "invenção", as possibilidades e as modalidades da "decriptação".

Há uma espécie de escala que desce dos signos mais codificados (por exemplo, os verbais) aos menos codificados (por exemplo, as metáforas e os símbolos) até chegar
 através de todos os graus intermediários — aos sintomas, isto é, àqueles signos que, em seu conjunto, são conseqüência (e, portanto, indício para o observador) de atitudes ou disposições mentais ou situações: escolhas estilísticas gerais, involuntárias modulações regionais, distribuição estatística do léxico. Esta escala, que foi percorrida (consciente ou inconscientemente) pelo autor nos momentos sucessivos de seu preparo mental e de sua atividade criadora, pode ser repercorrida pelo crítico, que se coloca assim na melhor perspectiva para compreender o conjunto dos processos utilizados numa obra e suas relações internas, e portanto para captar o sentido que dela emana.

Nesta linha de pesquisa pouco se fez, depois de meu livro: é a razão por que, embora eu tenha atualizado as notas no que diz respeito à edição de textos ou à reimpressão de artigos e volumes, não tive necessidade de citar e discutir obras publicadas entre 1969 e hoje. Há pelo contrário um esclarecimento que, com base nas mais recentes discussões, julgo seja devido ao leitor atento. A palavra *signo*, em conformidade com o uso comum consagrado pelos dicionários, é empregada no volume, ora com o valor específico que tem em Saussure (signo codificado), ora com sentido genérico que abrange inclusive os ícones, os sintomas, etc. O contexto deveria permitir a distinção; direi, em princípio, que a semiologia literária deve interessar-se, em minha opinião, por todos os tipos de signos, pois todos os tipos são encontráveis nos textos; em vez disso, é quando oponho diretamente (nos limites de um debate ligado a uma fase de assentamento da Semiologia) signo codificado e sintoma, que, para ser breve, emprego *signo* em sua acepção restritiva. Este esclarecimento mostra a urgência de uma sistematização terminológica de nossa disciplina: porque quanto mais amplo for o conjunto que se estuda, tanto mais é necessário distinguir as propriedades dos elementos que o compõem.

Concluo expressando minha gratidão quer aos amigos que promoveram esta edição, quer aos competentes tradutores, que conseguiram obter um texto em português, fluente e elegante, mantendo-se ao mesmo tempo fiéis à terminologia e ao estilo do original.

CESARE SEGRE

*Milão, outubro de 1972.*

## CRÍTICA E ESTRUTURALISMO [1]

Os métodos críticos podem ser comparados com o uso dos filtros fotográficos em cores: cada filtro ressalta vários pormenores do objeto fotografado e atenua outros. Na Itália, os muitos anos de predominância da crítica crociana submeteram o panorama literário a uma série imponente de tomadas com um tipo de filtro: um filtro de eficácia notável quando bem empregado — mas sempre o mesmo. Compreende-se, portanto, que, na renovação global do pensamento intentada no após-guerra, a crítica literária tenha desejado experimentar novos filtros: Estilística, Análise da Linguagem, Sociologia, etc.

(1) Por meio da sigla *SeC* estou remetendo à coletânea *Strutturalismo e Critica* que abre o *Catalogo generale 1958-1965* da Editora Il Saggiatore, Milão, 1965, quando cito trechos das contribuições ali reunidas.

Nos últimos anos apareceu o Estruturalismo. Em parte, ele se propagou a partir de poucas mas ativas escolas universitárias ligadas a revistas militantes; em parte, penetrou através da leitura de obras e revistas estrangeiras (francesas, americanas); finalmente impôs-se a estudiosos isolados como tema não desprezível de meditação. A principal exigência a que o Estruturalismo parece poder satisfazer (e neste sentido ele acaba colocando-se, aliado ou concorrente, ao lado da Estilística) é a de "engajar a crítica sobre o texto para além de suas qualificações contingentes", obrigando-a "a responder a algumas questões muito simples, por exemplo, como é feita, e de que modo funciona, e principalmente onde está a poesia"². Exigência escassamente satisfeita por aqueles métodos que remetem imediatamente, isto é, após se deterem demasiado brevemente na obra, a algo que está *atrás* da própria obra (quer seja o autor ou a época ou outra coisa), ou que se apressam em enquadrá-la num devir a que ela pertence precisamente por seus caracteres mais genéricos, e não por aquilo que a torna, como toda criação artística, singular e absoluta.

Os *atouts\** do Estruturalismo na psicologia coletiva são fortes: o fato de prevalecerem concepções estruturais em todos os campos do saber, inclusive pela influência, freqüentemente coordenada, da fenomenologia e do materialismo histórico, a predisposição geralmente favorável para com formulações (aparentemente) científicas ou técnicas. E sublinha, talvez demasiado ironicamente, R. Pagès (em *Sens et usages du terme structure*, por R. Bastide, Haia, 1962, p. 93): "Comme du temps de Platon, le théoricien cherche le solide derrière le précaire, l'invariant derrière le mouvant, l'intrinsèque derrière l'extrinsèque, le réel derrière l'apparent. A certaines époques, certains mots expriment mieux que d'autres cette fascination, sans beaucoup la spécifier. "Structure" est de ceux-là, après "système", "déterminisme"\*\*... Acrescentemos finalmente, com as conotações positivas que Starobinski dá a suas próprias observações, que o es-

---

(2) AVALLE, D.S. In: *SeC*, p. XV, In: *Paragone*, XVI, 1965, n.º 182, p. 130.

(\*) Trunfos. Em francês no texto. (N. do T.)

(\*\*) "Como no tempo de Platão, o teórico busca o sólido atrás do precário, o invariante atrás do mutável, o intrínseco atrás do extrínseco, o real atrás do aparente. Em certas épocas, algumas palavras exprimem melhor do que outras esse fascínio, sem muito especificá-lo. "Estrutura" é uma delas, depois de "sistema", "determinismo"..." (N. do T.)

truturalismo, implicando "a fé na presença imanente de uma razão estruturante" e reivindicando, "fora dos itinerários do racionalismo vulgar, uma racionalidade do mundo" acaba constituindo "uma refutação da fácil dramaturgia do absurdo"[3].

Deve-se, por outro lado, observar que o estruturalismo lingüístico, embora fundado ao mesmo tempo que o estruturalismo crítico (formalistas russos), teve uma difusão e um prestígio muito maiores do que o segundo, que por isso se manifestou nas áreas estranhas à primeira voga do movimento como uma tentativa de extensão do método de uma disciplina — a Lingüística —, para outra, — a Crítica. Somente nos últimos anos é que se desenvolveu um movimento crítico consistente de inspiração estruturalista. Ele se ressentiu inevitavelmente das diferenças culturais entre seus adeptos: lingüistas, por vezes propensos a análises formais corajosas, mas nem sempre dirigidas para a finalidade hermenêutica própria da Crítica; críticos, freqüentemente inclinados para um uso metafórico, às vezes simplesmente inexato, dos métodos de ascendência lingüística, e para um certo ecletismo no interior do campo já fortemente diferençado dos vários estruturalismos.

De qualquer maneira, os resultados no conjunto são sem dúvida apreciáveis; desejaria eu aqui não enumerá-los ou avaliá-los, mas tentar individualizar as linhas fundamentais das pesquisas já feitas, e as aberturas que elas indicam para o futuro. Precisamente para fins de clareza, deve-se antes de mais nada observar que a palavra estrutura (e, respectivamente, estruturalismo) já se tornou genérica, ou melhor, equívoca. Há uma grande bipartição genética: a estrutura colocada à mostra pelos lingüistas (ligada aos conceitos de combinação, pertinência, comutação e sistema) e a que é colocada em evidência pelos filósofos (ligada aos conceitos de estereótipo, gênero e forma). Cada um dos dois grupos é em seguida minuciosamente fracionado, e são densas as interferências entre ambos. Em geral, é o estruturalismo lingüístico que recebe o maior número de votos, o que não é de admirar visto que a obra literária é, em primeira instância, um modo de expressão por meio da linguagem. O estruturalismo "filosófico" parece mais compacto. Ao dar relevância às características formais da obra de arte, ele

(3) STAROBINSKI, J. In: *SeC*, pp. XVIII - XIX.

guarda a consciência das relações que a ligam às outras obras do mesmo gênero (o gênero acha-se em contínuo movimento pelas contribuições dos artistas individuais, nas diferentes situações culturais ou históricas, etc.) ou com as outras obras do mesmo autor e da mesma época (expressão de impulsos formais análogos, que se revelam portanto, embora em proporções diferentes, à observação de produtos coetâneos da mesma arte, ou de artes diferentes, ou mesmo de produtos não-artísticos). É uma concepção que poderia chamar-se comparativa. E como a comparação se desenvolve freqüentemente entre duas obras não contemporâneas, ou entre duas fases cronológicas, compreende-se que a exigência historicista seja considerada como satisfeita de início pelos adeptos desta corrente crítica. Poder-se-ia até mesmo dizer que o método aqui descrito muito sumariamente sistematiza (às vezes com rigidez, mas freqüentemente com resultados expositivos eficazes) a ordem das observações sincrônicas, mas principalmente diacrônicas que foram examinadas pela crítica historicista não-estrutural. Ou, ao menos, por aquela crítica que orienta suas perspectivas no alinhamento das obras mais do que dos autores, das instituições literárias mais do que das particularidades individuais e incomensuráveis. Nessa diversidade de orientação é que consiste principalmente a validade do método; neste, por outro lado, tende ameaçadoramente a permanecer aleatória e protéica a própria definição de estrutura, que pode ser ora forma mental, ora diretriz poética, ora gosto ou gênero literário, ora módulo estilístico (nem é certo que os fatos artísticos se desenrolem "de acordo e em harmonia com o espírito da época", como lembra Hofmann, pondo o dedo na chaga)[4]. Acrescentaremos que esta corrente, inclusive por afinidade das bases teóricas, compreende um bom número de estudiosos marxistas, para os quais, como se sabe, o principal impulso formal determinante é o da situação sócio-econômica.

O conceito de estrutura (mas ele somente) é mais unívoco nas proposições de tipo lingüístico: todas têm em comum o programa que consiste em considerar a obra literária como um contexto de palavras *"per legame musaico armonizzate"*. A análise a que são submetidas essas palavras é uma análise diferencial: perguntar "por

(4) HOFMANN, W. In: *SeC*, p. XXXVIII.

que o escritor se expressou dessa maneira?" é freqüentemente o mesmo que perguntar "por que não se expressou de outra maneira?". A partir dessa base comum multiplicam-se imediatamente as divergências, que dependem quer de diferenças na definição da área de possibilidades com que se relacionam as escolhas lingüísticas do escritor, quer da preferência por diferentes tipos de observações sobre o contexto dado.

A análise mais minuciosa das escolhas é a que se opera nos limites da linguagem do mesmo autor. Em casos particularmente felizes (existência de variantes redacionais), sabe-se que versão ou versões disputam a preferência àquela que foi definitivamente escolhida. Estendendo as observações a outras escolhas podem-se apreender ou vislumbrar as tendências que guiaram o escritor em suas decisões. Não é à toa que os exemplos mais antigos e convenientes de análise estruturalista na Itália pertencem à crítica das variantes [5]. Naturalmente, o rótulo de estruturalismo pode ser aplicado a este tipo de análise, quando esta é colocada em contato com o sistema lingüístico do autor, pela compilação explícita de tabelas combinatórias, ou, melhor ainda, quando for relacionada (como experimentei num trabalho sobre A. Machado[6]) à estrutura que suporta a obra de arte. Com efeito, a escolha estilística é freqüentemente determinada pela função que é atribuída pelo conjunto do contexto às versões aceitas, cada uma das quais desempenha um papel preciso na estratégia da narração ou na harmonização dos momentos líricos.

Tocamos assim, talvez, num ponto fundamental para a análise das escolhas lingüísticas. Poderíamos dizer que as escolhas são efetuadas através de um ajuste progressivo, que diz respeito antes à fisionomia lingüística (fatores ativos: as inclinações, a cultura, o gosto do escritor, que privilegiam certos tipos de palavras ou expressões em face de outras, determinando assim a chamada "linguagem do escritor") e, em seguida, à funcionalidade específica (fator ativo: o cálculo da ação que cada parte do discurso acaba por exercer no contexto a que pertence). O primeiro grupo de escolhas é feito no plano da seleção (entre possíveis "homônimos" que o autor utiliza), o segundo no plano da combinação à distância (isto é, levando em conta as rela-

---

(5) Cp. a p. 49 ao cap. "A Síntese Estilística".
(6) Cp. as pp. 206-210 do cap. "Sistema e Estruturas nas *Soledades* de A. Machado".

ções em que o elemento escolhido acabará por estar com os outros que constituem o contexto poético). Em geral, os pesquisadores privilegiam com seu interesse ou a fisionomia lingüística ou a funcionalidade específica (como, por ex., Avalle, que ofereceu recentemente, com o estudo sobre *Gli orecchini* de Montale[7] o primeiro exemplo de análise funcional da linguagem poética). Não há nada a objetar do ponto de vista prático; do ponto de vista teórico, se a escolha ocorre do modo esboçado acima com uma fórmula aproximativa, pareceria necessário opinar em favor da complementaridade dos dois tipos de operação[8]

Mas é preciso advertir que nesses dois tipos de operação os elementos de juízo e os instrumentos de análise são diferentes. No primeiro podem ser aplicados os métodos lingüísticos em sentido próprio, pois os fenômenos se enquadram nas categorias gramaticais (inclusive, naturalmente, o léxico) em toda sua extensão. Língua e estilo do autor são relacionados com um sistema lingüístico-estilístico transcendente, realizado parcialmente no contexto. No segundo tipo, ao contrário, o sistema é constituído pelo próprio contexto, as potencialidades se revestem de interesse somente na medida em que são atualizadas. Neste caso, os métodos descritivos estruturalistas são limitados de um lado — porque o contexto esgota o sistema, e porque as relações de oposição, neutralização, etc., são bloqueadas definitivamente nos nexos que permitiram realizar o contexto, e que são postos em evidência através de uma consideração sinóptica das partes correlatas do próprio contexto —, e por outro lado ampliados, mas em sentido metafórico. Poderíamos, em outras palavras, indicar relações entre imagens, momentos da ação, recursos dramáticos que no contexto da obra se dispõe segundo os esquemas da oposição, da neutralização e outros mais sugeridos pelo Estruturalismo; mas não se tratará mais de relações lingüísticas, e sim de relações poéticas.

Com todos os riscos que qualquer fórmula contém, poderíamos dizer que a análise das escolhas lingüísticas, acima efetuada, nos levou do sistema dos significantes para o dos significados: isto é, fora da Lingüística propriamente dita.

---

(7) AVALLE, D.S. *"Gli orecchini" di Montale*. Milão, 1965.
(8) Cp. as pp. 119-120 do cap. "Entre Estruturalismo e Semiologia"

É natural que os lingüistas tenham preferido deter-se na primeira fase das escolhas, a que diz respeito aos significantes; citarei como exemplo Levin, que aplicou seu método a vários poetas de língua inglesa (*Linguistic Structures in Poetry*, Haia, 1962). Análises desse tipo mostram muito bem como o poeta violenta a língua de que se serve fazendo nascer novas possibilidades de expressão, consoantes com a novidade de sua própria invenção. E. Corti[9] observa oportunamente que o termo de comparação poderia ser, em vez da língua comum, a língua literária contemporânea (ainda que, esclareça-se, sob a forma de "média de uso", isto é, fazendo abstração das peculiaridades dos escritores individuais que, em seu conjunto, a criam). Um exame dessa natureza chega a roçar na história da língua — ressalvado o fato de que seu objeto não é a contribuição do escritor à língua de que se serve, mas a atitude do escritor diante da língua —; e toca ainda mais de perto na Estilística: com o qual tem certamente em comum o objeto, mesmo que seja diferente a maneira de descrevê-lo.

Com uma aparelhagem metodologicamente mais rigorosa, estas análises estruturalistas, como as estilísticas, visam a caracterizar e a colher em todas as suas implicações a mensagem poética. Mas o emprego do termo *mensagem*, tirado da Teoria da Informação, não está isento de equívocos. Ninguém estará disposto a crer que a mensagem de uma obra literária se resuma na soma de informações codificadas nas frases que compõem a obra, e tampouco na soma dos elementos conotativos de que o escritor soube carregar cada ponto de sua mensagem. Lembraremos, a este propósito, a sugestiva aplicação do segundo princípio da Termodinâmica às comunicações humanas (Wiener): oportuna sobretudo para a mensagem poética. O crítico pode parecer desesperadamente preocupado em recuperar, do calor da obra poética, a energia que o poeta lhe infundiu; o bom crítico saberá reduzir as perdas ao máximo — mas a energia recuperada não será nunca igual à que foi despendida.

Por isto é que discordamos de Rosiello, que, na mensagem poética, exalta o "interesse 'cognitivo' voltado, observe-se, não para o mundo dos objetos, mas para as possibilidades estruturais de realização comunicativa próprias de determinado sistema lingüístico", certo de

(9) In: *SeC.*, p. XXX; depois em *Metodi e fantasmi*, Milão, 1969, pp. 65-69, p. 67.

que a fundamentação de uma teoria literária absolutamente científica pode ter origem no reconhecimento de que a literatura "tem por tarefa a reintegração do homem, produtor de mensagens, na posse sistemática dos instrumentos comunicativos que lhe são próprios"[10]. Discordamos porque aquele "interesse cognitivo", esta "posse sistemática" são simples meios pelos quais o escritor (melhor do que qualquer outra pessoa) pode nos comunicar pensamentos, sentimentos, ideais, fantasias: meios, repetimos. E parece-nos até curiosa essa celebração da mensagem poética, face à mensagem comum, por parte de um estruturalista, que parece pronto a sacrificar a *langue* à *parole*, as estruturas lingüísticas coletivas e, em seus traços gerais, unitárias, às dos escritores — exasperadas e programática ou instintivamente deformadas.

Do que se disse acima resulta, talvez, uma possibilidade de divisão territorial entre o estudo lingüístico-estilístico e o estudo funcional dos contextos, entre o uso próprio e o metafórico do método estruturalista. Mas entre o primeiro e o segundo termo desses dois pares há um espaço mental que deve ser bem explorado. Ocupa tal espaço a crença ou a miragem de uma fundamentação científica da crítica literária, um sonho que é freqüente desde épocas remotas, mas que hoje se tornou obsessivo, quando a ciência se mostrou capaz de anexar a si própria regiões de que era, antes, excluída.

Nesse sentido, creio que é preciso meditar sobre o que escreve Starobinski: "As estruturas não são coisas inertes nem objetos estáveis. Elas emergem a partir de uma relação que se estabeleceu entre o observador e o objeto; surgem em respostas a uma questão preliminar, e é em função dessa pergunta feita às obras de arte que se estabelecerá a ordem preferencial de seus elementos decifrados. É no contato com minha interrogação que as estruturas se manifestam e se tornam sensíveis, num texto desde há muito fixado na página de um livro. Os diferentes tipos de leitura escolhem e extraem estruturas "preferenciais"[11]

Starobinski descreveu muito bem, em minha opinião, a natureza e o modo de existir das estruturas da obra de

---

(10) In: *ScC*, p. XLVI. De Rosiello veja-se também *Struttura, uso e funzione della lingua*. Florença, 1965, especialmente p. 112.
(11) In: *SeC*. p. XIX. Veja-se, ademais, o importante artigo "La relation critique". In: VÁRIOS. *Quatre conférences sur la "Nouvelle Critique"*. Turim. 1968.

arte. Elas não estão presentes, sólidas em sua substância, e prontas a aparecer na tela de preciosas sondas acústicas; nem são uma construção do crítico, útil para alinhar em uma ordem a massa fugidia de suas observações. As estruturas da obra de arte são as linhas de contato entre um tipo particular de aproximação e uma obra de arte particular. Quanto mais aguçada a capacidade de leitura do crítico, tanto mais compreensivas e reveladoras as estruturas individualizadas.

Mas então o Estruturalismo não abre nenhum Sésamo; mas então recai-se no deplorado subjetivismo crítico! Não nos parece motivo de queixa esta segunda proposição, que reconhece devidamente a liberdade do escritor e a liberdade do leitor. ( E com efeito o processo de descoberta das estruturas que acaba de ser descrito cabe perfeitamente na fenomenologia da sintonização crítica já definida pela estética romântica ). De uma obra de arte que nos ofereça sem resíduos seu conteúdo, que encontre seu equivalente exato numa fórmula, não sabemos o que fazer; se nos contentássemos com a fórmula daria no mesmo.

Ao contrário, a primeira proposição não nos parece absolutamente digna de ser adotada. O Estruturalismo sugere um modo mais orgânico de observar a obra literária: supera as notações locais e as degustações episódicas, para apontar as grandes linhas da obra e valorizar evocações e contrastes internos que escapariam às degustações episódicas; oferece uma linguagem crítica de notável eficácia, e favorece as revelações que podem provir de uma terminologia precisa, desde que usada com precisão. É, para voltar à imagem do início, um novo filtro fotográfico que nos revelou, mesmo nas primeiras tentativas nem sempre seguras, coisas novas, e promete revelar outras mais.

Ficaram por examinar as possibilidades de inserir uma análise estruturalista do texto numa visão historicista. Não creio que o problema deva ser posto em abstrato, visando a uma resposta afirmativa ou negativa. Com efeito, em abstrato, a resposta não pode ser senão positiva, se pensarmos que os escritores estão imersos na História, e dela são tributários e fornecedores. O problema é definir os modos pelos quais o contato com a História se verifica, o rendimento crítico que podemos nos propor a partir da historicização.

Numa consideração de tipo lingüístico-estilístico, os laços com a História seguem as linhas de uma história determinada, a história lingüística. O comportamento lingüístico do escritor é definido pelo confronto com as várias correntes da língua de seu tempo, ou seja, com intensidade decrescente, com a língua dos escritores afins por conteúdos e estilo, com a língua literária em geral, com a própria língua em sua totalidade. Podemos nos propor caracterizar o escritor em face da língua, ou determinar a ação por ele exercida sobre a mesma: no primeiro caso, a obra literária é colocada no vértice da história lingüística que a precede, no segundo caso, na base da história lingüística que a segue.

A história da língua espelha por sua vez a história da sociedade e da cultura. No momento em que o escritor se insere na história da língua, ele aceita sem dúvida as tendências coletivas que ela exprime, mas as seleciona, acentuando-as ou recusando-as. O escritor age, portanto, sobre as tendências comuns como uma lente que acentua uma parte das mesmas; na dialética obra-língua, insere elementos novos, carreados para seu uso lingüístico por sua atitude de pessoa histórica. A análise lingüística (estrutural ou não) remete, portanto, a dois tipos de historicidade: a coletiva e já automatizada da língua nacional e setorial onde o autor se alimenta, e a individual e consciente, que se revela no uso que ele faz da língua. É evidente que se se quisesse considerar a obra de arte em si, ignorando quem a criou, esses reconhecimentos outorgados à historicidade, que é parte ou forma da alma e da inspiração do escritor (palavras-tabu para os maníacos da cientificidade pura), constituiriam uma rendição incondicional a elementos estranhos, em relação aos quais já confessamos nossa falta de disposição. Mas citaremos a autoridade de Roncaglia: "não vejo como uma metodologia meramente estruturalista poderia fornecer um sucedâneo às categorias estéticas e éticas do juízo, das quais não pode prescindir um sério empenho crítico. Por meio de tais categorias, além do aspecto condicionante (mas não determinante) das estruturas, alcança-se o momento decisivo da intuição e da liberdade criadora: passa-se, em suma, do estruturalismo ao historicismo"[12]

Pelo contrário, a análise funcional pode dispensar, em primeira instância, os apelos à História. Ela evidencia

(12) In: S*e*C, p. LXIV.

na obra de arte o complexo de macro e microestruturas de que depende sua eficiência; considera-a, em suma, como um organismo cujas partes são reciprocamente condicionadas e condicionantes. O problema é se a descrição desse organismo coincide com sua compreensão; e se, mais uma vez, há compreensão fora da História.

Problema obsoleto, e que seria presunçoso e vão abordar aqui. Diremos somente que à análise funcional não são absolutamente inacessíveis as possibilidades historicistas. Ela implica, como se viu, uma funcionalidade não-lingüística dos elementos lingüísticos: a funcionalidade que eles assumem na estrutura (narrativa, dramática, lírica, etc.) da obra e a funcionalidade que desempenham enquanto partes de um "campo imaginativo", símbolos de um sistema ideológico, o do autor. Esse sistema ideológico, sujeito naturalmente às mesmas transformações que qualquer sistema pode sofrer, insere-se em sistemas de maior capacidade que concentricamente abraçam as idealidades de grupos humanos contemporâneos cada vez mais vastos, e que se encontram, por outro lado, numa secção horizontal de um devir histórico (Goldmann passaria por cima da pessoa do autor, ligando a estrutura da obra à estrutura do grupo social [13]: com alguma vantagem para a clareza do esquema historiográfico, mas com o sacrifício inaceitável de um dos aspectos fundamentais da obra de arte, o de ser a projeção e a sublimação de um único núcleo existencial). Vale a pena repetir o que propôs um dos mestres do estruturalismo moderno, Lévi-Strauss: "É a História, conjugada com a Sociologia e a Semiologia, que pode permitir ao analista quebrar o círculo de um confronto atemporal em que não se sabe nunca, enquanto se desenrola um pseudodiálogo entre o crítico e a obra, se o primeiro é um observador fiel, ou o animador inconsciente de uma *pièce** de que ele se oferece a si mesmo o espetáculo, e cujos ouvintes poderão sempre perguntar se o texto é recitado por personagens de carne e osso, ou se é emprestado por um habilidoso ventríloquo a títeres por ele mesmo inventados"[14]

(13) É paradigmático, neste sentido, L. GOLDMANN, *Le dieu caché*, Paris, 1955. (Em italiano, com o título *Pascal e Racine*, Milão, 1961). Cp. também *Pour une sociologie du roman*, Paris, 1964 (Trad. it., Milão, 1967; trad. brasileira, 1967.)

(*) Em francês no texto. (N. do T.)

(14) In: *SeC*, p. LIII. In: *Paragone*, XVI, 1965, n.º 182, p. 128.

Estes discursos acabam por aproximar sensivelmente os dois tipos de estruturalismo: o "filosófico" e o "lingüístico". Mas aqui, indubitavelmente, torna-se grave a ameaça de generalizações apressadas ou de simplificações forçadas. As estruturas ideológicas de uma pessoa (de um escritor) têm uma unidade formal dificilmente perceptível, mas parcialmente, confusamente perceptível. As estruturas ideológicas de um ambiente são muito mais embrionárias e confusas, e convivem dialeticamente com infinitas outras estruturas não-homólogas, nem parcialmente superponíveis: toda simplificação operada pelo historiador é uma violência contra a verdade. Nem as perspectivas se tornam mais róseas se se aceita a hipótese da existência de "estruturas diacrônicas". Admitamos que exista uma estrutura diacrônica do romance, ou da lírica, e assim por diante (hipótese que pode, provavelmente, ser rendosa para o estudo dos gêneros); o historiador deveria determinar nesse ponto — superando os diferentes tipos, as diferentes funções, os diferentes desenvolvimentos, os diferentes condicionamentos, as diferentes leis de toda estrutura expressa pelas mentes humanas — estruturas diacrônicas de capacidade cada vez maior: estrutura do "gênero: literatura", e depois quiçá do "gênero:arte", e do "gênero:atividades espirituais", etc., uma construção em pirâmide digna de um místico medieval, e em cuja possibilidade somente acreditaríamos vendo um primeiro esboço de execução.

Muito melhor (e com isto concluímos) é recorrer a uma sugestão metafórica tirada da geometria. Se imaginarmos a obra de arte como um espaço tridimensional, poderíamos dizer que as várias metodologias críticas preferiram, alternadamente, percorrer só duas dimensões: apreendendo, da obra, superfícies ou linhas, com um ato de escolha absolutamente legítimo. O Estruturalismo, graças à maior organicidade de suas representações, pode ambicionar uma análise tridimensional, ou, em suma, captar de algum modo o volume da obra. Mas a teoria da relatividade incluiu uma quarta dimensão, o tempo, às três da geometria euclidiana. Ora, poder-se-ia perfeitamente exigir (e acerca desse ponto a crítica histórica ostenta referências irrepreensíveis) uma descrição crítica da obra que inclua a nova dimensão junto com as três tradicionais. Isto significa levar em conta o tempo (a História), mas em seu aspecto de dimensão da obra; em suma, entender a obra de arte como um *cronótopo*. Não é uma proposta de conciliação: a análise sincrônica, mesmo quando enriquecida da dimensão tempo não pode provavelmente deixar de opor-se à diacrônica, mesmo enriquecida da dimensão espaço: acontece que, alternadamente, deve-se considerar que o tempo está subsumido ao espaço e o espaço ao tempo.

Estas últimas considerações evidenciam, quando mais não seja, a gravidade dos novos problemas que os métodos estruturalistas colocam, a fertilidade teórica que, por isso mesmo, demonstram.

## A CRÍTICA ESTRUTURALISTA

Ao menos desta vez pode-se indicar uma data de nascimento precisa: 1929. Nesse ano é que foram apresentadas ao I.º Congresso dos filólogos eslavos as *Teses*[1] que fundavam, oficialmente, ao mesmo tempo, a lingüística estrutural e a crítica estruturalista. Os principais autores das *Teses* eram os russos Trubetzkói, Jakobson, Karcevsky e os tchecos Trnka, Mukařovský, Ha-

---

(1) *Il circolo linguistico di Praga. Le tesi del '29*, intr. de E. Garroni, Milão, 1966 (publicada pela primeira vez nos *Travaux du Cercle Linguistique de Prague*, 1, 1929). Alguns importantes conceitos das Teses haviam sido antecipados por I. Tinianov e R. Jakobson num artigo de *Novyi Lef*, 12, pp. 36-7, 1928, reimpresso com o título "Problemi di studio della letteratura e del linguaggio", em *I formalisti russi*, organização de T. Todorov, Turim, 1968, pp. 145-9. E toda a obra de Tinianov está cheia de visões pré-estruturalistas: veja-se, especialmente, *Avanguardia e tradizione*, Bari, 1968 (ed. original, Leningrado, 1929). Uma história do Círculo Lingüístico de Praga foi escrita por J. VACHEK, *The Linguistic School of Prague*, Bloomington-Londres, 1966. Cp. também I. AMBROGIO *Formalismo e avanguardia in Russia*. Roma, 1968.

vrànek. Nos três primeiros nomes, que evocam a atividade da *Opoiaz* de São Petersburgo e do Círculo lingüístico de Moscou, já está prefigurada uma vicissitude metodológica importante: a consangüinidade da lingüística estrutural e da crítica formalista, crescidas juntas na *Opoiaz* e no Círculo lingüístico de Moscou?.

Por esse motivo nem sempre é fácil distinguir crítica formalista e crítica estruturalista. Só se pode dizer que a crítica formalista russa dos inícios descreveu uma parábola de vida um tanto limitada (1916-1930), ao passo que a estruturalista, embora elaborada por lingüistas de origem formalista, tomou impulso mais tarde e alcançou as metas mais ambiciosas precisamente na última década. Pode-se acrescentar que a crítica estruturalista, por sua aparelhagem mais técnica tem seu ponto de partida preferencial na análise lingüística dos textos, cujo caráter tende a definir, apelando para as particularidades da linguagem poética e para o lugar que esta ocupa no conjunto das atividades lingüísticas.

No centro das *Teses* de 1929, que nos interessam aqui por causa do capítulo *Sobre a língua poética*, estava esta afirmação:

A obra poética é uma estrutura funcional, e os diferentes elementos não podem ser compreendidos fora de sua *conexão com o conjunto*. Elementos objetivamente idênticos podem desempenhar, em estruturas diferentes, funções absolutamente diferentes.

Estas frases fazem eco à definição que dera Saussure do sistema lingüístico[3], mas as implicações no âmbito crítico são de extrema importância. Antes de mais nada elas exaltam a primazia do texto literário em sua individualidade autônoma, em sua natureza, por assim dizer, de artefato, ainda que sublime. Além disso, insiste-se na futilidade de análises parciais ou impressionistas da obra de arte, cujos elementos adquirem seu valor somente em relação com todos os demais.

A obra poética é, pois, entendida, em primeira instância, em seu aspecto primordial de tecido verbal, de sucessão de sons, palavras, frases. Contudo as *Teses* excluem uma enfatização ingênua dos dados fonológicos ou gramaticais; ao contrário, elas insistem na pluralidade

---

(2) Sobre os desenvolvimentos do formalismo para o estruturalismo veja-se V. ERLICH. *Il formalismo russo*, Milão, 1966.

(3) F. de SAUSSURE, *Cours de linguistique générale*, Paris, 1916, p. 127: *La langue est un système dont toutes les parties peuvent et doivent être considérées dans leur solidarité synchronique*".

de níveis da língua poética — fonológico, sintático, métrico, etc. — e sobretudo na interação e na variabilidade das relações recíprocas entre um nível e outro: ou seja, na "hierarquia específica dos valores poéticos". Acrescente-se que os níveis a que as *Teses* aludem são não somente os da expressão, mas também os do conteúdo semiológico: segundo uma sugestão do lingüista dinamarquês Hjelmslev[4] que Mukařovský teria proveitosamente assimilado[5]

A precedência atribuída ao aspecto verbal da obra pode ser motivada de duas maneiras. Em primeiro lugar demonstrando que a riqueza dos significados da obra poética é fruto de um esforço totalmente concentrado nos signos verbais que, precisamente por meio desse esforço, o artista carrega de tão grande riqueza de significação. Assim se expressam as *Teses:*

> O princípio organizador da arte, em função do qual ela se distingue das outras estruturas semiológicas, é que a intenção é orientada não para o significado mas para o próprio signo.

O axioma pode em seguida ser motivado por uma nova série de considerações de relevância lingüística. Carregando de significados os elementos da língua de que necessariamente se vale, o artista os liberta do automatismo e da estandardização a que os reduz o uso quotidiano para fins comunicativos[6]. O artista regenera esses elementos, torna-os atuais e orienta-os; e a orientação geral dos signos lingüísticos de uma obra mira precisamente o coração dos significados subjacentes. Lemos ainda nas *Teses:*

> Da teoria, em que se afirma que a linguagem poética tende a pôr em relêvo o valor autônomo do signo, resulta que todos os planos de um sistema lingüístico, que têm na linguagem da comunicação um papel instrumental, adquirem na linguagem poética valores autônomos mais ou menos notáveis. Os meios de expressão próprios de tais planos e as relações mútuas existentes entre estes, e que tendem a tornar-se automáticos na linguagem da comunicação, tendem, pelo contrário, a atualizar-se na linguagem poética.

---

(4) HJELMSLEV, L. *I fondamenti della teoria del linguaggio*. Turim, 1968 (ed. original, Copenhague, 1943), § 15.

(5) Uma série de escritos de Mukařovský e de outros praguenses sobre a poética estruturalista está em *A Prague School Reader on Esthetics, Literary Structure, and Style*, de P. L. Garvin, Washington, 1964.

(6) Também esta é uma sugestão vinda dos formalistas russos. Veja-se por exemplo V. CHKLÓVSKI, *Una teoria della prosa*, Bari, 1966 (ed. original, Moscou, 1929), pp. 15 e ss., 28 e ss.

A crítica estruturalista foi exportada da Rússia e da Tcheco-Eslováquia para o Ocidente, especialmente para os Estados Unidos, inclusive em conseqüência do exílio ou da expatriação de alguns de seus representantes, como Jakobson e Wellek. Mas outros críticos europeus, como Rousset e Richard, e americanos, como Wimsatt e Cleanth Brooks[7] atestam uma possível poligênese das tendências estruturalistas. Aqui basta citar as análises que Jakobson dedicou a textos de Dante, Baudelaire, Eminescu, Pessoa, Brecht[8]; tomando-as como modelo experimentaremos analisar um soneto de Petrarca. Negligenciaremos, porém, as leis, por assim dizer, geométricas, próprias de esquemas rigorosos como o do soneto e aprofundaremos menos do que Jakobson o exame dos aspectos fônicos e morfológicos, porque nos parece mais oportuno, e não somente por razões de tempo, que nos limitemos aos elementos pertinentes, isto é, funcionais em relação à intenção artística ou à interpretação.

O soneto tem, no *Canzoniere*, o número 188:

> Almo Sol, quella fronde ch'io sola amo,
> tu prima amasti, or sola al bel soggiorno
> verdeggia, e senza par poi che l'addorno
> suo male e nostro vide in prima Adamo.
>
> Stiamo a mirarla: i'ti pur prego e chiamo,
> o Sole; e tu pur fuggi, e fai d'intorno
> ombrare i poggi, e te ne porti il giorno,
> e fuggendo mi toi quel ch'i' più bramo.
>
> L'ombra che cade da quel'umil colle,
> ove favilla il mio soave foco,
> ove 'l gran lauro fu picciola verga,
>
> crescendo mentr'io parlo, agli occhi tolle
> la dolce vista del beato loco,
> ove 'l mio cor co la sua donna alberga.

O primeiro quarteto expõe o esquema conceitual que deverá desenvolver-se na continuidade do soneto. A *fronde* do v. 1 indica ao mesmo tempo o louro como resultado da metamorfose mítica de Dafne e como *senhal* de Laura. Ela se acha entre o *almo Sol*, identificado com

---

(7) Sobre os "formalistas" americanos, veja-se por exemplo R. CESERANI, William Kurz Wimsatt e il "New Criticism" americano, *Belfagor*, XXI, 1966, pp. 681-710.

(8) "Les chats" de Ch. Baudelaire (em colab. com Cl. Lévi-Strauss), *L'homme*, II, 1, pp. 5-21, 1962, depois em *Il corpo*, I, 1, pp. 43-59, 1965; *Analyse du poème "Revedere" de Minhai Eminescu* (em colab. com B. Casacu), em "Cahiers de Linguistique théorique et appliquée", I, pp. 47-54, 1962; L'architettura grammaticale della poesia brechtiana "Wir sind Sie", *Paragone*, XVII, 198, pp. 3-22, 1966; Vocabulorum constructio in Dante's sonnet "Se vedi li occhi miei" (em colab. com P. Valesio), *Studi Danteschi*, XLIII, pp. 7-33, 1966; Les oxymores dialectiques de Fernando Pessoa (em colab. com L. Stegagno Picchio), *Langages*, 12, pp. 9-27, 1968.

Apolo, outrora enamorado de Dafne, e a afirmação da unicidade do amor de Petrarca por Laura. Simetria acentuada pelo fato de que *sola amo* é quase espelhado em *almo Sol*. Esses grupos silábicos retornam no v. 2 *(amasti, or sola)*, mas a cavaleiro de uma ruptura cronológica, e prosódica, entre os dois amores, de Apolo e de Petrarca, sublinhada pela oposição entre *prima* e *or*. O duplo símbolo da *fronde* e seus laços bivalentes com Apolo e com o poeta são colocados no mesmo plano pela sucessão dos pronomes e dos verbos de primeira e segunda pessoa: *io sola amo, tu prima amasti*. Somente nesse rigorismo estático o quarteto podia revelar seu intrincado esquema inventivo: portanto, o *enjambement* entre os vv. 2 e 3 *(al bel soggiorno/verdeggia)*, sublinhado pelos dois *g* geminados, consolida o bloco sintático dos verbos, como aliás a alusão entre *prima* (v. 2) e *in prima* (v. 4)

Diferente é o esquema do segundo quarteto. Inicialmente a breve exortação *Stiamo a mirarla*, onde o plural mantém uma última vez a equivalência dos dois enamorados. Depois a frase na primeira pessoa *i' ti pur prego e chiamo*, cujo ofego culmina no debruçar-se assimétrico da invocação *o Sole* no v. 6. Finalmente as quatro breves proposições ligadas parataticamente pela conjunção *e*. Essa proposições estão todas na segunda pessoa: *tu ... fuggi, fai, te ne porti, mi toi*, e reafirmam a inflexibilidade do sol que, pondo-se, impede o poeta de contemplar a colina em que mora Laura. O contraste entre o segundo e o terceiro momento é acentuado pela oposição entre *ti pur prego* e *tu pur fuggi*. A unidade do terceiro momento é expressa inclusive pela variação *fuggi... fuggendo*, cujas geminadas palatais estão também presentes em *poggi*. E talvez não seja casual a alusão, contrastante, entre o *enjambement* central do primeiro quarteto e o central do segundo *(fai d'intorno/ombrare i poggi)*.

A situação exposta no segundo quarteto retorna com tom mais elegíaco e descritivo nos tercetos, cujo início se liga à parte final do quarteto através do anagrama *bramo-ombra*. Na verdade, os tercetos objetivam e ampliam o tema da sombra, enunciando subjetivamente nos vv. 6-7 *(fai d'intorno/ombrare i poggi)*: eles formam um grande período tendo *l'ombra* como sujeito, e como verbo o mesmo verbo *torre* que fechava os quartetos, com paralelismo inclusive sintático entre os vv. 8 e 12: *e fuggendo mi toi quel ch' i' più bramo; crescendo mentr'io parlo, agli occhi tolle.* Os tercetos são caracterizados pela freqüência da letra *l:* paralela à dos primeiros versos do soneto: quase uma alusão à inicial de Laura; somente o v. 10, com sua riqueza de *v,* exerce uma função imitativa da luminosidade: *ove favilla il mio soave foco.*

Estilisticamente, os tercetos se ligam através dos *ove* no início dos vv. 10, 11 e 14: *ove* é como uma flecha que indica a direção da colina *onde (ove)* mora Laura. Há depois, um jogo de simetrias e alternâncias entre os pares adjetivo mais substantivo: uma nos vv. 9 *(umil colle)* e 10 *( soave foco ),* duas no v. 11 que fecha o primeiro terceto *( gran lauro; picciola verga );* ao passo que o v. 13 do segundo terceto, que tem por sua vez dois pares (*dolce vista; beato loco),* está encerrado entre si dois versos de base complemento mais verbo (*agli occhi tolle; co la sua donna alberga).* Não é por acaso que os vv. 11 e 13, os únicos com dois pares adjetivos mais substantivo, são aqueles em que domina a presença de Laura *(ove 'l gran lauro fu picciola verga)* e de sua morada na colina *(la dolce vista del beato loco):* explicitação da *fronde* e do *bel soggiorno* antecipados de maneira alusiva nos vv. 1 e 2. Nem é por acaso que os pares adjetivo mais substantivo dos versos centrais dos tercetos rimam entre si e cada um contém um hiato *(soave; beato).*

Este exemplo, ainda que apressado, de análise, dá pelo menos uma idéia de como os vários níveis da expressão poética — fônico e sintático, estilístico e simbólico, se entrelaçam na estrutura de uma composição. Nesse sentido pode-se dizer que cada elemento expressivo assume o valor não da pedra de um mosaico, mas de uma função do complexo poético.

Até aqui insistimos principalmente no entrelaçamento e na articulação das várias funções poéticas, e sublinhamos a coerência estrutural da composição. Mas cada um dos elementos empregados pelo poeta pertence, obviamente, à língua de seu tempo; ele foi forçado a uma finalidade poética particular individualizável não somente partindo do resultado, mas também analisando a distância entre seu conteúdo ou valor lingüístico de origem e aquele que tal finalidade lhe confere, restringindo-o, enriquecendo-o ou desviando-o.

A distinção de Saussure entre *langue* e *parole* resulta ser demasiado genérica para esse efeito: é claro que toda obra literária é um ato de *parole*, mas também o é qualquer discurso comum. Entre *parole* e *langue* deve existir toda uma série de mediações, e os estruturalistas insistiram nisso.

A língua à qual recorre todo falante, e ainda mais todo escritor, não é, para ele, uma entidade exterior, mas um tesouro lingüístico de que ele se apropriou, diferente do de qualquer outra pessoa. Os estruturalistas chamam-no de "idioleto", ou língua individual[9]. Além disso, esse "idioleto" reapresenta em si, com proporções próprias, a estratificação indubitavelmente presente na língua: língua comum, língua literária, linguagens técnicas, etc.; com estratificações ulteriores, por exemplo, entre língua literária da prosa e da poesia, entre línguas especiais de cada gênero literário.

Fiquemos, por comodidade, no âmbito do léxico. Já pode ter um interesse notável o levantamento estatístico, ora tornado mais fácil pelos calculadores eletrônicos, de todas as palavras empregadas por um escritor numa de suas obras ou no conjunto de suas obras. A diferença entre a freqüência média de certas palavras na língua (italiana, francesa, etc.) do escritor que está sendo estudado e a freqüência que elas têm em seus escritos põe em relevo a área de seus interesses ideais, sua predileção por certos vocábulos ou pelos conceitos que eles exprimem, às vezes até mesmo suas obsessões: individualizam-se assim de maneira matemática ( oportunamente integrada com observações de tipo crítico ) as que se chamam palavras-chave e palavras-tema. Mais ainda: pode-se reconstruir a série de campos lexicais em que se distribuem as palavras empregadas pelo escritor, e tirar deduções preciosas do modo como esses campos são organizados e articulados. Um verdadeiro mapa do mundo verbal e conceitual do escritor[10].

Mas até mesmo, e principalmente, na palavra singular, especialmente se o escritor lhe atribui funções

---

(9) A noção de *idioleto* equivale substancialmente à de *língua individual*, formulada por G. NENCIONI, *Idealismo e realismo nella scienza del linguaggio*, Florença, 1946, pp. 179 e ss. e por G. DEVOTO, *Studi di stilistica*, Florença, 1950, pp. 7 e ss., 15 e ss.

(10) Como exemplo dessas análises estatísticas do léxico veja-se P. GUIRAUD, *Langage et versification d'après l'oeuvre de P. Valéry*, Paris, 1953; ID. *Les caractères statistiques du vocabulaire*, Paris, 1954, e, do mesmo autor, a *Bibliographie critique de la statistique linguistique*, Utrecht-Anvers. 1954. Vejam-se também os minuciosos exames metodológicos de A. HENRY, La notion d'écart et l'étude du vocabulaire poétique, em *Atti dell'VIII Congr. Internaz. di St.Romanzi*, Florença II, 2, pp. 555-66, 1960; R. POSNER, The Use and Abuse of Stylistic Statis, em *Archivum Linguisticum*, XV, pp. 111-39, 1963. Finalmente: Ch. MULLER, *Initiation à la statistique linguistique*, Paris, 1968; *Statistics and Style*, por L. Dolezel e R. W. Brailey, Amsterdã, 1969.

particulares, constata-se uma inflexão pessoal, quer em face da escolha em relação a possíveis sinônimos, quer em relação à seleção de seus significados possíveis. A escolha do poeta ocorreu, como se viu, dentro da estratificação lexical da língua que se repete nele em proporções particulares. Mas como colher com precisão o leque de possibilidades entre as quais ele possa ter escolhido? Porque algumas possibilidades da língua-padrão com a qual sua linguagem seria comparável terão sido, ao contrário, alheias a seu mundo verbal, o qual, pelo contrário, lhe terá proposto outras não comuns ou totalmente pessoais.

Sobre as escolhas lingüísticas dos poetas informam-nos parcialmente as variantes do autor, nos casos felizes em que se conservaram seus rascunhos ou seus textos com correções, ou enfim redações sucessivas, manuscritas ou impressas. Nesse tipo de pesquisa, a crítica italiana dos anos 40, quando ainda não se falava na Itália de Estruturalismo, desenvolveu experiências refinadíssimas: lembraremos Giuseppe De Robertis, Santorre Debenedetti, Gianfranco Contini. Especialmente nos trabalhos deste último era bem consciente a procura das direções principais de correção, por parte do poeta, da natureza de "sistema" que assume o conjunto das formas a cada vez recusadas ou escolhidas por ele, da existência de leis corretivas embora não coercitivas[11].

Assim, através do estudo das variantes, colhemos nas poesias de Petrarca séries alternativas deste tipo: *l'aura*

(11) Sobre a crítica das variantes veja-se G. CONTINI, La critica degli scartafacci, *La Rassegna d'Italia*, III, pp. 1048-56, 1155-60, 1948; L. CARETTI, *Filologia e critica*, Milão, pp. 1-25, 1955; D.S. AVALLE, *L'analisi letteraria in Italia. Formalismo, Strutturalismo. Semiologia*, Milão-Nápoles, 1970; I. VIOLE, *Critica letteraria del Novecento*, Milão, pp. 113-24, 1969. Já paradigmáticos os trabalhos de S. DEBENEDETTI, *I frammenti autografi dell'Orlando Furioso*, Turim, 1937; G. CONTINI, *Come lavorava l'Ariosto* 1937 em *Esercizi di lettura*, Florença, 1947, pp. 309-21; *Saggio d'un commentosalle correzione del Petrarca volgare*, Florença, 1943; Implicazioni leopardiane, *Letteratura*, IX, 33, pp. 102-9, 1947, os dois últimos também em *Varianti e altra linguistica*, Turim, 1970, pp. 5-31 e 41-52; G. DE ROBERTIS, *Saggio sul Leopardi*, Florença, 1944-1960 ; "Sulla formazione della poesia di Ungaretti", em G. UNGARETTI, *Poesie disperse*, Milão, 1945 e, mais tarde, G. UNGARETTI, *Vita di ununomo. Tutte le poesie*, aos cuidados de L. Piccioni, Milão, 1969, pp. 405-21; *Primi studi manzoniani e altre cose*, Florença, 1949.

Outros exemplos de crítica das variantes: J. BALDELLI, *Varianti di prosatori contemporanei (Palazzeschi, Cecchi, Bassani, Cassola, Testori)*, Florença, 1965; S. BATTAGLIA, Per il testo di Fernando de Herrera, *Filologia Romanza*, I, 1, pp. 51-88, 1954; P. BIGONGIARI, Elaborazione della lirica leopardiana, *Leopardi*, Florença, 1962; I. CARETTI, *Studi sulle Rime del Tasso*, Roma, 1950; F. CHIAPPELLI, Note sull'intenzione e la perfezione dell' "Infinito", *Lettere Italiane*, XVI, pp. 36-44, 1964; La canzone delle visioni e il sostrato tematico della "fabula inexpleta", *Giornale Storico della Letteratura Italiana*, CXLI, pp. 321-35, 1964; M. CORTI, "Rivoluzione e reazione stilistica nel Sannazaro", em *Metodi e fantasmi*, Milão, pp. 305-23, 1969; D. ISELLA, *L'officina della "Notte" e altri studi pariniani"*, Milão-Nápoles, 1968; O. MACRÍ La lingua poetica di Fernando de Herrera (I), *Studi urbinati*, XXIX, 2, pp. 3-85, 1955; (II) *Riv. di Letterature Moderne e Comparate*, IX, pp. 85-146, 1956; *Fernando de Herrera*, Madri, 1972; C. SEGRE, Sistema e Estruturas nas *Soledades* de A. Machado, neste vol., pp. 173-210 (ed. original em *I Segni e la Critica*, Turim, pp. 95-134, 1969; *Esperienze ariostesche*. Pisa, 1966.

*serena, l'aura gentil, l'aura amorosa, l'aura celeste, l'aura soave* de que podemos controlar a distribuição final no *Canzoniere* através de uma boa concordância[12]. A utilidade do estudo consiste no fato de que à infinidade de adjuntos aplicáveis ao substantivo *aura* se substitui o leque muito mais limitado no interior do qual o poeta escolheu cada vez que foi preciso, e conforme lhe pareceu melhor. E assim os tipos de encontros previstos e empregados por Petrarca para cada um dos adjetivos citados (*serena, gentil, amorosa,* etc.) resultam limitados dentro do jogo combinatório por ele posto em ato: quase numa concordância diacrônica de sua linguagem poética[13].

E outra coisa — talvez mais importante — nos dizem pesquisas deste gênero. Porque há poetas que avançam em linha reta, segundo um ideal lingüístico particular — por exemplo Ariosto e Manzoni — e outros, pelo contrário, como Petrarca, que trabalham em círculo fechado, procurando cada vez a melhor colocação de elementos tirados de um repertório relativamente estático ou, se se fala em termos de criação, visando à máxima sugestão lírica através de um mínimo de inovação lingüística. Mais uma vez, é a leis poéticas individuais que se pode chegar, desde que se tenha a indispensável respeitosa atenção ao desenvolver a pesquisa.

Mas, além das escolhas lexicais, é certo que as palavras ou expressões são freqüentemente empregadas pelo escritor, especialmente pelo poeta, de maneira totalmente pessoal. Ele as obriga a desvios em relação ao uso comum: às vezes evidentes, às vezes sutilíssimos. A crítica estilística já tinha ensinado a reconhecer esses desvios, especialmente por obra de Spitzer, mas talvez passando depressa demais do desvio, isolado ou unido em série com outros, para sua motivação psicológica, o chamado étimo espiritual. A crítica estruturalista prefere manter-se dentro da especificidade da obra, e observar como esses desvios interagem ou como eles oscilam em torno do nível expressivo médio da obra a que pertencem.

A formulação mais madura desse problema é talvez a que apela, por sugestão de Svend Johansen, para a di-

---

(12) Tiro este exemplo de G. CONTINI, *Saggio d'un commento...*, cit., pp. 41 e ss. No mesmo pequeno volume, pp. 18 e ss., uma análise diacrônica das variantes do soneto petrarquiano que aqui se examina sincronicamente.
(13) Para uma exposição teórica do problema veja-se, adiante, *A síntese estilística*, pp. 45-46.

ferença entre "denotação" e "conotação"[14]. A "denotação" é o núcleo significativo de uma palavra, aquilo que, para que possamos nos entender, se encontra descrito nos dicionários. A "conotação" é, pelo contrário, por assim dizer, o halo de sugestões que cerca a palavra, através de associações de idéias, evocações ambientais, efeitos fônicos e assim por diante [15]. É evidente que as intervenções do escritor se apóiam mais freqüentemente na "conotação" do que na "denotação": maltratando demais a segunda, ele correria o risco de não se fazer entender. No máximo, o escritor pode às vezes tentar tornar compreensível uma "denotação" nova ou insólita apoiando-se na "conotação"

Sobre o tecido de palavras que ele está entrelaçando, o poeta entrelaça outro, infinitamente mais refinado, onde ele reforça ou acentua de maneira orgânica a carga de conotações que as palavras individuais, já escolhidas em vista desse objetivo mais elevado, continham. Ele torna assim funcionais sugestões que, uma a uma, poderiam ser negligenciáveis ou negligenciadas. Exemplar a esse propósito é a análise feita por Avalle do soneto elisabetano *Gli orecchini* de Montale:

> Non serba ombra di voli il nerofumo
> della spera. (E del tuo non è più traccia).
> È passata la spugna che i barlumi
> indifesi del cerchio d'oro scaccia.
> Le tue pietre, i coralli, il forte imperio
> che ti rapisce vi cercavo: fuggo
> l'iddia che hon s'incarna, i desideri
> porto fin che al tuo lampo non si struggono.
> Ronzano élitre fuori, ronza il folle
> mortorio e sa che due vite non contano.
> Nella cornice tornano le molli
> meduse della sera. La tua impronta
> verrà di giù: dove ai tuoi lobi squallide
> mani, travolte, fermano i coralli.

Tomando somente algumas indicações do sistemático ensaio de Avalle[16] chamamos a atenção aqui para

---

(14) Os conceitos de "denotação" e "conotação" remontam a HJELMSLEV, *op. cit.*, § 22. A aplicação no âmbito literário deve-se a S. JOHANSEN, La notion du signe dans la glossématique et dans l'esthétique, *Travaux du Cercle Linguistique de Copenhague*, V. pp. 288-303, 1949 e H. SORENSEN, "Littérature et linguistique" em *Contributions à la méthodologie littéraire* (Supl. 2 de "Orbis Litterarum", 1958).

(15) Na fórmula rigorosamente semiológica de Hjelmslev, a semiótica conotativa seria uma semiótica em que o plano da expressão é constituído pelo plano do conteúdo e pelo plano da expressão de uma semiótica denotativa (a da língua comum, no nosso caso).

(16) D.S. AVALLE, "Gli orecchini" di Montale, Milão, 1965, mais tarde em *Tre saggi su Montale*, Turim, 1970. Vejam-se também as agudas observações de B. TERRACINI, Stilistica al bivio? Storicismo versus strutturalismo, *Strumenti Critici*, II, pp. 1-37, nas pp. 13-18. 1968.

como, em uma atmosfera de refinamento um tanto desgastada (a *spera, o cerchio d'oro, le tue pietre, i coralli, a cornice*), é evocada uma tarde infinitamente melancólica (o *nerofumo, os barlumi* afugentados, as *meduse della sera*), em que domina a sensação de uma solidão inclusive sentimental *( È passata la spugna scaccia, ti rapisce )* que em vão tenta recuperar, ao menos pela memória, um passado destruído, o negro-de-fumo *(nerofumo)* que *non serba ombra di voli; vi cercavo; la tua impronta verrà di giù ).*

Esses elementos descritivos soldam-se uns aos outros, através das conotações que lhes são próprias. Assim a *spera*, isto é, o espelho, absorve em si a obscuridade da noite por uma conexão entre *nerofumo, barlumi indifesi, meduse della sera*: uma obscuridade animada por dolorosos fantasmas, por sombras lúgubres. Ao mesmo tempo o espelho, refletindo a realidade que está efetivamente à sua frente, evoca também, na forma negativa da ausência, aquilo que não é mais, o escuro, o esquecimento, o nada, e faz-se símbolo das lacunas devastadoras da memória *( non serba ombra di voli )*. Na prática, o espelho torna-se diafragma entre um presente desconsolado e uma memória questionada dolorosamente: uma memória que, como um ectoplasma, pode materializar-se um dia na escuridão do espelho (*la tua impronta verrà di giù)*; o espelho será então uma lápide sobre um mundo de cadáveres.

É preciso acrescentar que essa análise é levada adiante por Avalle não somente em sentido sincrônico, isto é, precisando as relações de enriquecimento recíproco ou de orientação entre as palavras e seus símbolos, mas também em sentido diacrônico, isto é, precisando em seus eventuais desenvolvimentos o halo conotativo que têm as palavras-chave do poeta no resto de sua obra. Fica assim encaminhado o discurso sobre as relações entre estruturas e história; discurso que somente em certas formulações extremistas ou parciais põe uma contraposição entre estruturalismo e historicismo. E é com esse problema que encerraremos a discussão.

Já nas *Teses* de 1929 se afirmava:

> O pesquisador deve evitar o egocentrismo, isto é, a análise e a avaliação dos fatos poéticos do passado ou de outros povos do ponto de vista de seus próprios hábitos poéticos e das normas artísticas que estão

na base de sua formação (...). Para cada época é preciso determinar de modo precioso uma classificação imanente das funções poéticas especiais, isto é, um levantamento dos gêneros poéticos.

Em suma, era claro para os fundadores da crítica estruturalista que a obra de arte não é um objeto isolado, que se possa avaliar prescindindo da época e da cultura a que pertence. O que os estruturalistas negavam e negam antes de tudo é que o produto artístico possa ser relacionado diretamente com a História ou com a sociedade: entre estas e aquele existem mediações graças às quais os ideais e os conteúdos pragmáticos do momento histórico são modulados em termos de literariedade ou de artisticidade; somente através desse canal é que eles podem ser acolhidos e eventualmente transformados pelo artista enquanto artista.

Abrem-se assim possibilidades historiográficas, cuja fascinação é proporcional às dificuldades de execução. A tal ponto que os exemplos que se poderiam citar, abundantes, quer na crítica russa, quer na americana — lembraremos somente Northrop Frye[17] — não conseguem escolher uma provisoriedade essencial, mesmo quando a documentação é ampla e as conexões parecem convincentes. Certo é que toda obra literária recorre, embora renovando-os, aos modelos que a cultura contemporânea lhe oferece. Certo é que toda obra literária se insere, mesmo em tempos de eversão como os nossos, em categorias e tendências; vai-se de definições generalíssimas como lírica, épica, narrativa, aos gêneros literários específicos, constituídos com normas próprias durante séculos de atividade literária, às especializações dos próprios gêneros. Mesmo o modo de imaginar situações e ações e a dialética que as liga são, em boa parte, estabelecidos em regras não escritas, mas geralmente reconhecidas, que constituem verdadeiras instituições literárias.

Todos esses modelos, normas, hábitos, convenções são estruturados à sua maneira: trata-se de estruturas abstratas e potenciais colocadas em seguida em ato, com uma proporção variável de originalidade, na estrutura da obra de arte singular. A relação entre as estruturas potenciais e a da obra de arte realizada é a mesma que se estabelece entre a língua e sua atualização como linguagem

(17) Sobre Frye veja-se R. CESERANI, *Northrop Frye utopico planificatore della cittià letteraria, ibidem*, I. pp. 431-36, 1966-7.

poética[18]. A estrutura da obra de arte é, em suma, um desvio ou violação em face de uma norma: onde o desvio é possível somente porque a norma existe, e onde a norma é constituída e continua a constituir-se sobre um infinito sedimento de desvios das normas precedentemente existentes.

A mesma situação reapresenta-se de forma mais simples nas relações entre a experiência humana, e portanto também política, social, histórica do escritor, e cada uma de suas obras. Essa experiência humana não é encontrável numa forma imediata, espontânea, na obra de arte, como uma certa crítica pôde acreditar. Isto não impede que a experiência poética do escritor tenha sido parte de sua experiência humana, até o momento em que a obra, acabada e autônoma, se separou dele. A corporeidade euclidiana do produto poético insere-se, pois, num espaço einsteiniano: conversão, como se sabe, do tempo, da mesma maneira como o tempo pode ser considerado uma conversão do espaço[19].

Se assim for, não somente o Estruturalismo não impede uma perspectiva histórico-humana do fato artístico, mas permite dar-lhe uma formulação mais rica e correta, que ilumina também algumas das relações entre a crítica e as ciências. A crítica estruturalista parece, com efeito, encurtar a distância entre as assim chamadas "duas culturas": ela dota a cultura humanística de métodos e fórmulas de tipo matemático, estatístico, geométrico; ela recorre à ajuda da mais científica das "ciências humanas", a Lingüística, e junto com as outras ciências, da Antropologia à Sociologia, marcha rumo à máxima formalização e quantificação das interpretações. Mas à diferença do que acontece com as outras ciências, o espaço atual e sem espessura cronológica que contém os "modelos", e as estruturas das obras de arte, é a reversão de uma secção de história e pode novamente ser revertido em história; por isso ele encerra e está pronto para revelar, a cada vez, o homem e a humanidade em sua grandeza e em sua miséria.

---

(18) Também neste sentido as sugestões mais acuradas já estavam em *Avanguardia e tradizione*, cit., de I. Tinianov.
(19) Com base nesta metáfora inspirada na Física, eu tinha definido "cronótopo" a obra de arte no *Consuntivo* da pesquisa *Strutturalismo e critica* (catál. ger. 1958-65, "Il saggiatore"), Milão, 1965, pp. LXXXIV-LXXXV; aqui mesmo, *Crítica e Estruturalismo*, p. 29.

## A SÍNTESE ESTILÍSTICA

1. A Arte é um fenômeno infinitamente complexo, provavelmente inesgotável para qualquer tipo e para qualquer intensidade de análise. Ao contrário, o produto artístico se nos oferece com enganadora inocência: uma seqüência linear de notas musicais ou de palavras, uma superfície coberta de cores, e assim por diante. Por conseguinte, o estudioso de Estética pode escalar mais livremente a torre de Babel da Arte — com risco de deixar escapar aquilo que é o seu único vestígio, o produto artístico, ao passo que o crítico se esforça por reconstruir, pedaço por pedaço, a complexidade de um fenômeno cujo resultado aí está, ironicamente desarmado, sob seus olhos.

A obra literária apresenta-se-nos como um discurso constituído por palavras e sinais de pontuação (eventualmente, também por espaços brancos). Ela é o resultado (o coroamento) não somente de um esforço criativo, mas também da experiência humana do autor; inversamente, para o crítico ela é o ponto de partida (a base) de uma aplicação analítica que deverá desaninhar da maneira mais completa e fiel os significados. A obra literária funciona em suma como um diafragma a duas dimensões, perpendicular à linha expressão-interpretação que une, através dele, o autor e o crítico.

O processo estilístico submete o resultado da síntese (expressiva), realizada pelo artista a partir dos elementos analíticos de sua inspiração, a uma análise que tem por objetivo uma nova síntese (interpretativa). Esse esquema análise-síntese-análise-síntese estabelece uma ordem na variedade de acepções (e de implicações metodológicas) da palavra *estilo*, e sugere uma solução para o problema das relações forma-conteúdo.

2. As diferentes maneiras de entender a palavra *estilo* (de que Chatman oferece uma útil resenha)[1] correspondem a outras tantas tentativas de colher elementos úteis para uma definição global do estilo de uma obra (que é bom distinguir, como faz Chatman, do estilo de seu autor). Todos eles têm uma utilidade classificatória; alguns oferecem também o meio de historicizar os autores, relacionando-os com as tradições literárias, com preferências de ordem sociológica, regional, nacional, etc. Ao contrário, visam mais diretamente à definição do estilo individual os processos modernos como o "desvio" estilístico (Spitzer), as *couplings* (cópulas) (Levin), as "palavras-chave" da estilométrica, os "pontos distintos" (Terracini), etc.

Não creio, porém, que se possam catalogar em duas séries diferentes os fenômenos que dizem respeito à "mensagem" e os que dizem respeito ao "locutor". A consciência estilística do escritor é ativa em qualquer uma de suas escolhas de formas ou de processos; ela está constantemente disposta para construir da melhor maneira possível a obra de arte, isto é, a "mensagem". Portanto, se é lícito, numa fase preliminar, utilizar partes da mensagem para definir o locutor, deve-se lembrar que

---

(1) CHATMAN, S. "The Semantics of Style". In: *Social Science INFORMATION sur les sciences sociales*, VI. 1967, n. 4, pp. 77-99.

cada parte da obra *pertenceu* ao locutor e *pertence,* agora, à mensagem.

Seja como for, a escolha dos traços estilísticos, que se afiguram mais pertinentes ao crítico, antecipa o caráter inevitavelmente parcial (=não total) de qualquer interpretação (uma interpretação total identificar-se-ia com a obra de arte ou constituiria um substituto da mesma; hipóteses que são ambas absurdas). E considere-se que um traço estilístico particular não é quase nunca unívoco: sua função precisa resulta somente do confronto com os outros traços estilísticos concomitantes ou concorrentes, da determinação, em suma, de uma série de "constantes"

O estilo é, então, um fato global. Um texto artístico constitui um verdadeiro sistema estilístico em que cada parte tem uma função própria em relação às demais[2]. Isto é confirmado pelo próprio interesse de muitos críticos pela recorrência dos traços estilísticos. Com efeito, não é verdade, como se afirma, que esses traços estilísticos recebam, por assim dizer, uma confirmação, uma aprovação, pelo fato de serem repetidos (freqüentemente um elemento estilístico pode ser decisivo mesmo que não seja recorrente). A recorrência de traços estilísticos mostra pelo contrário, de maneira decisiva, a globalidade do discurso do estilo: porque a repetição de elementos marcados tira sua função somente do fato de alternar-se com elementos não-marcados ou pouco marcados; estes e aqueles colaboram, com iguais direitos, na constituição do estilo.

3. O sistema estilístico de uma obra de arte é um sistema fechado[3]. Naturalmente, é lícito confrontá-lo com outros sistemas estilísticos, ou relacionar-lhe os elementos específicos com tradições lingüísticas e estilísticas particulares, mas não esquecendo que esses confrontos nos levam sempre para fora da perfeita sincronia constituída pela obra. Essas saídas da sincronia ajudam-nos a captar

---

(2) É a fórmula que já fora empregada nas *Teses de '29* do Círculo lingüístico de Praga, trad S. Pautasso, Milão, 1966: "L'opera è una struttura funzionale, e i vari elementi non possono essere compresi al di fuori della loro *connessione con l'insieme*". ("A obra poética é uma estrutura funcional, e os vários elementos não podem ser compreendidos fora de sua *conexão com o todo".)*

(3) Neste capítulo uso sempre o termo *sistema*, quer se trate de uma composição unitária (lírica, novela, etc.), quer de um conjunto de composições (cancioneiro, coletânea, etc.). Numa composição unitária o sistema (virtual) atualizou-se em estruturas; e a relação entre as diferentes composições pode, por sua vez, constituir uma estrutura. Aqui me pareceu oportuno, por uma questão de homogeneidade, levar em conta somente os sistemas virtuais, de modo a poder confrontar os casos em que eles são deduzidos de conjuntos não-estruturados de estruturas ou de estruturas atualizadas. Para uma exemplificação, cp. "Sistema e estruturas nas *Soledades* de A. Machado" às pp. 173-206.

as implicações e as possibilidades funcionais dos elementos estilísticos: estes, porém, no interior da obra, assumem funções particulares, determinadas pelas inter-relações de uns com outros.

Sistema fechado e imóvel, o da obra de arte; ele retorna à vida, ao movimento, através da leitura. A leitura estilística (que não se distingue de qualquer outra leitura a não ser pela maior consciência do método interpretativo) reativa as diferenças e as oposições, as inter- -relações e as evocações entre as partes da obra: redescobre, em suma, o funcionamento do sistema.

Mas é preciso notar que a descrição de um sistema estilístico é muito mais difícil que a de outros sistemas, e não somente pela alta ou altíssima qualidade dos materiais empregados pelo artista, ou pelo refinamento de seus processos. Dificuldades nascem, por exemplo: a) do fato de que o sistema estilístico de uma obra particular constitui por si um *corpus* lingüístico, retórico, métrico, etc., com limites determinados, em outras palavras, uma soma de partes de sistemas, mais do que de sistemas; b) do fato de que os elementos dessas partes de sistemas, embora sejam (freqüentemente definíveis *in praesentia* mediante o confronto com outros elementos, relutam em ser definidos *in absentia*, isto é, em ser submetidos a uma prova de comutação estilística com possíveis concorrentes.

Dificuldades que pareceriam facilmente superáveis se aceitássemos comparar a *parole* da obra com a *langue* (inclusive retórica, métrica, etc.) de sua época: isto é, lançar uma ponte entre a estilística da *langue* (Bally) e a da *parole*. Mas a solução é, se não ineficiente, insuficiente, porque nos leva para fora do sistema estilístico constituído pela obra, e nos põe em face de uma anterioridade hipotética (as escolhas oferecidas pela *langue*) em vez de uma anterioridade real (as escolhas efetivamente realizadas pelo artista).

Mas o sistema estilístico de uma obra pode ser ampliado, sem sofrer desnaturações, em dois sentidos: o dos sistemas estilísticos das outras obras do autor estudado, e o das teses de redação anteriores da mesma obra. No primeiro caso, nota-se que um poema ou um capítulo são obras (mais ou menos autônomas conforme os casos) que por sua vez fazem parte de uma obra maior: cancioneiro, romance, poema, etc. Não há dúvida de que essas obras maiores representam também um sistema estilístico. Ao contrário, estamos diante de dois sistemas estilísticos distintos quando estudamos duas obras do mesmo autor; trata-se, porém, de sistemas constituídos por meio de um método estilístico idêntico, ou melhor, constituído segundo a linha de desenvolvimento do próprio método. Se cada uma das obras de um autor é um sistema fechado e imóvel, o conjunto das obras constitui, se não um sistema, um universo estilístico mais amplo, no qual cada sistema tem o lugar que lhe cabe. Com isso não se anula, mas atenua-se a dificuldade *a)*.

O estudo das variantes redacionais, particularmente desenvolvido na Itália (Contini), ajuda, pelo contrário, a superar a dificuldade *b)*. Antes de mais nada ele permite verificar, ponto por ponto, as escolhas efetuadas pelo autor: desse modo uma palavra, frase ou construção não é comparada com hipotéticas formas-padrão da língua, mas com formas que estiveram efetivamente presentes na mente do autor, e entre as quais ele realizou uma ou mais escolhas sucessivas. Em segundo lugar — e isso é até mais importante — este método evidencia, através do conjunto das variantes da primeira camada, da segunda, etc., duas ou mais disposições sucessivas do mesmo sistema estilístico. Assim, o sistema é apreendido nos movimentos que o levaram à sua disposição definitiva, e percebem-se as deslocações que precederam e produziram o repouso final. Haveria melhor maneira de descrever as funções dos elementos do sistema do que determinar a direção e os motivos dos movimentos que lhes foram impressos no curso da elaboração estilística?

4. Pelo conceito de sistema subordinam-se os traços estilísticos e os níveis tonais àquilo que é o estilo no sentido mais abrangente; falando de sistema fechado, ou de estrutura, traz-se para o primeiro plano aquele organismo, a obra de arte, que é a realização concreta de tal estilo.

Este sistema é fechado e imóvel: isto é, seus elementos estão inseridos, cada qual, definitivamente, num dado ponto de um discurso de palavras e frases. Por conseguinte, tais elementos operam contemporaneamente: *a)* como membros de sintagmas, exprimindo um discurso explícito; *b)* como membros do sistema estilístico, exprimindo um discurso implícito, que pode prolongar, integrar ou mesmo contradizer o explícito. Neste segundo aspecto, eles acabam por configurar a obra como um grande sintagma, eventualmente dividido em sintagmas menores que não coincidem com os sintáticos.

Além disso, é imanente no discurso de palavras e frases outra segmentação, aquela instituída pela técnica expositiva, e estudada eficazmente pelos formalistas russos (Chklóvski, Eichenbaum). Através dessa segmentação realizam-se antecipações ou encaixes cronológicos ou sentimentais, acentuam-se pormenores, ou tiram-se efeitos da omissão de outros, valorizam-se objetos ou gestos aparentemente secundários, que têm contudo uma função alusiva ou se destinam a desenvolver, em outro ponto da obra, um papel importante. Trata-se, em suma, de um jogo rítmico, de uma harmonização dos conteúdos.

Observações deste gênero permitem vislumbrar uma das principais peculiaridades da obra literária: a de não ser linear (como o discurso lingüístico comum), quer porque se desenvolve contemporaneamente em vários níveis, quer porque as unidades significativas de cada um dos níveis têm amplitudes diferentes, e, em cada caso, importância diversa. Acrescente-se que cada um dos níveis implica os outros e é por eles implicado: a análise estilística deve situar-se igualmente nos vários níveis contemporâneos do discurso, e deve sobretudo apreender, no andamento horizontal de cada nível e nas ligações verticais entre os níveis co-presentes, o discurso total que sua concomitância acaba por constituir. A complexidade e a riqueza de semelhante discurso acabam provavelmente por coincidir com seu "valor": daí a possibilidade da crítica de passar de uma descrição a um juízo verdadeiro e motivado

5 Neste ponto, parece-me que a antinomia entre forma e conteúdo, entre significante e significado da obra literária aparece como uma proposição teórica inadequada. O significado real de uma obra literária é uma estrutura complexa em que o conteúdo semântico é dimensionado, enriquecido e precisado pela interação calculada dos significantes. Em suma, os significantes vêm ampliar e completar o âmbito dos significados, e assumem funções que caberá à semiologia da obra de arte formalizar.

Não creio, porém que se possa chegar, por esse caminho semiológico, a formular leis, mas somente a definir experimentalmente (isto é, sobre textos particulares) processos, cuja lista deverá continuar aberta. E também não creio que a estrutura da obra literária, como aqui tentei esboçá-la, possa ser apreendida em todos seus pormenores: o crítico deverá sempre separar os elementos que lhe parecerem mais significativos, ou, em outras palavras, não conseguirá nunca apreender *todas* as funções de *todos* os elementos da obra (é mais provável que ele apreenda um número excessivo das mesmas, levado por sua própria fantasia e por sua própria aparelhagem interpretativa: de resto a obra é totalmente disponível).

Portanto, as estruturas postas em evidência serão sempre estruturas "preferenciais" (Starobinski), isto é, condicionadas pelo *approach* e pelas curiosidades do crítico, e a imagem da obra literária não cessará nunca de ser totalmente ambígua (Empson). Em outras palavras, o crítico poderá obter, depurando seus métodos, vitórias cada vez maiores, porém deve estar preparado para muitos, inevitáveis, reveses: a obra de arte, como todo fato espiritual, apresenta-se com limites claros, mas com um conteúdo inesgotável. O "modelo" proposto pelo crítico não poderá ser mais que uma aproximação da obra.

6. Na antinomia forma-conteúdo, muitas teorias não vêem somente a oposição entre os valores semânticos e os formais, mas também a oposição entre os valores ideológicos de que uma obra de arte é veículo e sua aparência mais ou menos completamente neutral. A este propósito pode ser útil a imagem inicial, da obra como coroamento (ou diafragma bidimensional) das experiências humanas anteriores de seu autor. No momento em que compõe sua obra, o autor continua sendo aquela soma de sentimentos, de conhecimentos, de vontade, que cada um de nós é; além disso, ele deposita na obra idéias e programas preciosos, que podem ser permanentes ou ocasionais coordenados ou desordenados.

Trata-se de fatos que pertencem à história individual e, através desta, à história coletiva. Essa história transforma-se, na obra literária, em espaço narrativo ou poético, com um movimento que faz pensar na conversão do tempo em espaço proposta pela física de Einstein. Por sua vez, a espacialidade da obra de arte é retraduzida em história: *a*) através da ação que ela pode eventualmente desenvolver sobre os leitores; *b*) através da interpretação crítica que queira evidenciar seus componentes ideais (e que irá dar, novamente, no espaço do "modelo" crítico). A obra de arte poderia, assim, ser designada metaforicamente como um *cronótopo*[4] o ciclo tempo-espaço-tempo (-espaço) acaba decalcando o que foi posto em relevo no início: análise-síntese-análise (-síntese). Repercorrer concretamente este ciclo é a gloriosa fadiga de Sísifo do crítico.

(4) Cp., neste volume, p. 29

## RUMO A UMA CRÍTICA SEMIOLÓGICA

No *Cours de linguistique générale*, publicado postumamente em 1916, mas cuja origem são lições de muitos anos antes, Saussure preconizava uma ciência que deveria chamar-se *Semiologia*: "On peut [...] concevoir *une science qui étudie la vie des signes au sein de la vie sociale;* elle formerait une partie de la psychologie sociale, et par conséquent de la psychologie générale; nous la nommerons sémiologie (du grec semeîon "signe"). Elle nous apprendrait en quoi consistent les signes, quelles lois les régissent. Puisqu'elle n'existe pas encore, on ne peut dire ce qu'elle sera; mais elle a droit à l'existence, sa place est déterminée d'avance. La linguistique n'est qu'une partie de cette science générale, les lois que découvrira la sémiologie seront applicables à la linguistique, et celle-ci se trouvera ainsi rettachée à un domaine bien défini dans l'ensemble des faits humains" (p. 33).

Depois de mais de meio século, o volumezinho de Barthes[1] parece constituir a certidão de nascimento da nova disciplina. Mas é uma ilusão. A mesma alternância de condicionais e de futuros proféticos do trecho de Saussure reencontra-se em Barthes, que não traça as linhas da "ciência nova" mas continua a invocar sua epifania: "pode-se somente prever que..." (p. 27); "é pois prematuro estabelecer..." (p. 30); "ainda ignoramos quase tudo"... (p. 31); "pode-se presumir que..." (p. 32); "a função-signo tem provavelmente um valor antropológico" (p. 40); "deve-se portanto prever..." (p. 43); "na substância as coisas são suficientemente claras (talvez não o sejam tanto em semiologia)" (p. 46); "é possível que... é mais do que nunca provável que..." (p. 48); "não é difícil intuir... é portanto provável..." (p. 49); "podemos prever importantes dificuldades" (p. 58); "é pois lícito esperar que... não se exclui que..." (p. 68); e creio que isso baste.

Se, com tantas expressões de dúvidas, Barthes pôde escrever um volumezinho de cerca de noventa páginas, é porque, descartando as premissas e passando imediatamente às conseqüências, ele já procurou aplicar a outros sistemas de significação (o vestuário, a alimentação, a mobília, o automóvel, etc.) os esquemas empregados para a língua pela escola estruturalista: as oposições língua/fala, sintagma/sistema, etc. Um exercício espirituoso e bastante fácil, que adquiriria valor somente depois de resolvido o problema fundamental: o que significam os sistemas não-lingüísticos — único ponto de partida para o confronto e a eventual coordenação de todos os sistemas de significação.

O problema foi evitado ou posto de lado? Na Introdução, Barthes afirma: "para perceber o que uma substância significa, deve-se necessariamente recorrer ao trabalho de articulação desenvolvido pela língua: não há sentido que não seja nomeado, e o mundo dos significados não é outra coisa senão o da linguagem" (p. 14). Daí a estrutura do volumezinho: um resumo dos princípios da lingüística estrutural em que foram inseridos, quando e onde foi possível, confrontos ou previsões relativos aos sistemas não-lingüísticos.

---

(1) BARTHES, R. *Elementi di semiologia*. Turim, Einaudi, 1966.

Mas a frase de Barthes que acaba de ser citada exigiria um exame mais profundo; admitamos que nossas enunciações sejam sempre articuladas discursivamente, mas isso ocorre também com nossas percepções e volições, também com os vários signos por meio dos quais as comunicamos? Se a resposta fosse afirmativa, a Semiologia não teria razão de ser, e as suposições de Saussure, que encarava a Lingüística como uma parte daquela ciência mais ampla, não seriam invertidas (como diz Barthes) mas desmentidas. Os signos não-lingüísticos seriam somente acenos sumários e grosseiros para um discurso articulado.

E de que são signos os signos não-lingüísticos? Deveria ser uma outra pergunta insofismável, mas o leitor, em última análise, permanece *sur sa faim**. A afirmação mais clara de Barthes é esta: "pelo simples fato de que há sociedade, todo hábito é convertido em signo desse hábito" (p. 39): ela atribui à Semiologia, por assim dizer, tudo; um tudo que tange o nada. Parece-nos que os únicos signos a levar em conta são os voluntários, em que é direito o nexo entre uma ação mental e sua expressão. Parece perigoso confundir os signos com os sintomas ou os indícios: estes prevalecem, por exemplo, no vestiário e na cozinha, onde correspondem a categorias sociais, a diferenças regionais, etc.: em suma, dizem respeito à categoria dos hábitos; enquanto não contiverem uma *vontade individual de exprimir algo*, não podem ser considerados significantes, a não ser precisamente na fórmula tautológica de se significarem a si mesmos.

Os *Elementos de semiologia* justificam sua existência apenas se forem lidos juntos com os *Ensaios críticos*[2]. O Estruturalismo tem na obra de Barthes o valor de uma nova proposta de análise e ordenação dos fatos: como sugestão crítica mais do que como teoria rigorosa. Aquilo que Barthes lucidamente declara de sua atividade anterior no Prefácio dos *Ensaios* ("eu buscava, tentava, linguagens críticas: daí a multiplicidade dos interesses [de Tácito ao Nouveau Roman] e à coexistência de referências aparentemente contraditórias [o marxismo, o freudismo, o estruturalismo]") representa em nossa opinião a condição constitutiva de sua crítica, galvanizada precisamente pela variedade dos estímulos teóricos. A bi-

---

(*) "Insaciado". Em francês no texto. (N. do T.)
(2) BARTHES, R. *Saggi critici*. Turim, Einaudi, 1966.

partição dos ensaios em pré-estruturalistas e estruturalistas evidencia no máximo uma adesão mais decidida, não uma "conversão".

Basta um confronto entre os apontamentos sobre *Le faiseur* de Balzac (pp. 36-39) e o ensaio sobre Racine (pp. 113-96). Já nos primeiros estão presentes e dominam definições formais de relações: entre Mercadet que trabalha para extrair algo do nada e o invisível Godeau, ausência que existe; entre o protagonista e as mulheres, em que é implícita outra relação, entre "o pesado, o sentimento, a moral, o objeto" e "o leve, o galvânico, a função". A novidade do ensaio sobre Racine — à parte o maior volume e o maior empenho — consiste em ter ordenado as relações entre as personagens em sistemas de oposição à Lévi-Strauss, como se se tratasse de evidenciar as regras de comportamento e os laços de autoridade de um clã de selvagens. Assim, a vida que se desenrola nas tragédias de Racine é constituída em sistema separado do da sociedade e até mesmo do teatro do tempo: mundo fechado e auto-suficiente.

O Barthes estruturalista recusa agora a crítica conteudística, histórica, ideológica; mas também não realiza uma crítica formalista ou estilística. A terminologia especializada da Gramática e da Lingüística aparece em suas páginas somente em empregos metafóricos ("aqui a morte é um nome, a parte de uma gramática, o termo de uma contestação. Muito freqüentemente a morte não é senão um modo para indicar o estado absoluto de um sentimento, uma espécie de superlativo destinado a significar um cúmulo, o verbo de uma gabolice", pp. 131-32; "os substitutos de Olho são efetivamente *declinados* em todos os sentidos do termo; recitados, como as formas flexionadas de uma mesma palavra; revelados, como os estados de uma mesma identidade; eludidos, como proposições das quais nenhuma poderia convencer mais do que outra; estendidos, como os momentos sucessivos de uma história", p. 266). Entre estes dois extremos, Barthes recortou um espaço seu, e definiu-o exatamente: "uma crítica que não reconduz diretamente a obra a seu sentido, mas ao modo como esse sentido é construído, e na *técnica* de uma obra vê a última instância que a faz existir plenamente no mundo; poder-se-ia definir essa crítica — sempre por simplicidade — estrutural ou semiológica, porque considera a obra como um vasto *signo*, de que ela interroga, mais do que o conteúdo, a decomposição e a coordenação" (p. X).

Nesse espaço, Barthes move-se soberano, com a elegância, a inventividade, a perspicácia de que é dotado. Nesse espaço, uma vez que a crítica não é, ou ainda não é, ciência, não mais nos interessa quanto e de que modo Barthes deva ser relacionado com o Estruturalismo ou com a Semiologia. Seus ensaios, devem ser examinados e julgados em relação com seus objetos; mas pode-se, desde já, dizer que são belos e fascinantes. Um louvor que raramente acontece pronunciar.

As contradições postas em evidência na aparelhagem semiológica de Barthes agigantam-se na obra mais ambiciosa em que ela, em seguida, foi, sistematicamente, aplicada pelo ensaísta francês.

O interesse de Barthes pelos fenômenos relativos ao costume e, em particular, pela moda já se havia expressado em numerosos ensaios, onde se mesclavam capacidade de observação, acuidade, gosto do paradoxo e mais do que uma ponta de esnobismo. Nos *Elementos de semiologia*, a moda já aparecia num contexto "científico" através de breves e cativantes alusões (que evocam certas sugestões de Trubetzkói); agora, no *Système de la mode*[3], ela ascende a um severo Olimpo. Entre uma longa introdução metodológica e índices das palavras e das matérias, listas dos "gêneros" e das "variantes", encontra-se uma exposição árdua, densa de termos abstratos e de neologismos, com tabelas, esquemas, símbolos gráficos, fórmulas algébricas.

A tensão não se afrouxa decerto quando se descobre, como é fácil, o sorriso contido do escritor que engaiola em tão aparatoso pedantismo um fenômeno como a moda, a que se dá habitualmente o atributo da frivolidade. Nem a leitura se torna mais amena (quando muito se torna menos tensa) se nos pusermos a perseguir as variações mais livres e talentosas a que Barthes se abandona por vezes nas dobras do tecido dedutivo. Permanece o fato de que o volume tem ambições sistemáticas e desenvolve sistematicamente a demonstração empreendida.

Para reduzir a um quadro unitário os fugazes ditames da moda, Barthes pediu ajuda à lingüística estruturalista. Com heróica perseverança (e com muitas violências) conseguiu ele reencontrar na moda as cate-

(3) BARTHES, R. *Système de la mode*. Paris, Seuil, 1967.

gorias e as antinomias segundo as quais se configuram os fatos da língua. As relações entre uma peça de vestuário e outra, entre uma roupa e o tecido de que é feita ou as particularidades do corte e dos acessórios, entre dois moldes concorrentes de terno, etc., são assimiladas às que intercorrem entre os elementos reais e potenciais do discurso, no jogo de associações e comutações por meio do qual nos expressamos.

Ao operar seu vasto recenseamento, Barthes não tomou diretamente como objeto o vestuário real, mas sim o que é descrito nos jornais de moda de determinado ano (1958-59). A transposição da moda para a língua foi assim facilitada pela mediação de uma metalinguagem, isto é, a linguagem daqueles que se ocupam com a moda. Basta tomar o inventário dos "gêneros" do Cap. 8, em que se estabelece que os "gêneros" do vestuário são nada mais nada menos que sessenta (acessórios, fechos, meias, barras, debruns, punhos, suspensórios, etc.), para notar como as categorias definidas por Barthes são condicionadas pela língua — no caso, o francês. Confirmando, as "espécies" subordinadas a cada um dos "gêneros" não constituem senão um pequeno dicionário nomenclador do vestuário.

A oscilação entre moda real e linguagem da moda alcança seu ápice nos capítulos finais, dedicados ao "sistema retórico". A língua celebra suas elegantes festas ao nível do estilo; Barthes, levando seu paralelismo entre moda e língua até a inclusão da retórica, reservou-se um agradável terrenozinho para nele pôr em evidência suas melhores capacidades de ensaísta. Mas o leitor constata imediatamente que a retórica de que ele fala não é a da moda, mas a dos jornais encarregados de impor suas sugestões e nos quais os vezos lingüísticos esvoaçantes entre gerentes e clientes de alfaiatarias e *boutiques* são chamados a constituir a eficiente máquina de persuasão da publicidade em grande estilo.

Mais grave é um outro problema que fica sem solução, ou melhor, resolvido demasiado às pressas. Para afirmar que a moda, como as outras atividades culturais, em sentido lato, é um sistema de signos, deveriam ser esclarecidos alguns pontos fundamentais. De que tipo de comunicação esses signos são o meio? Quem são os emissores e os destinatários das "mensagens" por eles formuladas? Barthes fica no geral, ou no genérico: "pelo simples fato de que há sociedade, todo hábito é convertido em signo desse hábito". Ou seja, cada uso é signo de si mesmo, e corre o grave risco de confundir-se com os signos propriamente ditos (palavras, cartazes, gestos e outros), com sua preciosa, fundamental função mediadora e abstrativa entre os hábitos ou as coisas e os membros da sociedade. Transformando tudo em signo, corremos o risco — não é paradoxo — de não entender mais nada.

Que o vestuário possa ser empregado para comunicar notícias precisas é indubitável. Basta pensar nas diferenças codificadas (especialmente em culturas primitivas) entre as roupas das mulheres núbeis e as das casadas, entre as das classes e as da profissão. E acrescente-se, em âmbito individual, o uso de enfeites, insígnias, cores para indicar fé política, sentimentos, aspirações, pretensões. Quem não conhece a linguagem das flores? Mas de tudo isso Barthes, no volume citado, já não fala. Os significados que ele encontra no vestuário fazem alusão somente à Moda e ao Mundo. No primeiro caso, uma roupa na moda nos comunica, precisamente, o fato de estar na moda; no segundo, adverte-nos (sempre através das descrições que dela fornecem os jornais femininos) ser apropriada, digamos para um coquetel ou para um passeio no campo. O significado de um uso identifica-se, segundo a fórmula citada, com o próprio uso.

Descobrimos assim que nos encontramos num círculo vicioso, ainda que enfeitado por meio dos mais vivazes vôos. Em minha opinião, a Semiologia pode conseguir-nos sólidas aquisições cognitivas (perceberam-no Buyssens, Prieto e outros) somente se constituída sobre aqueles signos que foram produzidos com a intenção precisa de comunicar algo a alguém, segundo uma convenção aceita pelo produtor e pelo destinatário. Em todos os outros casos temos sintomas (afins aos das doenças e, em geral, aos sintomas naturais) que podemos tentar interpretar, mas que não sendo voluntários nem convencionais não constituem comunicações de "mensagens". Sintomas de pertinência e de origem diferentes, de que é melhor aprofundar a heterogeneidade do que buscar uma enganadora unificação.

Pode causar estranheza que, numa época acerca da qual se apontam os fantasmas do absurdo, da incomunicabilidade, da alienação, se vão difundindo teorias que parecem ordenar e explicitar toda forma de atividade, levando-a à clareza do discurso. A contradição é só aparente. Transforma-se tudo em signos que, porém, não comunicam nada, ou no máximo comunicam sua própria existência, e sufocam-se por meio deles os signos e os símbolos de nossa ação no mundo; uniformizam-se numa névoa prateada o que é ativo e o que é passivo, causas e efeitos, valores e antivalores, esforços e fracassos.

Naturalmente, a Semiologia não pretende substituir outras ciências mais diretamente adaptadas à estrutura agonística e antagonística, numa palavra, dialética, de nossa existência; mas seu crescente prestígio parece denotar uma tendência para interpretações mais descompromissadas e contemplativas da vida e da convivência humana. Na noite em que se confundirem os lobos com os cordeiros, os lobos poderão devorar os cordeiros na mais absoluta liberdade.

Para voltar à moda, Barthes sabe muito melhor do que nós que a moda exprime uma grande fatia de interesses: econômicos e comerciais antes de tudo, políticos (influência de países hegemônicos), estéticos, etc.; além de uma parte considerável do hábito: sobretudo o sexual. Nesse sentido, a moda foi amplamente estudada, mas poderia ainda fornecer sugestões preciosas. Agora que se tentou uma nova abordagem, semiológica, perguntamo-nos: qual abordagem é a mais produtiva para nossa compreensão do fenômeno? Minha resposta, não obstante a imponência do esforço de Barthes, continua desfavorável à abordagem semiológica.

Faça-se, a título de confirmação, um pequeno salto ao passado. Eis uma edição do *Decameron* ilustrada por desenhos, miniaturas e xilogravuras tirados de manuscritos e estampas dos primeiros séculos, além de pinturas da época [4]. Esse magnífico arsenal ilustrado pode antes de mais nada ser submetido a um juízo artístico (o que aqui não interessa). Mas ele nos abre bem mais do que simples frestas acerca das roupas usadas na Itália e fora dela durante um par de séculos.

Aplicando as teorias de Barthes teríamos: no plano da moda real, algumas mudanças na lista dos "gêneros" e das "espécies", mas uma situação de conjunto praticamente imutável; no plano da moda descrita, uma

---

(4) BOCCACCIO, G. *Decameron*. Com Introd. de V. Branca, Florença, Sadea-Sansoni, 1966, 3v.

ruptura insuperável, porque neste caso as figuras não fazem senão aproximar-se das descrições (quando as há), em vez de tê-las precedido ou acompanhado; e é extremamente diferente a função (para não falar da qualidade) da prosa dos jornais de moda e a da prova de Boccaccio!

Ao contrário, percebem-se imediatamente as caracterizações de classes obedecidas pelos ilustradores: artesãos ou servos, tabeliães ou doutores, nobres ou príncipes não são nunca confundidos, Deus nos livre. E ao passo que os modelos das roupas mostram, por menos que o artista seja diligente, o país de procedência das personagens ou do manuscrito, nos brocados, nos chapéus, nas peles vêem-se os sinais das complexas trocas comerciais de que a sociedade das comunas não tirava somente proveito materiais. E seria fascinante aprofundar, na história da moda, o denso entrelaçamento de gosto e interesses, de capricho e cálculo econômico, que aproxima a moda, mesmo a antiga, de uma situação eminentemente moderna das assim chamadas artes aplicadas, se não também das outras artes.

É mais ou menos assim que uma coletânea de modas, de qualquer época, se nos propõe imediatamente à observação, nos faz desejar maiores informações sobre a sociedade do tempo a que pertence, nos fala. Pode ser que um dia, ao contrário, ela nos fale nos complicados termos do "sistema da moda"; mas dir-nos-á ainda alguma coisa?

Implícita nas observações que precedem está a opinião de que a Semiologia somente poderá constituir-se em ciência descritiva seguindo as linhas traçadas por Saussure. E nesse sentido continua na linha de frente o volume de Eric Buyssens, *La communication et l'articulation linguistique*[5], reelaboração e aplicação de *Les langages et le discours. Essai de linguistique fonctionnelle dans le cadre de la sémiologie* (1943).

Substituindo *communication* a *sémiologie*, o autor, que contribui também com outros trabalhos para o aprofundamento e para a crítica do pensamento saussuriano, indica imediatamente em que âmbito julgou poder precisar as linhas do quadro semiológico no qual, segundo

---

(5) Presses Universitaires de Bruxelles-Presses Universitaires de France, Paris-Bruxelas, 1967

sugestões de Saussure, inseriu seu desenho teórico da língua: o âmbito das técnicas da comunicação.

Seja como for, o quadro é conservado, e o volume se divide em duas partes: *Sémiologie; Linguistique*. Tocarei mais adiante no modo como a descrição da atividade lingüística é ordenada; por enquanto, é preciso notar imediatamente o benéfico contragolpe que a exposicão semiológica recebe da experiência do lingüista. Buyssens mantém decididamente separados os "indícios" e os "atos de comunicação": nuns como noutros um fato é interpretado como revelador de um outro fato, mas somente nos segundos o fato perceptível, associado a um ato de consciência, foi realizado voluntariamente a fim de que a testemunha reconheça sua destinação, apenas na segunda categoria o fato perceptível é um meio realizado segundo uma convenção precisa, para comunicar, e não um efeito de que a testemunha pode remontar indutivamente à causa.

Dessa maneira, Buyssens se opõe à excessiva e desordenada tendência que busca estender a Semiologia a tudo aquilo que é interpretável como indício, quando é evidente que somente as expressões conscientes são redutíveis (por serem homogêneas) à unidade. Incluir na Semiologia também os indícios significam anular a bipolaridade da comunicação: tirar a importância ao emissor dos signos e dar importância exclusivamente a seu receptor.

Buyssens defende pois, de maneira muito oportuna, uma concepção restritiva da Semiologia; ou melhor, ele incorre por vezes no inconveniente oposto. Eu não diria que não é simbólico o gesto de um ministro que corta a fita na inauguração de uma nova estrada, ou o do padre que despeja água na cabeça do batizando (p. 25): ao fazê-lo, Buyssens apelou para um raciocínio "etimológico", isto é, para o conteúdo do símbolo (inaugurar uma estrada, iniciar a purificação da alma), mas negligenciou o caráter institucional, consciente, voluntário e comunicativo daqueles atos. Nem eu poderia admitir que seja só secundariamente sêmica a natureza da obra de arte, sob o pretexto de que o primeiro impulso para criar essa obra é expressivo e não comunicativo, ou de que o contato entre artistas e público se desenvolve somente *a posteriori*. Permanece o fato de que o artista quer comunicar (de outro modo ele não criaria) e de que ele comunica segundo convenções que são conhecidas dele e de seu público.

Para confirmar a natureza semiológica do ato artístico, pode-se utilizar um exemplo do próprio Buyssens. Ele observa com justeza que se uma esposa, ao dizer ao marido: "Está chovendo!", pode querer significar "Leve o guarda-chuva", ou ainda "Fique em casa", isso constitui uma intenção não expressa, que diz respeito à Psicologia ou aos costumes familiares, não à Lingüística. Ótimo. Mas se um escritor nos fala de uma esposa que diz ao marido "está chovendo!", entendendo etc. etc., ele o faz depois de ter possibilitado ao leitor, por meio de cumplicidades particulares ou apelando para convenções narrativas em vigor, intuir aquela intenção não expressa. Pode-se então dizer que o escritor *expressou intencionalmente uma intenção não expressada* (pelas personagens): cp. com as análises do próprio Buyssens, na p. 58.

A diferença entre um processo convencional de comunicação (sema) e sua realização concreta (ato sêmico) é ilustrada por Buyssens como um dos infinitos atos de abstração realizados por nossa mente: isso nos impõe o reconhecimento de uma terceira fase cognitiva, a dos elementos funcionais ou pertinentes do ato sêmico. As três fases reencontram-se na língua: a *parole* corresponderá aos atos sêmicos, o *discours* a seus elementos funcionais, os quais por sua vez realizam um sema; o sistema dos semas corresponde à *langue*. Essa tripartição não modifica, na opinião de Buyssens, a célebre antinomia saussuriana, mas anula-a: porque o *discours* constituiria a mediação entre *parole* e *langue,* e somente partindo do *discours* e eliminando-lhe as franjas (estranhas à lingüística), que dizem respeito à *parole,* é que se poderia chegar à *langue*. Essas poucas páginas (40-42), ricas em idéias, desenvolvem uma teoria já precedentemente enunciada por Buyssens; elas mereceriam, ainda assim, um desenvolvimento mais extenso e particularizado.

Igualmente revolucionária é a concepção dos signos. Colocando na base da comunicação os semas e não os signos, que constituem somente subdivisões dos primeiros (eles são "os menores elementos que possam ser comuns, por forma e significado, a dois semas, ou distinguir dois semas"), conclui-se que a relação entre significante e significado não é reversível: pode-se chegar do significante ao significado, mas não inversamente, ou, ainda mais claramente, "é somente no nível da comunicação que se estabelece o laço entre significação e pensamento"

Confirma-o o fato de que se podem dar duas semias, diferentemente articuladas, para uma mesma idéia. A significação é, em suma, convencional, e é possível precisamente por sua convencionalidade ("le moi est ineffable"), da mesma maneira que a linearidade necessária do discurso não implica de modo algum uma linearidade análoga do pensamento.

Logo se vê a relevância lingüística desse quadro semiológico. Buyssens pôde evitar os percursos obrigatórios propostos pela língua porque se manteve num nível superior ao da articulação lingüística. Não sacrificou a língua ao pensamento, ou o pensamento à língua, mas analisou a língua como uma fase, com suas leis particulares, mas implicando uma fase cognitiva anterior, e manteve presente ao espírito esse nexo indispensável. Um pressuposto, que tem, ademais, conseqüências notáveis também no exame da língua, desenvolvido na segunda parte do volume, segundo a seguinte diretriz: "toda unidade define-se através de sua função numa unidade maior; é necessário, pois, começar pelo todo e concluir pela parte": vai-se assim do discurso à frase, ao monema, e são inúmeros os assuntos sobre os quais Buyssens exprime concepções e pontos de vista originais: por exemplo, ao definir as vogais e as consoantes, ou ao negar o conceito de arquifonema.

Não entrarei nos pormenores. A novidade e a solidez do arcabouço do volume de Buyssens já deveriam resultar das poucas alusões que acabo de fazer. Quero apenas lamentar: no plano teórico, o fato de que não se toca, ao discutir a possibilidade de frases diferentes com o mesmo significado, ou as relações entre significado e contexto, na funcionalidade eminentemente estilística dessa riqueza de meios expressivos; no plano prático, a escassez de referências bibliográficas que, além de facilitar o confronto com as posições de outros lingüistas modernos (de Martinet a Togeby e a Chomsky), teriam ilustrado de maneira mais pertinente a importância incomum desse volume. Impressiona de maneira agradável, pelo contrário, o fato de que Buyssens sabe expor e tratar esses problemas com um estilo simples, até mesmo despojado, e com uma brevidade excepcional: uma lição para quem crê que a importância de um escrito é proporcional à sua dificuldade, ao aspecto sibilino de suas fórmulas, à obscuridade dos nexos.

Enquanto Barthes e Buyssens deram, cada um à sua maneira, cerradas sínteses teóricas ou uns *Grundzüge* da Semiologia, Eco, ao contrário, quis fornecer à nova disciplina um amplo fundo cultural e filosófico, fazendo convergir para ela temas e problemas à primeira vista heterogêneos. Com efeito, Eco partiu de um axioma da Antropologia cultural hoje muito difundido: toda a vida social pode ser considerada como um fenômeno de comunicação, e portanto caber no domínio da Semiologia, pois que a comunicação não pode se dar senão através de signos.

No volumoso mas ainda agradabilíssimo volume recém-publicado, *La struttura assente*[6], Eco detectou, como já outras vezes, com presteza, uma das tendências mais estimulantes do pensamento moderno; percebeu, principalmente, que uma perspectiva semiológica lhe permitia ordenar toda uma série dos seus interesses de pesquisa, que antes poderiam parecer mais paralelos do que relacionados.

Isto resulta da coesão do volume que, iniciando por uma clara síntese da teoria da comunicação, e após deter-se em particular nas comunicações visuais (especialmente o cinema e a publicidade), passa em seguida a experimentar uma hipótese da Arquitetura como forma de comunicação, chegando a uma análise das possibilidades do Estruturalismo e de suas bases e implicações teóricas, para concluir com uma síntese-previsão da Semiologia. Quase todos esses assuntos, que já haviam gozado a atenção de Eco, vêm agora encaixar-se precisamente um no outro graças a uma habilíssima organização que, enfileirando límpidas sínteses didascálicas, exemplos originais de pesquisa e discussões implacáveis com os principais atores da cena cultural (Goldmann, Lévi-Strauss, Lacan, Foucault, Derrida, etc.), faz avançar, ao mesmo tempo, uma cerrada demonstração.

O livro tem um evidente clímax, no vértice da secção D, da qual o volume tira seu título: aqui, o técnico das comunicações de massa desembainha suas armas secretas de filósofo, e conduz um duelo ímpar com seus adversários que, por fim, se acham, em mau estado, por terra. Por isso, é uma pena que a secção E, útil e informa-

---

(6) ECO. U. *La struttura assente. Introduzione alla ricerca semiologica.* Milão, Bompiani, 1968.[Trad. bras. *A estrutura ausente.* Introdução à pesquisa semiológica. S. P., Ed. Perspectiva, 1971, (Col. Estudos, 6).]

da como panorama dos estudos semiológicos, mas pobre em traços pessoais, seja o quinto ato de um drama que podia muito bem (ou melhor) encerrar-se no quarto. Talvez bastasse defini-la como Apêndice ou antecipá-la para o início do volume.

Colocando na capa a estrutura com o atributo de ausente, Eco deu um outro indício de seu *sense of humour:* como atrair os leitores com a isca de uma palavra mágica de que o autor expõe, de fato, diligentemente, as principais acepções, e logo depois deixá-los pender do anzol no vazio que é revelado atrás da palavra. Mas o título sintetiza um processo, ou antes uma orientação pessoal de pesquisa.

Estudioso das comunicações, informado sobre as diabruras dos *mass media,* interessado pelos fenômenos da cultura moderna, Eco pode parecer um "integrado" no mais alto grau. Neste livro ele declara, da maneira mais explícita, como sua integração é um modo de conhecer melhor as armas dos adversários, ou mesmo de arrancá-las de suas mãos: ele agiria no interior do "sistema" (hoje em dia fala-se assim) como um quinta-coluna. Duvido que um eventual tribunal revolucionário possa reter como boas essas explicações: elas são determinantes, porém, para a fascinação do volume. Um primeiro exemplo disso é a parte dedicada à Arquitetura. Ela inicia com a hipótese de que essa arte pode também ser interpretada como fenômeno de comunicação de massa; por fim descobre-se que a comunicação arquitetônica ou urbanística transporta ao seu redor um halo ideológico que se revela obviamente mais pejado de conseqüências e de possibilidades repressivas ou resgatadoras do que o elemento comunicativo predominante na aparência. Atrás dos "códigos", o impulso da *"praxis"*.

O caso melhor é porém o da já apregoada secção D. Ela constitui um ótimo exame das implicações filosóficas subentendidas pelas várias correntes do Estruturalismo (a Lingüística, a Semiologia, e todas as ciências caudatárias destas são hoje, geralmente, estruturalistas). A estrutura pertence ao objeto que se examina ou é um modelo interpretativo traçado pelo estudioso? E esse modelo tem função meramente operatória ou possui uma realidade ontológica? E a eventual realidade ontológica dos modelos pode remontar às raízes do conhecimento ou está em relação dialética com outros possíveis modos de ser da realidade?

Eco aplica um método expositivo binário; caminha sempre para o declive mais vertiginoso, e depois descobre ao leitor assustado os abismos. Também neste ponto, quando está para ser pronunciado o veredicto da presumida ausência, o percurso de chegada é duplo. Uma vez individualizada uma estrutura, diz Eco, o pesquisador deve perguntar-se se sua finalidade era compreender melhor os fenômenos confrontando-os e ligando-os formalmente a outros, ou era chegar a um código-base de todos os demais, em suma, a uma Realidade Última que constituía o verdadeiro motivo de sua pesquisa.

O segundo caminho é o que foi percorrido por Lévi-Strauss, Lacan e Foucault, com uma coerência cada vez maior; no fim havia a descoberta de um Nada tornado mais formidável, mas não menos frustrante, pela letra maiúscula. E na veneração desse nada, eis que se revelam as sombras de Heidegger e, atrás dele Nietzsche, mestres que se hesita (e que Lacan e Foucault hesitam) em confessar. A crítica de Eco contra um certo estruturalismo já várias vezes incriminado, mas de maneira menos preocupante, por recusa de história e anti-humanismo está, parece-me, entre as que merecem maior atenção. E pode ser saudável também para os que cultivam formas de estruturalismos menos extremadas, porque indica perigos fáceis de evitar.

Portanto, os modelos estruturais deverão ser utilizados somente como processos operatórios, destinados a ordenar em discurso homogêneo um certo número de experiências. Em vez de visar a uma unificação dos modelos cada vez mais completa, dever-se-á colocar como ponto de chegada da formalização somente o do rendimento mais elevado, estando o estudioso preparado para renunciar a seu modelo ou a substituí-lo por outro, quando perceber que ele não adere à matéria pesquisada. O objeto último dos modelos estruturais não é, pois, destilar a essência da realidade, mas enfrentar a própria realidade, tentando dar-lhe, para os aspectos que em cada caso nos interessarem, a descrição mais coerente e mais exaustiva possível. O elemento inatingível, o resíduo rebelde, constitui um dado necessário numa dialética que é institucionalmente destinada à inexauribilidade.

Em sua descrição dos processos semiológicos, Eco realiza duas escolhas, totalmente legítimas mas não sem alternativas, que o leitor não deverá esquecer para não identificar *essa* semiologia com a Semiologia (ciência em formação, como se disse) . A primeira escolha favorece aquelas séries de signos que se podem estruturar num nível constante e constituem por isso um "código", com normas precisas de associação e combinação; a segunda privilegia o momento da decifração da mensagem expressa mediante o código, em face do momento de sua formulação e de sua comunicação.

Eco sabe muito bem, e diz em alguns pontos (por ex., à p. 148), que o estatuto de muitos códigos semiológicos é tão frágil que talvez se pudesse falar mais apropriadamente de "léxicos" ou de "repertórios", isto é, de elementos não unificáveis, ou apenas parcialmente unificáveis sob leis estruturais. Ele sabe igualmente bem, e diz que insistindo na interpretação, examinam-se elementos, eventualmente preponderantes, que pertencem somente ao receptor, não ao emissor da mensagem: estuda-se, em outras palavras, a estruturação de *mensagens que podem inclusive não ter sido comunicadas.*

Essas duas escolhas são a conseqüência da aparelhagem do trabalho, cuja área é a das comunicações de massa, ou dos fenômenos que a elas podem ser agregados. Nessa aparelhagem, o modo como a mensagem é recebida é muito mais importante do que a exatidão da recepção; os impulsos padronizadores valem mais do que os criativos e, finalmente, o interesse destes consiste, mais do que em seu conteúdo, em sua capacidade de estimular a atenção e, portanto, substancialmente, a propensão para receber.

Assim, em face da pesquisa de Eco poderia situar-se outra mais indutiva, que partisse do exame das mensagens em sentido estrito, isto é, das mensagens comunicativas, em que emissor e receptor desfrutam de plena paridade de direitos; ou uma outra, mais útil para captar a estrutura profunda das mensagens, que tomasse como objeto somente o emissor, tentando descrever a coagulação de imagens e conceitos em signos (que serão, por exemplo, para o poeta, símbolos e metáforas, segmentos narrativos, ritmos dialógicos e assim por diante).

Ao passo que a primeira pesquisa seria uma ajuda preciosa para as teorias da interpretação, a segunda nos levaria talvez ao centro focal da Semiologia: mostrar-nos-ia em que sentido e por que e de que os signos são signos. Então, também a crítica literária poderia ser colocada utilmente sob a rubrica da Semiologia. Mas em face da semiologia do codificado, cara a Eco, deveria surgir uma semiologia da invenção, que seguisse as fases de auto-estruturação e de interestruturação dos signos que o artista concebe. É somente nesta linha "genética" que a homologia entre os diferentes aspectos formais de uma obra poderia revelar-se natural e necessária.

Proponho-me desenvolver estas sugestões no capítulo seguinte, e, em particular, deslocar decididamente a atenção para o campo da crítica literária. Mas depois de discutir com certa minúcia algumas das últimas e mais interessantes teorizações da Semiologia, julgo oportuno passar em revista um grupo de textos onde a disciplina já está elaborada com um objetivo preciso: o estudo do discurso fílmico. Do que diremos resultarão claramente os motivos por que se esperou (não sem razão) que a Semiologia pudesse arrancar os teóricos do cinema do emaranhado de dúvidas teóricas em que corriam o risco de enredar-se. Por outro lado, o discurso fílmico, pela evidência com que exibe certas particularidades técnicas menos perceptíveis nas obras literárias, pode oferecer sugestões preciosas ao critério literário. O filme é, com efeito, um exemplo macroscópico da pluralidade de meios sêmicos de uma obra, em sentido lato, narrativa. Essa pluralidade só é perceptível depois de uma diligente decomposição num produto literário, onde as diferentes funções sêmicas (da função denotativa às conotações, da articulação do discurso à dos conteúdos) são, de qualquer forma, polarizadas unicamente na direção verbal. No filme, ao contrário, a linguagem verbal (legendas e/ou falas) desempenha somente uma parte, muitas vezes secundária, da comunicação artística, na medida em que, simultaneamente, em colaboração com ela, desempenham sua função as imagens, os gestos, as cores, os ruídos, o fundo musical, etc. Em outras palavras, a decomposição já foi realizada desde o início pelo recurso a vários meios expressivos.

Três volumes recentes[7] promovem uma interpretação semiológica do cinema, um deles em forma mais teórica (Garroni), os outros, com um processo mais empírico. Os três gastam uma parte notável de seu potencial em opera-

---

(7) METZ. C. *Essais sur la signification au cinéma*. Paris, Klincksieck, 1968; GARRONI, E. *Semiotica ed estetica, L'sterogeneità del linguaggio e il linguaggio cinematografico*. Bari, Laterza, 1968; BETTETINI, G. *Cinema lingua e scrittura*. Milão, Bompiani, 1968.

ções preliminares: Garroni, retomando e por fim superando o debate sobre a "especialidade fílmica", Metz e Bettetini, avaliando as possibilidades de subordinar às categorias da Lingüística a comunicação cinematográfica. (E como Bettetini já pode utilizar os resultados de Metz, pergunta-se por que não se contentou em remeter a ele para esta propedêutica.) Assim, os três limitam-se a fazer proposições, por mais atraentes que estas sejam, com respeito à hipótese semiológica de trabalho.

"Linguagem fílmica" é uma expressão metafórica análoga às que já foram empregadas para outras artes não-verbais ("sintaxe arquitetônica", "dialeto pictórico" e semelhantes). A metáfora deixaria de sê-lo — conforme prefere a escola francesa — se incluísse a Semiologia na Lingüística, em vez de incluir a língua na Semiologia, ou se ao menos se admitisse que a Lingüística oferece esquemas aplicáveis também às formas de comunicação não-verbais.

Aqui mesmo expressei minhas reservas com relação a essa posição e, portanto, tomo conhecimento, com prazer, dos últimos resultados de Metz, que a reformulou progressivamente, até negá-la, em substância, depois de tê-la adotado, de início, como verossímil (e no volume, que reúne artigos anteriores, percebem-se suas correções de rota). Hoje, Metz está convicto de que não é possível identificar na "linguagem" fílmica a dupla articulação própria da linguagem verbal (fonemas e monemas), e que, ao contrário, não se pode sequer detectar nela unidades mínimas codificáveis como as palavras, e intercambiáveis (paradigmaticamente) com outras palavras. Temos "un langage sans langue".

O que importa na "linguagem" fílmica, diz Metz, são os sintagmas, isto é, as relações de contigüidade temporal e ideal entre segmentos sucessivos da narração. Uma sintaxe sem fonologia e sem morfologia. São esses "sintagmas" ao menos codificáveis? Metz parece convicto disso; e até propõe (e aplica na análise de *Adieu Philippine*, de Rozier) um esquema geral de agrupamento que ele chama "grande syntagmatique de la bande-images". O esquema é certamente útil e esgota grande parte dos processos até hoje em uso. O problema é, porém, se esse esquema (ou outro análogo) pode ser sistemático e autosuficiente como o de qualquer sintaxe, ou se, ao contrário, ele não constitui simplesmente um balanço histórico dos processos elaborados até aqui, suscetível de ser imediatamente derrubado por qualquer diretor cinematográfico de talento.

Um dos elementos fundamentais para definir como "código" um sistema de usos é que as funções desses usos sejam reciprocamente diferentes e correlatas, de modo a pôr em ato uma exaustiva (no interior de limites prefixados), precisa e econômica divisão das tarefas. As modificações de um tal sistema são necessariamente traumáticas, e repercutem em cada uma de suas partes, tornando necessária uma reorganização geral do mesmo. Na sintagmática do cinema, o sistema não parece tão coerente. Os processos são continuamente mudados sem que nada desabe: porque as modificações são da ordem do estilo mais do que da ordem da língua. A título de confirmação: um escritor pode perfeitamente inovar no campo da técnica narrativa, respeitando ou, de qualquer forma, não revolucionando a sintaxe; para um diretor cinematográfico, a técnica narrativa identifica-se com a sintaxe, e é difícil que ele possa dizer qualquer coisa de novo sem revolucioná-la *ipso facto*.

Também Metz reconhece que "la grande syntagmatique [...] évolue *nettement plus vite que les langues*, circonstance qui tient à ce que l'*art* et le *langage* s'interpénètrent beaucoup plus au cinéma que dans le domaine du verbal" (p. 135; os grifos são dele). Chega até mesmo a escrever "que le cinéma n'a *jamais* eu de syntaxe ni de grammaire ou sens précis que ces termes ont en linguistique — certains théoriciens l'ont cru, ce qui n'est pas la même chose —, mais qu'il a *toujours* obéi, et qu'il obéit aujourd'hui encore, à un certain nombre de lois sémiologiques fondamentales qui tiennent aux nécessités les plus intimes de la transmission de toute information, lois sémiologiques infiniment malaisées à dégager etc." (p. 205; os grifos são dele).

Parece-me que essas derradeiras concessões implicam que no cinema não somente não são identificáveis unidades mínimas discretas, mas nem mesmo sintagmas ou uma sintaxe: quer pela observação óbvia de que os sintagmas deveriam ligar algo de morfologicamente preciso, e de que esse algo não existe (ou não foi descoberto), quer especialmente pela inextricabilidade de linguagem e estilo no discurso fílmico: um discurso que é, em seus variados níveis, pré-lingüístico, lingüístico e póslingüístico e, em sua totalidade, semiológico, e nada mais que semiológico.

Neste ponto, a etiqueta "linguagem cinematográfica" deixa de ser prejudicial, e nossos três autores podem avançar para análises mais maduras, Garroni situa-se já numa fase sucessiva ao esforço de definição de Metz, de quem conhece boa parte dos trabalhos que confluíram a seguir nos *Essais;* além disso, ele tem uma sólida base hjelmsleviana, que se percebe já no início, quando motiva sua decisão de falar antes em "semiose" do que em "linguagem" cinematográfica.

No discurso de Garroni há pelo menos dois pontos que devem ser assinalados por serem suscetíveis de desenvolvimentos do mais alto interesse. O primeiro diz respeito à impossibilidade de identificar unidades mínimas da "linguagem" fílmica. Garroni aceita como ponto de partida, com propriedade, o caráter "contínuo", não "discreto" dessa "linguagem", evitando a acepção, ainda que involuntariamente negativa, que é atribuída a esse caráter por quem andou em busca das unidades mínimas, e não consegue encontrá-las.

Garroni pensa contudo que se possa visar a uma certa modelização dos elementos comunicativos, ainda que não coagulados em significados conceptuais exatos, determinando "uma lista de campos de variantes [...] na medida em que tais variantes constituem ao mesmo tempo uma série de variações" (p. 30). Dessa maneira, os elementos, semânticos ou não-semânticos, seriam formalizáveis em sua natureza de "funções" do discurso semiológico, aceito na heterogeneidade de seus constituintes, mas reconduzidos à unidade básica de sua mensagem.

E aqui estamos no segundo ponto: a análise da heterogeneidade como congênita inclusive na linguagem verbal, e *a fortiori* na "linguagem" cinematográfica, que, precisamente ao reduzir a linguagem verbal a elemento de uma mais rica semiose, enfatiza e multiplica sua distribuição constitutiva em vários níveis. Garroni propõe uma trama teórica dos diferentes níveis semiológicos do discurso fílmico; uma trama que, por indicar linhas de força e não compartimentos distributivos, está sempre aberta a subdivisões ulteriores. Os níveis de significado tomam posição numa ordem de maior ou menor segmentabilidade, com aquela hierarquia, que, segundo

Hjelmslev, produz necessariamente valores conotativos. E é conotativa com efeito (conclui com razão Garroni) a utilização na "linguagem" fílmica das outras linguagens e códigos.

Nessas ótimas páginas de Garroni faz-se alusão também a um problema que, creio, deveria ser mais meditado pelos semiólogos do cinema: o da pertinência. Creio que muitas aporias teóricas da estética fílmica têm nisso uma das principais fontes. Nas outras artes, o autor tem maior liberdade de exibir apenas os elementos que decidiu ou teve a coragem de exibir. Um escritor (ou um pintor) pode falar-nos dos olhos (ou delineá-los) sem precisar o rosto; pode até delinear a cor, o caráter, o significado de um olhar sem descrever os olhos, quiçá sem fazer alusão direta ao próprio olhar. O diretor de cinema está mais amarrado à realidade dos objetos; pode ordená-los, perspectivá-los, seccioná-los iluminá-los, colori-los como quiser, mas não pode cindir-lhes as qualidades constitutivas e os atributos. Em vez da seleção, ele deve apelar freqüentemente para a atenuação ou a acentuação.

Disso não se deve certamente inferir que o cinema seja representação direta da realidade (seria, de qualquer maneira, uma realidade utilizada para ocultar outra, a inventada pelo par roteirista-diretor), mas sim que para ele a realidade constitui um limite impossível de eliminar, quer o diretor queira aceitá-la em seu imperioso propor-se, quer prefira eludi-la ou recriá-la. A "resistência do instrumento", presente em toda operação artística (a luta do poeta com a língua ou com a métrica, do pintor com as qualidades naturais das cores e das superfícies, etc.) é muito maior no cinema; e, por sua vez, o instrumento impõe algumas propriedades e condições específicas que o próprio diretor, freqüentemente, não podendo eliminar, se contentará em fagocitar.

Nossos três autores propõem esporádicos confrontos entre roteiros e cenas correspondentes de filmes. Os confrontos, não significativos para efeitos de juízo (roteiro e cena podem, independentemente, ser ou não ser válidos em nível estético), servem, em minha opinião, para dar uma idéia de quais possam ser os elementos pertinentes para fins da narração fílmica, especialmente no caso de *a)* o diretor ter preparado ele próprio o roteiro das cenas, *b)* não ter introduzido modificações notáveis ao rodar a cena correspondente. Aquilo que se vê ou ouve, mas que o roteiro não indica, desempenha, em parte, uma ação de tipo sugestivo ou conotativo, porém, em parte não negligenciável, pertence àquelas grandes porções de realidade que forneceram ao diretor os elementos pertinentes, mas de que ele não pôde, por outro lado, desfazer-se. Essas porções de realidade podem atingir de diferentes maneiras o espectador, e permitem-lhe construir para si uma interpretação própria, inclusive oposta à que o autor queria sugerir (o que acontece em toda arte, mas acontece em maiores proporções, mais uma vez, no cinema). Daí o interesse em estudos (a que faz alusão Bettetini) centrados no modo de receber a mensagem fílmica por parte do público[8].

Naturalmente, a pertinência dos elementos de cada cena ou seqüência precisa-se cada vez mais através da sucessão de cenas, seqüências etc., que constituem o filme. Nesse caso o leitor realiza combinações e comutações não de elementos menores de um todo linear, mas de funções da narrativa, que podem desenvolver-se e suceder-se inclusive paralelamente em fases sucessivas do filme, confiadas, isolada ou solidariamente, aos movimentos, aos gestos, às palavras, etc. etc. Isso confere grande importância à natureza "diegética" do cinema, observada com acuidade por Metz ("diegese" evita os equívocos provocados pelo termo mais comum "narração").

E talvez consista nisso a possibilidade de um desenvolvimento empírico-descritivo das pesquisas de semiologia do cinema, perfeitamente integrável em relação às proposições teóricas de Garroni. Com efeito, qualquer que seja o modo como se ligam os diferentes elementos constitutivos da "linguagem" fílmica, é claro que eles colaboram para fundar um discurso "narrativo" (em sentido muito geral) pelos próprios modos de atuação desse. Caso se seccione um conto ou um romance cortando verticalmente um grande bloco semiótico, revela-se imediatamente que aquilo que o cinema realiza por vários

---

(8) Seria bom contudo distinguir sempre (por exemplo nas pp. 64-67) as mensagens eventualmente inseridas ou interpoladas no filme e o próprio filme em sua natureza de mensagem (que não é a soma das mensagens do primeiro tipo). De qualquer modo, a maneira de receber o produto pode ser orientada por uma persuasão mais ou menos oculta: nesse sentido, o cinema condivide as responsabilidades de todos os *mass media*. Todavia, Bettetini se apressa de maneira um tanto excessiva em identificar o significado (qualquer significado) com o conteúdo ideológico (pp. 11, 13, 14, etc.). Que qualquer ato de percepção ou de comunicação esteja predisposto à ideologia tornou-se um lugar-comum antes que alguém se desse ao trabalho de aprofundar teoricamente o problema, cuja solução teria, suponho, resultados muito mais complicados e diversificados.

meios visuais e fônicos é realizado pelo escritor pelo único meio à sua disposição, a palavra. Num trecho narrativo tradicional (mais apto para essa experiência) há de qualquer modo uma parte descritiva, que se desloca entre o ambiente, os objetos e as pessoas (corresponde a panorâmicas, *travellings*, primeiros planos, etc. do filme) e uma parte verbal (diálogos) e vários tipos de sugestões (metáforas e comparações, por exemplo, realizadas no filme por meio de montagens alternadas ou superposições) e assim por diante. O diretor de cinema pode apresentar, ao invés de descrever, com as vantagens e as desvantagens mencionadas.

Mas numa narração pode-se também operar um corte horizontal, seguindo-lhe as pausas, os encavalamentos, as retomadas. Esse seccionamento horizontal é quase igual num filme ou num conto ou romance: essas unidades maiores (as únicas que Metz finalmente reconhece) devem pois ser consideradas não como sintagmas de elementos menores, mas como elementos mínimos daquela unidade complexa que é a narração. Em outras palavras: uma narração, literária ou fílmica, pode ser segmentada em unidades narrativas mínimas (as cenas, seqüências, etc. do filme). A segmentação pode prosseguir ulteriormente na obra literária, dada a linearidade do discurso verbal, representada graficamente pelo alinhamento das letras nas linhas das páginas: mas as unidades isoladas num determinado ponto são somente unidades lingüísticas, não narrativas. No filme, ao contrário, só se pode passar desse ponto para frente, para uma segmentação vertical, de forma a colher o modo como é "orquestrada" a série das gravações visuais e fônicas; o prosseguimento da segmentação horizontal pôr-nos-ia em contato com elementos da realidade reproduzida, não da narrativa.

Tanto Metz como Bettetini chegam ao limiar dessa perspectiva de análise. Metz escreve que "il est malaisé de décider si la grande syntagmatique du film concerne le *cinéma* ou le *récit* cinématographique. Car toutes les unités que nous avons relevées sont repérables *dans* le film mais *par rapport* à l'intrigue. Ce va-et-vient constant de

---

(9) Vale a pena observar que a teoria eisensteiniana, que apontava na montagem o elemento básico da arte cinematográfica, pode ser considerada, mesmo em seu extremismo, como uma preciosa evocação da primazia da técnica narrativa na mensagem fílmica: como tal, merece, ao invés de fáceis refutações, um positivo reexame. Não se estranhará, ademais, esse novo traço comum a Eisenstein e aos formalistas.

l'instance écranique (signifiante) à l'instance diégétique (signifiée) doit être accepté et même érigé en principe méthodique" (p. 143; grifos de Metz). Por sua vez, Bettetini, depois de ter escrito que "quando estiverem envolvidos problemas de significação, o trabalho de pesquisa deverá sempre orientar-se em torno do plano das grandes unidades narrativas" (p. 89), faz alusão à "possibilidade de utilizar formas de pesquisa comuns às duas linguagens, a verbal e audiovisual, no âmbito das estruturas narrativas" (p. 91), remetendo de maneira oportuna à "analyse du récit" a que se dedicam há poucos anos Greimas, Barthes e outros.

É integrando as duas segmentações, a vertical de tipo hjelmsleviano e a horizontal de tipo formalista que, na minha opinião, se poderá levar a bom termo um estudo sistemático da "linguagem" fílmica, e esclarecer de maneira inequívoca as possibilidades comuns à narrativa cinematográfica e à literária, e as possibilidades peculiares de cada uma das duas, para além de confrontos somente exteriores que têm levado a enfatizar mais do que seria justo a chamada "especificidade" do discurso fílmico. Teremos assim um capítulo da "teoria do narrar" em que a literatura e o cinema estarão, nos amplos limites em que isso é legítimo, emparelhados.

## O ESTRUTURALISMO NA ITÁLIA

Um panorama do Estruturalismo na Itália deve levar em conta não somente as relações entre estruturalismo lingüístico e crítica estruturalista, mas também a complicada e cativante dialética entre este método e o ambiente cultural preexistente[1]. Resultará disso que o Estruturalismo soube enxertar-se em tradições preexistentes, e que foi e é aplicado de modo a constituir um complemento e um aperfeiçoamento dessas tradições antes que uma ruptura. Além disso, é preciso sublinhar, desde o início, o fato de que na Itália as novas metodologias, da Estilística ao Estruturalismo, têm quase sempre

---

(1) Para esse quadro geral, veja-se G. CONTINI, *L'influenza culturale di Benedetto Croce*, Milão-Nápoles, 1967; I. VIOLA, *Critica Letteraria del Novecento* (Milão, 1969); D.S. AVALLE, *L'Analisi letteraria in Italia. Formalismo. Struturalismo. Semiologia* (Milão-Nápoles, 1970).

seu epicentro em universidades ou em docentes universitários. Por isso não se verifica como em outras partes a oposição entre uma crítica militante mais aventureira e mais aberta às novidades, e uma crítica universitária mais conservadora. Naturalmente, também na Itália, o Estruturalismo assumiu, em certo momento, aspecto de moda, mas foi, nesse sentido, um fenômeno de escassa relevância.

Lembrarei inicialmente alguns fatos: um certo isolamento cultural da Itália durante o fascismo, a presença genial, mas também centralizadora, do grande filósofo, crítico e historiador Benedetto Croce; a existência de uma escola lingüística de alto nível, que aprofundou com extrema variedade os problemas teóricos e dialetológicos individualizados por Graziadio Isaia Ascoli, mas que precisamente por isso ficou em grande parte alheia às tendências da lingüística pós-saussuriana.

Assim, os impedimentos externos fecharam sobre si mesma a cultura italiana entre as duas guerras, de um lado favorecendo o desenvolvimento original de seus temas e de seus motivos, de outro isolando-a do contexto europeu, e impedindo-a de acolher possíveis sugestões exteriores (por exemplo, do Formalismo Russo).

Não obstante, de Carducci a Serra, de De Lollis a Parodi e Petrini, haviam sido realizadas na Itália análises de textos literários que podem ser definidas como formalistas, porque voltadas, sobretudo para as particularidades técnicas dos autores: da métrica às escolhas lexicais e à sintaxe[2]. A história da língua disciplina sempre mais florescente entre nós, colocava à disposição desses críticos filtros seguros para captar os elementos pertinentes do estilo de um autor, e até para esboçar uma história da linguagem poética do classicismo ao decadentismo[3]

Esta maneira de enfrentar os textos havia-se enriquecido de uma nova sensibilidade durante o Hermetismo: a atenção para com os simbolistas franceses e para com a mais recente poesia italiana, especialmente Ungaretti, havia dotado de antenas extremamente refinadas universitários e críticos militantes como Giuseppe De Ro-

---

(2) Veja-se por fim, G.L. BECCARIA, "La critica e la storia della lingua italiana", em *I metodi attuali della critica in Italia*, aos cuidados de M. Corti e C. Segre (Turim, 1970), pp. 215-31
(3) C. DE LOLLIS, *Saggi sulla forma poètica italiana dell'Ottocento* (Bari, 1929); mais tarde, em *Scrittori d'Italia* (Milão-Nápoles, 1968).

(*) *Crepuscularismo* no original. (N. do T.)

bertis. A tradição iniciada por Carducci achava em De Robertis uma última e atualizada encarnação[4].

Foi um crítico-filólogo, Gianfranco Contini, quem deu uma consciência metodológica e instrumentos de análise precisos às pesquisas estilísticas antes realizadas por De Robertis. As primeiras escaramuças deram-se em 1937, com o aparecimento dos *Frammenti autografi dell'Orlando Furioso* aos cuidados de Santorre Debenedetti. Contini escreveu então um artigo sobre os processos de correção de Ariosto que já pode ser definido como estruturalista, ainda que ninguém, nem o próprio Contini, empregasse esse termo[5]. Seguia o *Saggio d'un commento alle correzioni del Petrarca volgare* (Florença, 1943), mais amplo nas análises, mais incisivo ao falar em "leis do sistema" no sentido saussuriano, em "equilíbrio dinâmico", e assim por diante. Mas é sem dúvida paradigmático um outro escrito de Contini, *Implicazioni leopardiane* de 1947[6], onde não somente se distinguem o sistema estilístico de Leopardi e o de cada uma de suas líricas, mas também se apontam as leis de ambos os sistemas. Eis dois trechos sintomáticos:

> Gostaria de tentar indicar, dinamizando o assunto, que os deslocamentos realizados por Leopardi são deslocamentos num sistema, e portanto envolvem uma multidão de nexos com os outros elementos do sistema e com toda a cultura lingüística do corretor (p. 342).
> ........................
> Quando se fala de implicações leopardianas, podem-se, analiticamente, distinguir dois tipos: primeiramente, correções que remetem a outras passagens da mesma composição, sejam estas contíguas ou mesmo distantes, já que é amplo o âmbito da compensação que se exerce no interior de uma mesma unidade. Em segundo lugar, correções (emendas) que remetem a passagens do autor fora da composição presente, ou porque atestam um esquema afim de reelaboração, ou porque aí se revela preparado nelas, conforme os casos, o ponto de partida ou o ponto de chegada. Enfim, correções que remetem, quer pela eliminação, aqui também, quer pelo adquirido, a lugares estranhos à obra do autor, isto é, a seus hábitos culturais, e suas leituras, imanentes à consciência (p. 343).

Em torno e em conseqüência dessas intervenções de Contini desenvolvia-se toda uma série de pesquisas sobre as variantes, desde as de De Robertis, culminadas no

---

(4) Sobre a crítica de De Robertis, veja-se D.S. AVALLE, *L'analisi letteraria*, cit.; O. MACRÍ, "La mente di De Robertis", em *Realtá del Simbolo* (Florença, 1968), pp. 295-401.

(5) Come lavorava l'Ariosto, *Meridiano di Roma*. 18.7.1937; mais tarde. em *Esercizî di lettura* (Florença, 1947), pp. 300-321.

(6) *Letteratura* 9 (1947), 33, 102-109; mais tarde em *I metodi della critica*, cit., pp. 342-352.

ensaio sobre Ungaretti (1945[7], até a *Elaborazione della critica leopardiana* de Piero Bıgongiari (Florença, 1937) e os estudos de Salvatore Battaglia e de Oreste Macrí sobre Herrera[8]. E poder-se-ia chegar até as análises das redações do *Orlando Furioso*, de Cesare Segre, em *Esperienze ariostesche* (Pisa, 1966) as da *Arcadia* de Maria Corti, em *Metodi e fantasmi* (Milão, 1969) ou do *Giorno* de Parini, de Dante Isella (Milão-Nápoles, 1969).

Poder-se-ia dizer que o estruturalismo italiano nasceu diacrônico e somente mais tarde passou à sincronia.

Sincrônico é, por exemplo, outro admirável ensaio de Contini, *Preliminari sulla lingua del Petrarca* (1951), que resulta ser ainda hoje, após a *vague* jakobsoniana e neoformalista, de uma modernidade surpreendente; mas ele nos leva já a uma nova fase da crítica italiana.

Mais ou menos conscientemente, a crítica das variantes constituía uma reação à posição idealista da crítica de Croce.

Enfatizar o momento da elaboração em vez do caráter definitivo global da obra, os processos lingüísticos e estilísticos em vez da inspiração ou da forma interna, significava penetrar na obra, galgar suas estruturas, em vez de contemplá-la à distância como para destilar-lhe a quintessência.

E eis uma nova fenda na crítica crociana, a produzida pelo conhecimento, depois pelas traduções, de Spitzer e Auerbach (judeus, e portanto exilados e "no *Index*" durante o nazifascismo) que tinham numerosos *atouts* para sua afirmação. Sua orientação crítica, a Estilística, tinha uma matriz idealista, semelhante à das teorias crocianas; e foi precisamente um crociano, Alfredo Schiaffini, quem calorosamente favoreceu a tradução de Spitzer[9]. Por outro lado, eles se detinham nos textos e em suas articulaçoes com uma finura e uma constância tais,

---

(7) "Sulla formazione della poesia di Ungaretti", em G. UNGARETTI, *Poesie disperse* (Milão, 1945), e, mais tarde, em G. UNGARETTI, *Vita di un uomo. Tutte le poesie*, aos cuidados, de L. Piccioni (Milão, 1969), pp. 405-421.

(8) S. BATTAGLIA. Per il testo de Fernando de Herrera. *Filologia romanza* 1 (1954), 1 51 88; O. MACRÍ. La lingua poetica dı Fernando de Herrera (I), *Studi Urbinati* 29 (1955), 2, 3-85 (II), *Revista di letterature moderne e comparate* 9 (1956), pp. 85-146.

(9) *Critica stilistica e storia del linguaggio*, aos cuidados de A. Schiaffini (Bari, 1954). Outras coletâneas italianas de escritos de Spitzer: *Marcel Proust e altri saggi di letteratura francesa moderna*, aos cuidados de P. Citati (Turim, 1959); *Cinque saggi di ispanistica*, aos cuidados de G. M. Bertini (Turim, 1962); *L'armonia del mondo. Storia semantica di un'idea*, aos cuidados de V. Poggi (Bolonha, 1967). De Auerbach foram traduzidos *Mimesis*, aos cuidados de A. Roncaglia (Turim 1956); *Lingua letteraria e pubblico nella tarda antichità latina e nel medioevo* (Milão, 1960).

que privilegiavam o momento da interpretação precisa e formal em face das interpretações sintéticas.

Por isso, como veremos, a estilística de tipo spitzeriano teria preparado o terreno, na Itália, para a crítica estrutural. Mas, a propósito de Estilística, é agora o momento de observar que os quinze anos aproximados de sua hegemonia (1945-1960) foram aqueles em que a colaboração entre Lingüística e Crítica foi tão íntima a ponto de chegar quase à identificação. Até os maiores representantes italianos da Estilística, Benvenuto Terracini e Giacomo Devoto, eram em primeiro lugar lingüistas. O primeiro vinha de uma experiência dialetológica e de estudos sobre os substratos, o segundo era (e é) indo-europeísta de primeira ordem. Para colher as relações entre a teoria e o exercício estilístico nos dois estudiosos, basta confrontar de Terracini os *Conflitti di lingua e di cultura* (Veneza, 1957), ou sua obra-prima *Lingua libera e libertà linguistica* (Turim, 1963) com as *Pagine e appunti di linguistica storica* (Florença, 1957) ou com o volume *Analisi stilistica: teoria, storia, problemi* (Milão, 1966); ou de Devoto, os *Fondamenti della storia linguistica* (Florença, 1950) com os *Studi di stilistica* (Florença, 1960) e os *Nuovi studi di stilistica* (Florença, 1962).

Tanto Terracini como Devoto voltaram-se para estudos de estilística porque sentiram que na análise da linguagem literária encontrariam as mais sólidas confirmações para seus problemas teóricos. A lingüística italiana era eminentemente lingüística histórica. Numa concepção cultural da História, ela procurava esclarecer as relações entre as inovações individuais e sua difusão ou sua sedimentação, entre a língua como energia e a língua como produto; ou esforçava-se em iluminar os aspectos da língua enquanto expressão da cultura, ou, melhor ainda, dos movimentos contínuos da cultura. Em pesquisa desse tipo é evidente que os momentos criativos e inovadores acabam sendo mais interessantes do que os de reação ou de inércia, o estudo da invenção literária constituía um ponto de vista ideal e particularmente instrutivo para a pesquisa. Devoto, mais próximo da estilística de Bally, levava em conta, ainda assim, o conceito de "instituição" lingüística, e colocava entre a *langue* e a *parole* o intermediário da "língua individual", em substância, o "idioleto" dos estruturalistas [10]; Terracini era mais decidido e audacioso ao insistir nas liberdades do escritor e, em geral, do "produtor" de língua.

Olhando retrospectivamente para esse episódio cultural, podem-se descobrir também em nossa lingüística histórica intuições de tipo estrutural. Assim, no conceito de adequação morfológica utilizado por Terracini quando estudava o impacto de um idioma de maior prestígio sobre um dialeto ou *patois*[11]; ou na indicação, também de Terracini, de oposições elementares próprias das línguas ocidentais (as do gênero, do número, etc.) como esquemas no interior dos quais, e somente no interior dos quais, se desenvolvem as inovações[12]. Mas a inspiração desses estudiosos era antípoda do Estruturalismo, dada a insistência em considerar a língua sobretudo como expressão de cultura, e, em suma, em recusar um estudo exclusivamente imanente da língua. Tanto Devoto como Terracini conhecem e citam os principais mestres do Estruturalismo: sua posição é pois uma escolha consciente (lúcida) e, dados os resultados, positiva.

Também para o estruturalismo lingüístico, um dos pioneiros na Itália é Contini. Em 1951, saía um seu artigo *Sobre la desaparición de la correlación de sonoridad en castellano*,[13] que resolvia por meio de um processo clara e declaradamente estruturalista um dos mais interessantes problemas da história do consonantismo espanhol. E não se trata de uma experiência isolada; mais tarde, em 1960, Contini dará uma interpretação fonológica da típica aspiração toscana das oclusivas (*gorgia toscana*)[14]; todos os comentários dialetológicos de antigos textos poéticos italianos produzidos por Contini durante sua carreira são de tipo estruturalista.

Mas é, talvez, melhor fixar como data de nascimento do estruturalismo lingüístico na Itália o ano de 1955, quando saiu o volumoso estudo sobre *La parlata di Moena* de Luigi Heilmann [15]. Trata-se com efeito de um trabalho sistemático, que se insere criticamente num

---

(10) Sobre a "língua individual" e sobre a "instituição", cp. G. NENCIONI, *Idealismo e realismo nella scienza del linguaggio* (Florença, 1946); G. DEVOTO, *Studi di Stilistica* (Florença, 1950).
(11) O melhor exemplo em "Minima Saggio di ricostruzione di un focolaio linguistico" em *Zeitschrift für romanische Philologie* 57 (1937), pp. 673-726.
(12) *Lingua libera*, cit., pp. 47-51.
(13) *Nueva Revista de Filología Hispánica* 5 (1951), 2, pp. 173-82.
(14) *Boletim de Filologia* 19 (1960), pp. 263-81.
(15) *La parlata di Moena nei suoi rapporti con Fiemme e con Fassa* (=Università degli Studi di Bologna. Facoltà di Lettere e Filosofia. Studi e ricerche, N. S. I) (Bolonha, 1955).

panorama preciso de todas as "contissoes" estruturalistas. Além disso, de sua cátedra de Bolonha, Heilmann criou em torno de si uma verdadeira escola de lingüística estrutural; e, enquanto prosseguiu suas pesquisas de dialetologia e suas intervenções teóricas, preparou estudiosos como Valesio, Rosiello e outros.

Vale a pena, de qualquer maneira, observar como nossos primeiros estruturalistas não recusaram a experiência das gerações precedentes de lingüistas, e aplicaram o novo método tendo consciência ao mesmo tempo de suas possibilidades e de seus limites. Em seu artigo de 1951, por exemplo, Contini escrevia que, em matéria de problemas de dialetologia diacrônica,

"seria anticientífico pretender dar uma explicação causal determinante: a inovação da língua, até mesmo em sua estrutura fonológica, continua sendo um dado originário, irredutível e, se a palavra não parecer demasiado equívoca, criador".

Igualmente explícitas as declarações de Heilmann, em artigos teóricos publicados entre 1955 e 1959 nos *Atti dell'Accademia dei Lincei*, nos *Quaderni dell'Instituto di Glottologia di Bologna* e na revista *Convivium* [16]. Bastará reproduzir aqui três trechos significativos do artigo de *Convivium:*

O programa do estruturalismo diacrônico deixa intatos os métodos tradicionais históricos e comparativos, mas interpreta-os e aplica-os num espírito mais completo, visando não somente a dar uma classificação das mudanças lingüísticas, mas também a contribuir para sua explicação, na medida em que função e estrutura se tornam determinantes, na objetivação do discurso na língua, numa concepção dinâmica desta (p. 523).

O estruturalismo diacrônico, efetivando o elo entre sincronia e diacronia, possibilita ligar a tradição histórica e substancialista ao método estrutural e imanente da moderna lingüística, e restabelece assim a fundamental unidade da ciência (p. 525).

A história dos sistemas e a comparação das estruturas, integrando o historicismo e o comparatismo tradicionais sem negá-los, permitem a fusão dos métodos sincrônicos e diacrônicos e provam que, a par da

---

(16) "Orientamenti strutturali nell'indagine linguistica", em *Rendiconti dell'Accademia Nazionale dei Lincei,* ser. VIII, vol. LX (1955), fasc. 3-4, pp. 136-156; "Per una dialettologia strutturale", em *Quaderni dell'Instituto di Glottologia dell'Università di Bologna* 4 (1959), pp. 45-84; "Linguistica e Filologia", *ibidem,* 2 (1957), pp. 3-19; Origine, prospettive e limiti dello strutturalismo, *Convivium* 26 (1958), pp. 513-26. Sobre o presistente interesse de Heilmann pelos dialetos, cp. "Strutturalismo e storia nel dominio linguistico italiano: il vocalismo di una parlata tipica pavese", em *Quaderni,* cit., 6 (1961), pp. 45-57.

descrição dos fatos (descrição de relações e descrição de mudanças) cabem tentativas de explicação, somente nas quais se aclara em cheio e se justifica linguisticamente o recurso a considerações extralingüísticas.

Observaremos mais detalhadamente alguns dados determinantes. Primeiro: que das várias correntes do Estruturalismo Heilmann prefere o substancialismo da Escola de Praga e de Martinet ao formalismo dos americanos e dos dinamarqueses. Segundo: que Heilmann utiliza a fonologia sobretudo como instrumento para a interpretação diacrônica das fases lingüísticas. Terceiro: que Heilmann, embora não se abstendo de intervenções teóricas ou de excursões fora do campo românico, aponta principalmente nos dialetos um campo privilegiado para as pesquisas estruturais.

Esses dados confirmam o que já expressaram as citações acima transcritas, a saber, que o estruturalismo de Heilmann se predispõe a uma conciliação com a tradição historicista italiana. A conciliação é teórica: Heilmann tende a dividir a pesquisa numa parte descritiva, fonética e geográfica, e numa parte fonológica; e as tabelas fonológicas de Heilmann resultam ser bastante próximas, embora sejam formuladas de outra maneira, das tabelas fonéticas e morfológicas empregadas por Terracini em seus estudos sobre os dialetos piemonteses. Mas a conciliação é também prática: ficar no terreno dos dialetos significa aceitar a herança gloriosa de Ascoli, de Salvioni, de Merlo. E de fato outros estudiosos italianos, embora pouco numerosos, têm acompanhado Heilmann no estudo estruturalista dos dialetos: citarei Urzi para o gardenês, Francescato para o dialeto de Friul, Maria Tereza Atzori para o campidanês[17]. Ainda mais original, dada a situação lingüística italiana, o estudo do italiano regional iniciado por Giulio Lepschy[18].

Depois de 1960, o Estruturalismo difunde-se de maneira cada vez mais decidida, inclusive fora do ambiente dos especialistas. Basta lembrar a tradução, entre 1963 e 1968, de *Linguistique générale et linguistique rançaise*, de Bally, de quase todas as obras de Martinet

(17) E. URZI, "Analisi fonematica della parlata di Ortisei", em *Quaderni*, cit., 6 (1961), pp. 69-87; G. FRANCESCATO. "Il dialetto di Erto", em *Zeitschrift*, cit. 79 (1963), pp. 492-525; F. COCO, *Il dialeto di Bologna. Fonetica storica e analisi strutturale* (Bolonha, 1970), etc.

(18) Fonematica veneziana, *Italia dialettale* 25 (1962), pp. 1-22; Morfologia veneziana, *ibidem*, 26 (1963), pp. 129-44; The Segmental Phonemes of Venetian and their Classification, *Word* 19 (1963), pp. 53-66. Sobre o veneziano antigo, cp. A STUSSI, Sui fonemi del veneziano antico, *Italia-dialettale* 28 (1965), pp. 125-42

dos *Essais de Linguistique Générale* de Jakobson, dos *Prolegomena*, de Hjelmslev, do *Cours de linguistique générale* de Saussure, do manual de Robins, para não citar obras de inspiração menos claramente estruturalista como os estudos de semântica de Ullmann e de Guiraud, os ensaios de Dámaso Alonso, e assim por diante.

Portanto, também o movimento editorial serviu de intermediário para a difusão do Estruturalismo. Mas é muito mais importante, como prova de assimilação do método, e de completude admirável de informação, o fato de ter sido um italiano, Giulio Lepschy, quem publicou a melhor síntese histórica do Estruturalismo, de Saussure até a gramática gerativa e o estudo das traduções mecânicas. Refiro-me ao volume *La linguistica strutturale,* de 1966 (Turim)[19].

Numa visão panorâmica da lingüística italiana, constata-se ainda assim que o Estruturalismo, apesar de uma certa força de ruptura, continua em posição de inferioridade. A maior parte dos lingüistas mantém-se fiel aos temas e aos processos mais tradicionais, quer fechando-se em especializações, desde a orientalista até a indo-européia, no interior das quais dá contribuições às vezes excelentes, quer mantendo posições teóricas de tipo historicista.

Somente alguns jovens, discípulos de Heilmann, como Rosiello, Valesco e Arcaini, ou de outras escolas, como Lepschy e De Mauro, é que, com diferenças de ênfase e de engajamento, prosseguem o discurso estruturalista, iniciado, na Itália, há quinze anos. Devem-se a Lepschy, além do volume citado, contribuições importantes sobre a interpretação ou sobre a história de vários conceitos-chave teóricos [20]; de De Mauro citarei a brilhante, embora em muitos pontos discutível, *Introduzione alla semantica* (Bari, 1965) e o comentário ao *Cours* de Saussure (Bari, 1967).

Não é sem interesse o fato de que Rosiello e Valesio se detêm em seus volumes recentes nos problemas da linguagem poética, ainda que inserida em sistematizações gerais da atividade lingüística dos falantes. Talvez seja lícito ver nessa predileção pela linguagem poética uma

---

(19) *A Survey of Structural Linguistics,* (Londres, 1970).
(20) Osservazioni sul termine 'struttura', *Annali Scuola Normale Sup. di Pisa,* 31 (1962), pp. 173-97; Note sulla fonemica italiana, *Italia dialettale* 27 (1964), pp. 53-67; Trasformazioni e semantica, *Lingua e stile* 1 (1966), pp. 23-35; Nota sullo strutturalismo e sulla linguistica sovietica recente, *Studi e saggi linguistici* 7 (1967), pp. 1-22.

continuidade polêmica do interesse que lhe dedicava — mas com motivação teoricamente mais decisiva — a lingüística historicista. No entanto, existem outros movidos para essa predileção que veremos logo a seguir.

Rosiello publicou em 1965 (Florença) um volume, *Struttura, uso e funzioni della lingua*. Aí reexamina a antinomia saussuriana *langue/parole* à luz do pensamento estruturalista. Se interpretarmos — diz Rosiello — a relação entre os dois conceitos como uma relação entre potencialidade e realização, é possível mediá-la através de conceitos valorizados pelos praguenses, por Hjelmslev e por Coseriu: os de sistema, norma e uso. Através destes pode-se representar exaustivamente a interação entre liberdade, facultatividade e obrigatoriedade, entre modelos abstratos, regras de funcionamento e modalidades de execução em que se baseia a vida da língua.

Rosiello tenta também aprofundar no interior deste sistema de relações o problema da possibilidade de uma semântica estrutural. Julgando ter de tratar a consistência das esferas semânticas ao nível do *uso*, pensa ele que a Lingüística deva limitar-se ao estudo da relação de significação existente entre um conteúdo conceitual (extralingüístico) e uma forma lingüística. Superar-se-ia assim o contraste entre "substancialismo" e "formalismo".

Na ordem diacrônica, Rosiello enquadra na categoria do *uso* todos os fatos lingüísticos de inovações ou não, que, embora representando o dinamismo da língua não ferem sua estrutura, por mais que a estrutura lhes dê crédito e os condicione. Esses fatos, que dependem de impulsos de ordem cultural, social, etc., deveriam continuar sendo aprofundados pelos lingüistas historicistas. Ao estruturalista caberia, pelo contrário, avaliar os movimentos internos à estrutura da língua, que nesta repercutem, quando repercutem, somente através de mediações do *uso*.

Ora, Rosiello reconhece que "a estrutura sincrônica do Italiano se manteve inalterada desde o 'Trecento' até nossos dias". Deduz-se disso que a língua italiana não é a mais propícia a aplicações estruturalistas. Daí, quase a título de indenização, o interesse pelo estilo.

Com efeito Rosiello, fazendo eco parcialmente às teses de Praga, considera o estilo como uma espécie de "ginástica" da língua. Eis uma afirmação sintomática:

O estilo poético consiste num sistema de realizações de potencialidades estruturais que, embora sendo, ao nível do uso, condicionado pela realidade psico-sócio-cultural externa, deve em suas finalidades transcender tais condicionamentos, para constituir-se em sistema cognitivo não da realidade efetiva, mas das possibilidades estruturais da língua (p. 112).

Lembrarei também que se deve a Rosiello um volume, *Linguistica illuminista* (Bolonha, 1967) que reexamina a história das concepções lingüísticas pré-românticas a partir do século XVII. À parte a análise das semelhanças entre a lingüística estrutural e a *grammaire générale*, merece ser observada a proposta de substituir a paternidade cartesiana, defendida por Chomsky, por uma paternidade iluminista.

Um recente volume de Valesio, *Strutture dell'Allitterazione, Grammatica, retorica e folklore verbale*, de 1967 (Bolonha) parece permanecer num âmbito mais monográfico; na realidade, enfrenta de maneira sugestiva uma série de problemas que podem abrir um campo de pesquisas amplíssimo.

Valesio parte de uma posição muito precisa acerca das relações entre crítica literária e análise lingüística:

A estrutura de um texto literário não é nunca um fato exclusivamente lingüístico, mas algo que contém e transcende a estrutura lingüística, graças à combinação, a que ele dá vida, de fatores sociais, ideológicos, de gosto, etc. (e o crítico literário trabalha precisamente, com uma técnica que desde a Antiguidade é interdisciplinar, na confluência desses fatores diversos). A estrutura de um texto, *enquanto texto literário*, não pode ser portanto o ponto de partida de uma pesquisa propriamente lingüística, e o conteúdo de estrutura da obra literária na crítica estilística não é senão uma extensão metafórica, necessariamente vaga e ambígua, do conceito de estrutura lingüística (p. 111)

Valesio parte, portanto, não do estudo do estilo poético, mas do estudo do estilo coletivo, próprio da língua, mesmo que depois tenha de enfrentar os naturais reflexos do estilo coletivo no individual; em outras palavras, julga mais importante individualizar a "norma", identificada com as estruturas da língua, do que precipitar-se em examinar os eventuais "desvios" da mesma norma.

Escolhendo como objeto de estudo a aliteração, Valesio colocou-se propositalmente num território de fronteira: fronteira entre estrutura retórica e estrutura gramática, entre estilo individual e estilo coletivo. Ele manipula, com procedimentos de lingüísta, materiais que costumam ser empregados pelos críticos, e os resultados são nitidamente positivos. Neste breve panorama posso somente sublinhar as belas observações sobre as relações entre aliteração e rima, a análise da posição recíproca da aliteração e outras figuras retóricas a ela ligadas (a paranomásia, a anáfora, a *derivatio)*, e, no conjunto, a demonstração da possibilidade de "elaborar uma *estilística comparada geral* das estruturas retóricas de várias línguas". Com efeito, são originais e preciosas as observações sobre aquilo que Valesio chama folclore verbal, isto é, sobre o conjunto de locuções estereotipadas e de expressões proverbiais que dão um colorido particular a cada língua. Outro ponto importante do volume de Valesio é o uso do conceito semiológico de *ícone*, para interpretar todos os processos retóricos que fornecem um equivalente formal às estruturas do conteúdo semântico. Em conclusão, os volumes de Rosiello, mas sobretudo de Valesio (ou outros que poderiam ter sido citados), são indícios de uma elaboração original e produtividade do pensamento estruturalista por parte dos estudiosos italianos. O mesmo pode-se dizer de outra obra recente, os *Principi di linguistica applicata* de Enrico Arcaini (Bologna, 1967), que, sistematicamente, assenta as bases para uma glotodidática das línguas de extração claramente estruturalista.

Mas voltemos à crítica literária em sentido estrito. Um fato significativo é que, quando saiu em 1956 a tradução italiana de *Theory of Literature*, de Wellek e Warren, as acolhidas foram mornas. Apontaram-se, com razão, o ecletismo do volume, a aproximação empírica de métodos, cujas bases teóricas são inconciliáveis. Não se notaram, ao contrário, as preciosas indicações de uma possível análise formal, que pela mediação dos dois autores remontavam a fontes ainda bem aproveitáveis, a Escola de Praga e o *New Criticism*.

Ainda em 1960 e 1962 saíam artigos de Valesio em que a crítica estruturalista era apresentada como um projeto que mal acabava de ser traçado [21]. É verdade que em 1960 havia aparecido a *Critica del gusto*, de Galvano della Volpe (Milão), em dia com a lingüística moderna e baseada especialmente em propostas de Hjelmslev: mas o próprio autor, avesso a qualquer análise de caráter rítmico ou fonológico, declarava ter apelado para a "glossemática"

---

(21) "Problemi di metodo nella critica stilistica", em *Studi e ricerche della Facoltà di Lettere di Bologna*, N. S. 7 (1962).

unicamente para poder dispor de um conceito científico e global do signo lingüístico, embora no quadro de uma problemática gnoseológico-estética, com o intuito de descobrir, em polêmica com Lukács, uma chave semântica da poesia, permanecendo, contudo, no campo do materialismo histórico. Por sua vez, experiências estruturais como a de Marcello Pagnini sobre os *Four Quartets* de Eliot (1958)[22] ou Giovanni Meo Zilio sobre Cesar Vallejo (1960)'haviam ficado sem ressonância[23].

A crítica estruturalista "explode" na Itália entre 1963 e 1965 sob o estímulo da análise de *Les chats* de Baudelaire, feita por Jakobson e Lévi-Strauss em 1962. Eis algumas datas, a título de pontos de referência de uma atividade que se tornou em seguida cada vez mais sistemática. Em 1963 e em 1964, Aldo Rossi oferece em dois artigos[24] um panorama crítico da crítica estruturalista, colocando naturalmente Jakobson em seu centro; em 1963, sai também um artigo de Rosiello sobre *Le sinestesie nell'opera poetica di Montale*[25]; em 1964, um volume de Marcello Pagnini sobre *La poesia di W. Collins* (Bari) apresenta num capítulo uma descrição fonológica funcional de algumas líricas; em 1965, saem o breve volume de Silvio D'Arco Avalle sobre *"Gli orecchini" di Montale* (Milão)[26], um artigo de Rosiello sobre *Consistenza e distribuzione statistica del lessico poetico di Montale*[27], a análise diacrônica das variantes de uma lírica de Machado por Cesare Segre[28], e o inquérito sobre *Strutturalismo e critica* do editor "Il saggiatore"[29].

Deixaremos de falar aqui do artigo sobre Machado: ele se liga à crítica das variantes, mas pondo em realce a diferença entre a estrutura, isto é, entre o conjunto de relações de cada elemento do poema estudado em cada uma das fases de elaboração, e o sistema, isto é, o conjunto das relações virtuais dos elementos da linguagem poética de Machado, considerada em sua totalidade. Deter-nos-emos, pelo contrário, nos dois ensaios sobre

---

(22) Atualmente em *Critica della funzionalità*, (Turim, 1970), pp. 7-38.

(23) *Stile e poesia in Cesar Vallejo*, (Pádua, 1960).

(24) Storicismo e strutturalismo, *Paragone* 14 (1963), 166, pp. 3-28; Strutturalismo e analisi letteraria, *Paragone* 15 (1964), 180, pp. 24-78.

(25) *Rendiconti* 7 (1963), pp. 1-19.

(26) Atualmente em *Tre saggi su Montale*, (Turim, 1970).

(27) *Rendiconti* 11-12 (1965), pp. 397-421.

(28) "Due appunti su Antonio Machado", em VÁRIOS AUTORES, *Studi di lingua e letteratura spagnola* (Turim, 1965), pp. 147-57, mais tarde, em *I segni e la critica* (Turim, 1970), pp. 129-134.

(29) *Strutturalismo e critica*, aos cuidados de C. Segre, em *Catalogo generale 1948-1965*, da edit. "Il Saggiatore", (Milão, 1965).

Montale de Rosiello e de Avalle, avisando imediatamente que este último teve uma excepcional difusão, e muito contribuiu para a afirmação da crítica estrutural da Itália.

Rosiello adverte imediatamente que a sua análise "prescinde de qualquer finalidade valorativa, crítica ou estética". Recorre, para os processos, às estatísticas de Guiraud, e, para os princípios, à Escola de Praga. O conceito em que se baseia é principalmente o de que a quantidade de informação de uma mensagem é inversamente proporcional à sua previsibilidade. À falta, porém, de levantamentos estatísticos do Italiano comum, é obrigado a individuar intuitivamente os desvios da norma sobretudo através dos tipos sintagmáticos de Montale (como já fizera para as sinestesias). Pelo contrário, a procura das palavras-tema e das palavras-chave permanece circunscrita aos limites lingüísticos de Montale e é estudada somente em sua organização.

Deve-se observar, de qualquer maneira, que os princípios de base de Rosiello, *próprios da teoria da informação*, tiveram certo sucesso junto às vanguardas na breve fase estruturalista que então atravessaram, antes de passar, com brusca reviravolta à contestação global. É claro que se afigurava atraente para as vanguardas o programa de agir contra a estandardização da língua, ou melhor, de pôr em crise todas as suas estruturas. Tratava-se, em seu ingênuo entusiasmo, de um começo de revolução. Mas suas intervenções teóricas somente podem interessar à história das modas intelectuais.

Bem mais original é o estudo de Avalle sobre o soneto *Gli orecchini* de Montale. A terminologia não é nova: os conceitos antinômicos de *conotação e denotação* remontam à glossemática, e já haviam sido empregados por Johansen e Stender-Petersen. Mas é precisamente Avalle quem submete progressivamente, ponto por ponto, o texto a uma paciente hermenêutica que liga a cada vez o plano lingüístico com o dos conteúdos, individuados através de uma análise dos conotadores. Dessa maneira, precisam-se, aos poucos, quer o sistema dos signos verbais, quer o dos conteúdos, cuja coesão é medida através de outro conceito básico, o de *funcionalidade*. E é justamente com base nesta *funcionalidade* que as palavras semanticamente mais ricas, estudadas por Avalle em toda sua história através da poesia de Montale, acabam assumindo, em cada caso um valor diferente. Avalle tem sempre à vista o sistema lexical e metafórico do poeta, mas advertindo tratar-se de elementos a que o contexto confere em cada caso particular funções diferentes. Eis o modo pelo qual Avalle descreve a operação realizada:

> A desmontagem da complexa construção desenvolveu-se sobretudo no âmbito da análise conotativa, independentemente de toda questão de "escrituras". Foi preocupação constante verificar se, e em que medida, os elementos particulares se integravam no todo, e, em caso afirmativo, qual era seu grau de funcionalidade. De resto, parece-me ser resultado igualmente evidente a escassa relevância crítica das analogias de uso, isto é, do fato de que alguns desses elementos já haviam sido utilizados em outro lugar. Desde que passaram a participar da nova órbita poética, eles demonstraram ser plenamente autônomos e originais.

Depois de 1965, a crítica estruturalista teve na Itália uma difusão cada vez mais ampla, e em todos os níveis. Um símbolo inegável disso é constituído pela fundação quase contemporânea (1966-1967) de duas revistas, *Lingua e Stile* e *Strumenti Critici*, em torno das quais se foi polarizando paulatinamente quase toda a atividade de tipo estruturalista. *Lingua e Stile*, órgão da escola bolonhesa de Heilmann, dá uma certa preferência à Lingüística, teórica e prática, inclusive à gramática transformacional; tem, pelo contrário, um caráter mais militante, e concentra-se mais decididamente na crítica literária e sua metodologia *Strumenti Critici*, dirigida por Avalle, Maria Corti, Isella e Segre, é expressão das escolas universitárias de Turim e Pavia. Essas duas revistas desenvolvem dupla tarefa: elaborar e difundir o método estruturalista, mas, simultaneamente, avaliar e filtrar as proposições freqüentemente inconsistentes de que o Estruturalismo foi pretexto especialmente junto a alguns críticos de apressado e inseguro preparo lingüístico.

Nas duas revistas citadas, e casualmente em outras lembraremos ainda *Sigma* — a bibliografia estruturalista faz-se cada vez mais rica e particularizada. Mas antes de tocar nisso, será bom deter-se um instante no inquérito *Strutturalismo e Critica*, impressa em 1965, mas preparada em 1963, e portanto justamente ao alvorecer da *vague* estruturalista. O inquérito é interessante porque indica bem o estado de espírito com que estudiosos de diferentes especialidades e de diferentes orientações estavam dispostos a receber o novo método.

Em quase todas as respostas sente-se a simpatia por um método que enfatiza a necessidade de deter-se nos textos, de examinar-lhes minuciosamente os elementos e as relações recíprocas, de ver enfim como é feita e como funciona uma obra de arte. Mas é também interessante o fato de que essas reações diversamente favoráveis provêm de estudiosos com um passado científico ou com predisposições ideológicas de tipo historicista (estilística terraciniana, marxismo, etc.). Eles mostram prever claramente os dilemas com que o Estruturalismo haveria de deparar: o dilema entre uma concepção ontológica e uma concepção operacional das estruturas; entre uma análise exclusivamente lingüística e uma análise orientada para os conteúdos semânticos; entre uma consideração isolada, absoluta do produto artístico e um esforço por captar, através das estruturas do produto, o sistema que ele atualiza, quer se trate de um sistema individual ou de um sistema sociocultural.

Entre esses dilemas, boa parte dos colaboradores se declaram naturalmente favoráveis às respostas que salvem o fundo histórico-humano da obra de arte. Entendida dessa maneira, a análise estrutural não vem absolutamente constituir uma ruptura em face da Estilística. Também Spitzer, como os praguenses, procura os desvios da norma (*écarts*), ele também procura captar constantes (indício de personalidade artística) nesses desvios. A diferença consiste no salto, que Spitzer considera necessário, da análise de particularidades formais à forma interior, ou étimo espiritual: é o ponto em que a matriz idealista de Spitzer é mais visível. Mas note-se que Spitzer, nos últimos anos, tinha procurado cada vez mais decididamente sistematizar suas observações, e desenvolver-lhes no interior dos textos a interpretação até uma derradeira profissão de fé estruturalista.

Por sua vez Terracini, com sua insistência nas diferentes estratificações da linguagem (particularmente sensíveis na Itália) tinha preparado para o Estruturalismo a possibilidade de particularizar de maneira mais refinada o confronto entre estilo individual e estilo coletivo. Também a língua tem seus gêneros — dir-se-ia hoje códigos e subcódigos — e é em relação a estes, mais do que à *langue* em seu sentido mais indiscriminado, que se desenvolve a dialética entre inovação e conservação, fundamental para qualquer tipo de análise estilística.

Contudo, além de Spitzer e Terracini, e mais do que a eles, os colaboradores de pesquisa se reportavam à crítica das variantes e a Contini. Descobrindo a aparelhagem inegavelmente estruturalista daquelas pesquisas, levava-se não somente a vantagem de ligar a nova metodologia com outras anteriores já bem assimiladas, mas também de *tirar proveito* de experiências realizadas em âmbito historicista, e isto em diálogo não polêmico com o próprio historicismo.

Essas indicações foram depois confirmadas pelos acontecimentos que se seguiram: já sintomático o fato de que muitos dos críticos estruturalistas italianos (em particular de *Strumenti critici*) provenham precisamente das escolas de Terracini e Contini. Mas à parte essa observação de caráter biográfico, os próprios trabalhos, embora com nítidas diferenças, confirmaram as previsões e sugestões do inquérito. Seu número já elevado, obriga-nos a limitar o panorama a alguns exemplos, escolhidos inclusive em relação com as literaturas a que pertencem os textos tomados como objeto.

O anglicista Pagnini, por exemplo, deu-nos elegantes análises estruturalistas do soneto 20 de Shakespeare e de líricas de John Donne [30]; nelas, a minúcia das observações é sucessivamente referida a tendências da poética e do gosto de que os textos são expressão, num íntimo confronto entre microcosmo e macrocosmo. Não foi à toa que Pagnini enfrentou também sínteses gerais de movimentos literários, por exemplo, no artigo *Struttura semantica del grande simbolismo americano* e no excelente manual universitário *Struttura letteraria e metodo critico* (Messina-Florença, 1967) levasse em conta não somente os aspectos lingüísticos e formais dos textos, mas ainda os semânticos e alegóricos, da história literária e das idéias.

O francesista Francesco Orlando escreveu entre outras coisas duas belas análises de um soneto de Baudelaire (*Harmonie du soir*) e de uma prosa de Mallarmé [31]. Na primeira, o exame estrutural encontra-se na foz de uma profunda indagação sobre alguns temas baudelairianos, e por isso retorna até as fontes da inventividade simbólica; a segunda análise, partindo, pelo contrário, das estruturas, remonta ainda mais alto, até

---

(30) Foram agora reunidas, com outros ensaios, em *Critica della funzionalità*, cit.
(31) Baudelaire e la sera, *Paragone* 17 (1966), 196, pp. 44-73; Le due facce dei simboli in un poema in prosa di Mallarmé, *Strumenti Critici* 2 (1968), pp. 378-412.

arquétipos psicológicos, com um prudente mas fecundo recurso a hipóteses psicanalíticas. Entrementes, Stefano Agosti renova a hermenêutica dos sonetos de Mallarmé, com uma reconstrução extremamente audaciosa de seus mecanismos semânticos[32].

Voltando mais uma vez a Montale, Avalle mostrou no epigrama *A Liuba che parte*[33] a estrutura, oculta e aliás inconsciente para o próprio autor, de uma balada, com todas as conclusões que isso comporta em vista da persistência mnemônica de esquemas oficialmente obsoletos, e do conhecido interesse do poeta pela ópera lírica e pelo canto. Aldo Rossi, reexaminando com os novos métodos a famosíssima *Pioggia nel pineto* de D'Annunzio[34] aí encontra constantes descritivas comuns também aos diários do poeta, de modo a tocar nos próprios modos de sua percepção e de sua expressividade. Letizia Grassi confrontou uma análise sua de um poema de Gozzano com as principais interpretações críticas do poeta, evitando que suas observações ficassem isoladas do restante de sua produção[35].

São apenas alguns exemplos, dissemos: outros poderiam ser acrescentados, muitíssimos até, se se estendesse a exposição a críticos que souberam aproveitar as sugestões estruturalistas embora no interior de um discurso menos avesso a outros pontos de vista e a outros interesses: como Barberi Squarotti para Pascoli e para Machiavelli[36], Ezio Raimondi para Manzoni[37], Oreste Macrí para Montale e De Robertis[38], Luciana Stegagno Picchio para autores portugueses e brasileiros[39], Vittorio Bodini para Góngora[40], Alessandro Serpieri para Hopkins, Eliot, Auden[41], etc.

O estruturalismo italiano soube, pois, evitar a alienação da Crítica ao tecnicismo ou à Matemática, da Her-

---

(32) Mallarmé e il linguaggio dell'ontologia, *Sigma* 10 (1966), pp. 17-37; Interpretazione d'un sonetto di Mallarmé: "Quand l'ombre menaça de la fatale loi", *Strumenti Critici* 1 (1967), pp. 295-312; *Il cigno di Mallarmé* (Milão, 1970).

(33) *Strumenti Critici* 2 (1968), pp. 314-319, reimpresso em *I metodi attuali*, etc., cit., pp. 362-367.

(34) Protocolli sperimentali per la critica, *Paragone* 18 (1967), 210, pp. 45-74, reimpresso em *metodi attuali*, etc., cit., pp. 303-315.

(35) Intorno alla struttura d'una lirica gozzaniana, *Lingua e stile* 2 (1967), pp. 51-66.

(36) *Simboli e strutture nella poesia del Pascoli*, (Messina-Florença, 1966).

(37) *Metafora e storia*, (Turim, 1970).

(38) "Esegesi del terzo libro di Montale" e "La mente di De Robertis", em *Realtà del simbolo*, cit.

(39) Les oxymores dialectiques de Fernando Pessoa (em colab. com R. Jakobson), *Langages* 12 (1968), pp. 9-27; Guimarães Rosa: le sponde dell'allegria, *Strumenti critici* 4 (1970), pp.

(40) *Segni e Simboli nella "vida es Sueño"*, (Bari, 1968).

(41) *Hopkins — Eliot — Auden. Saggi sul parallelismo poetico*, (Bolonha, 1969).

menêutica à Lingüística ou à Teoria da Informação: ele tirou todos os frutos possíveis dos novos processos estruturalistas, não renunciando às conquistas anteriores. O mesmo se pode dizer em relação a outro filão gêmeo do Estruturalismo, o Formalismo. Também para a difusão deste deu uma importante contribuição o movimento editorial, contribuição tanto mais decisiva se se pensa que grande parte desses textos são em russo, difíceis de localizar e legíveis para poucos. De 1966 em diante foram traduzidos, além da síntese americana de Erlich, *Russian Formalism* e da preciosa antologia de Todorov, as principais obras de Chklóvski, Tinianov, Eichenbaum, dos *Irmãos de Serapione*, de Bakhtine e sobretudo a fundamental *Morfologia della fiaba* de Propp. E ao mesmo tempo circulam obviamente, com maior facilidade, os textos de Barthes, de Greimas, de Bremond, de Todorov, chegados, recém-impressos, da França.

A primeira *analyse du récit* de tipo formalista é provavelmente, na Itália, a que Avalle dedicou ao canto XXVI do *Inferno*[42]. É extremamente sintomático o fato de que esta análise tenha um fundo claramente comparatista. Uma vez reconhecidas as funções do episódio, Avalle estende suas observações não somente à pré-história da lenda de Ulisses, mas a outros mitos e contos estruturalmente afins, até identificar no *Alexandreis* de Gautier de Châtillon um modelo substancialmente análogo. Ele leva em conta, quer afinidades gerais na ordem e nas relações das funções, quer pormenores narrativos particulares. Em suma, uma pesquisa nitidamente diferencial e histórica.

Também para este tipo de estudos deveremos exemplificar seletivamente: comum aos trabalhos citados, como aos não citados é a utilização concreta do conceito de função, o esforço de manter-se preso aos textos, de ficar a seu serviço. Eis por exemplo Maria Corti que, em *Metodi e fantasmi*, descobre funções (ou microepisódios) análogas em contos de Fenoglio, e delas se serve para fixar a cronologia relativa de suas obras, levando em conta ao mesmo tempo a evolução da linguagem. Ou Umberto Eco [43] que põe em evidência as funções narrativas dos romances de Fleming, e desmascara o processo artesanal e ideologicamente reacionário com que Fleming repete ao

---

(42) L'ultimo viaggio di Ulisse, *Studi Danteschi* 43 (1966), pp. 35-68.
(43) "Le strutture narrative in Fleming", em VÁRIOS AUTORES, *Il caso Bond* (Milão, 1965), pp. 73-122.

infinito uma mesma vicissitude, com conclusões prefixadas, mudando somente os pormenores segundo os quais ela se desenrola. A maior formalização de Eco em comparação com Avalle e Corti está relacionada, como ele próprio reconhece, com a medíocre qualidade literária do autor.

Quanto às outras disciplinas, desde a Psicologia até a Antropologia Cultural e a Sociologia, a influência do Estruturalismo foi na Itália mais limitada. De um lado deve-se lembrar que se trata entre nós de disciplinas de desenvolvimento recente, ainda em fase experimental; de outro lado, que o ambiente filosófico é profundamente impregnado da Fenomenologia, e ainda por cima em versões muito idealizadas. Assim, a forte difusão e a tradução de textos fundamentais do estruturalismo extralingüístico, por exemplo das obras de Lévi-Strauss, não parece ter incidido muito no vivo das pesquisas.

De qualquer maneira, uma ampla exposição dos desenvolvimentos do Estruturalismo mesmo fora da Lingüística e da Crítica é fornecido pelo volume de Umberto Eco, *La struttura assente* (Milão, 1968). Ele permite seguir os progressos do método num âmbito particularmente predisposto à sua utilização: o das comunicações de massa. Aqui a Teoria da Informação e o Estruturalismo andam, como é justo, de mãos dadas, consideradas as afinidades e as convergências. E deve-se acrescentar que, na formulação que Eco deduz dos antropólogos culturais americanos, a própria cultura é uma forma de comunicação; por esse caminho, o Estruturalismo poderia ver aberto um imenso campo de possibilidades.

Mas qual estruturalismo? Eco submete a uma análise aprofundada as várias concepções estruturalistas, é evidencia, especialmente no estruturalismo francês, uma vocação ontológica, cujas raízes afundam, contra todas as aparências, no pensamento de Nietzsche e de Heidegger. Ele escreve a este propósito:

> O problema não é entrar no mérito das pesquisas particulares, mas levar às últimas conseqüências filosóficas o pressuposto — enganador — de uma estrutura *dada de antemão* como fundamento último e constante dos fenômenos culturais e naturais; e mostrar que esse *primum* ontológico implica, como é afirmado, a destruição da própria noção de estrutura, que se resolve numa ontologia da Ausência, do Vazio, daquela

falta ao ser que constituiria cada um de nossos atos. Uma decisão filosófica — esta — altíssima, radical, talvez "verdadeira". Mas tal que nos obrigaria a um reconhecimento tácito da Necessidade, e bloquearia todo projeto de contestação das coisas como elas são.

As formas extremas e generalizadas de estruturalismo levam, pois, como demonstra Eco, ao aniquilamento do próprio conceito de estrutura. A estrutura deve ser um conceito operatório, um modelo que se adapta sucessivamente aos objetos culturais que ele deve ajudar a descrever. O modelo é, enfim, o lugar de encontro de quem produz o objeto e de quem dele usufrui, e portanto, ele deve mudar ao mudarem as situações históricas em que é empregado. O mesmo se pode dizer no tocante às *analyses du récit*, e já vimos como nossos críticos fizeram delas preciosos instrumentos de pesquisa *sobre* os textos, *a propósito* dos textos, compreendendo que se as forçarmos aos limites extremos da formalização, chegaremos talvez a "universais" epistemológicos, mas nos afastaremos definitivamente da compreensão da obra de arte.

Os estudiosos italianos, em suma, aceitaram o Estruturalismo como processo heurístico e como método descritivo, mais do que como filosofia. E os críticos e lingüistas que se esforçaram para conciliar o Estruturalismo com experiências anteriores, mas vizinhas do sentido da história e da compreensão do gosto acabaram por deparar com análises teóricas como as de Eco, que confirmavam em âmbito filosófico aquilo que eles se haviam proposto e haviam realizado na prática de sua atividade. As discussões quase teológicas que puseram em confronto em outros países (por exemplo na França) historicismo e estruturalismo, foram menos vivas na Itália. E em geral aquela oposição foi antes sublinhada pelos vários epígonos do idealismo, eventualmente sob disfarce marxista, do que pelos próprios estruturalistas, conscientes de seu esforço em historicizar seus resultados.

Evitar uma oposição entre História e estruturas significa mergulhar as próprias estruturas na História, ou melhor, fazer delas a mola propulsora da História. Isso implica: 1) reconhecer a natureza intersubjetiva do fato artístico, que tem um produtor e fruidores, ou se se prefere um emissor e receptores; 2) reconhecer a relação dialética entre a atividade artística e a cultura, a sociedade, no sentido de que a obra de arte nasce num contexto sociocultural e é influenciada por ele, ainda que eventualmente, de forma polêmica, e por sua vez incide sobre esse contexto transformando-o. São dois pontos: que impõem que se considere a atividade artística como atividade comunicativa, e as estruturas como meios de comunicação artística.

Daí a difusão, recente mas conspícua, da Semiologia. Ela já tivera uma certa divulgação no campo filosófico, por obra de Ferruccio Rossi-Landi, pesquisador de Charles Morris [44], e uma aplicação crítico-literária pessoal em vários artigos de Piero Raffa em *Nuova Corrente* [45] e no volume *Avanguardia e realismo* (Milão, 1967). Mas em clima estruturalista, e levando em conta os últimos resultados da Lingüística, os primeiros a tentar uma aplicação da Semiologia foram os teóricos do cinema, como Emilio Garroni [46]. Isso é facilmente compreensível, se se pensa que o cinema mistura linguagens de vários gêneros (verbal, falada e escrita, figurativa, mímica, musical, etc.), cuja compreensão simultânea, só pode ser descrita mediante uma ciência dos signos, mesmo os não-lingüísticos, como é precisamente a Semiologia. Ademais, Aldo Rossi se fez desde cedo útil e pessoal informador dos debates realizados nos primeiros congressos internacionais de Semiologia. [47]

A Semiologia pode dar maior atenção aos aspectos comunicativos dos signos e, portanto, aos diferentes códigos em que eles se agrupam e às mensagens que com eles se formulam; ou à natureza e ao valor dos próprios signos, vistos em seu aspecto inventivo, criativo, e em sua potencialidade expressiva. No primeiro caso, tem-se um estudo do codificado; no segundo, um estudo da codificação. Seguiu o primeiro caminho Eco, no volume citado sobre *La struttura assente*, e o segundo, o autor deste capítulo, no presente volume. Escolhas naturais, uma vez que o primeiro está principalmente interessado em mensagens mais comunicativas do que expressivas (publicidade, *mass*

---

(44) *Charles Morris* (Roma, 1953); *Significato, comunicazione e parlare comune* (Pádua, 1961); Sul linguaggio verbale e non verbale, *Nuova Corrente* 37 (1966), pp. 5-28. Note di semiotica, *ibidem* 41 (1967), pp. 90-109; *Il linguaggio come lavoro e come mercato*, (Milão, 1968).

(45) Estetica semiologica, linguistica e critica letteraria, *Nuova corrente* 36 (1963), pp. 71-100; Per una fondazione dell'estetica semantica, *ibidem* 28-29 (1963), pp. 34-91; Sulle operazioni della critica letteraria, *ibidem* 42-43 (1967), pp. 178-207.

(46) *La crisi semantica delle arti*, (Roma, 1965); *Semiotica ed estetica. L'eterogeneità del linguaggio e il linguaggio cinematografico*, (Bari, 1968). Interessantes também as pesquisas sobre a semiologia da arquitetura: cp. G. K. KOENIG, *Analisi del linguaggio architettonico*, (Florença, 1964); R. DE FUSCO, *L'architettura come Mass-Medium*, (Bari, 1967); C. BRANDI, *Struttura e architettura*, (Turim, 1968).

(47) *Paragone* 200 (1966), pp. 47-60; 202 (1966), pp. 100-114; 206 (1967), pp. 1-34, etc.

*media*, literatura de consumo), ao passo que o segundo está interessado em mensagens mais expressivas do que comunicativas, como são por excelência as mensagens literárias.

Todavia, o volume de Eco contém propostas utilizáveis também no campo literário. Refiro-me à sua interpretação do "idioleto" como correspondência homológica entre níveis, hipótese já esboçada pelos formalistas na expressão "sistema de sistemas". Ele a desenvolveu em outro âmbito[48]:

> Uma obra é um sistema de sistemas. Entram em jogo nela diferentes níveis: o nível fonético, o nível lexical e gramatical, meramente lingüísticos, os níveis dos conceitos postos em jogo, das associações evocadas, dos símbolos arquitetados, dos artifícios estilísticos, habituais ou originais que se põem em funcionamento a cada momento. E em cada um desses níveis pode ser identificado um mecanismo que rege toda a concatenação dos diferentes aspectos do discurso, como um código próprio daquele nível. Conseqüentemente, comparando a regra que sustenta um nível com a que rege cada um dos outros, pode-se identificar uma espécie de *código geral da obra*: se a obra se propõe uma maneira original de violar as regras habituais do código da língua comum, eis que se devem identificar as características constantes dessa violação. A obra adquire organicidade quando em cada um de seus níveis ela inventa segundo uma lei homogênea e constante. Se — para empregar um termo introduzido pelos lingüistas — o *idioleto* é um código que tem a característica de ser aceito por um só falante, eis que a tarefa de uma crítica estrutural será a de identificar o *idioleto estético característico de cada obra particular*.

Segundo Eco, portanto, uma crítica de tipo semiológico não tem qualquer objeto ou finalidade específica; ela é antes uma crítica que visa a verificar a homologia entre os níveis da obra de arte, cada qual a ser estudado com o método mais oportuno. Trata-se de uma espécie de rendição, após a honesta constatação de que a obra de arte é "um código que tem a característica de ser aceito por um só falante", ou por outra, um código que escapa ao domínio da Teoria da Informação, cujos códigos são necessariamente funcionais e predispostos a uma ampla compreensibilidade.

Contudo, desde que se entenda o termo "código" num sentido metafórico, isto é, como instituição lingüística, estilística, retórica, etc., e que se tenha presente a variabilidade hierárquica dos níveis, já sublinhada por Tinianov, o estudo da obra de arte como estrutura de

---

(48) "La critica semiologica", em *I metodi della critica*, cit., pp. 371-387.

níveis pode dar resultados bastante esclarecedores. Um exemplo foi dado por Maria Corti no estudo sobre o "código bucólico" na literatura italiana do Quatrocentos, no já citado *Metodi e fantasmi*. Dessa pesquisa sai renovada a perspectiva dos gêneros literários. O gênero literário — neste caso, o bucólico — aparece constituído, numa determinada época, sobre toda série de "códigos": um tipo particular de massa lingüística, um emprego particular da métrica, um domínio metafórico particular, uma maneira constante de uso de pseudônimos que se referem a personagens contemporâneas e a lugares. Naturalmente se trata de "códigos" imersos na História, cujas mudanças, ou cuja mudança de relações repercute no desenvolvimento do próprio gênero. Mas é somente conhecendo esses "códigos" que as obras pertencentes ao gênero podem ser compreendidas plenamente: algo que era fácil aos contemporâneos, para quem o "código" era conhecido, e que nós só podemos alcançar dando-nos, como chave, a reconstituição do próprio "código".

Mas as sugestões da Teoria da Informação se revelam tanto menos produtivas, quanto mais se passa dos signos mais convencionais (por exemplo, os lingüísticos) para os menos codificáveis ou não-codificáveis, quais sejam, os ícones e os símbolos. Ora, o caráter fortemente pessoal de cada obra literária não consiste somente em suas eventuais violações das normas de uso, mas também no emprego de signos pouco codificados ou não-codificados. Adotando a conhecida quadripartição de Hjelmslev, pode-se dizer que passando da forma e da substância da expressão para a forma e a substância do conteúdo, o grau de codificação se reduz cada vez mais. A Semiologia, de que eu quis fornecer um esboço neste volume, considera a obra como conjunto de signos, e como signo unitário, levando em conta precisamente as diferenças de natureza e função dos signos. Somente assim é que se pode esperar captar toda a riqueza de significados de uma obra literária. Porque a obra literária não nos comunica somente significados literais, lingüisticamente formuláveis, mas outros significados mais gerais e mais profundos, que nascem precisamente do jogo recíproco dos vários tipos de signos.

Uma proposta semiológica desse gênero permitiria precisamente interpretar não só as estruturas significantes, mas também as estruturas significadas. E alcançando as estruturas significadas, libertamo-nos da consideração forçosamente exterior da obra literária como produto, lançando-se as bases para um estruturalismo que saiba abrir seu próprio caminho na linha sociedade-escritor-leitor-sociedade, pois o escritor, mediante os significantes pretende comunicar significados e — dado que esses significados exprimem a reação do escritor em face da sociedade em que vive — uma reação de adequação ou de rebeldia, de interpretação ou de desmistificação. Dessa maneira poder-se-iam formular *ex novo*, com um processo de tipo estruturalista, dois temas propostos pelo marxismo clássico e pela nova esquerda: o da obra de arte como espelhamento da sociedade, e o da obra de arte como intervenção potencialmente revolucionária. Em ambas as perspectivas, trata-se sempre de relações entre sistemas: entre o sistema ideológico de uma certa sociedade e o sistema ideológico do artista e vice-versa. Relações que se desenvolvem e são medidas por esferas semânticas.

Assim, no capítulo sobre Machado, tentei individualizar as estruturações sucessivas do tema da fonte nas líricas das *Soledades*, tanto do ponto de vista do sistema lingüístico-estilístico, como do sistema simbólico. Disso resultaram interessantes defasamentos de desenvolvimento, que permitem interpretar o nível formal de certas líricas somente mediante referências ao nível semântico individualizado através de outras líricas ou, ao contrário, explicar certas correções formais de Machado como esforços de adequação ao nível semântico. A diacronia estilística e a dos conteúdos semânticos acaba, em suma, por integrar-se numa história da invenção e da expressão.

Inversamente, a individuação, nos romances de García Márquez, de temas significativos: uma obsessão ancestral (a *soledad* como introversão), uma fatal predisposição para o incesto, colhe os símbolos de uma condição humana que se precisa a seguir através da atividade de rejeição (*Verdraengung*) operada em face dos acontecimentos mais trágicos: trata-se do drama de pequenas populações colhidas de surpresa pela exploração industrial e incapazes, por enquanto, de reação. Por sua vez, a série de deslizes entre abstrato e concreto, entre hiperbólico e cômico, entre tempo vivido e tempo da memória, tem no seu centro o desdobramento entre o escritor e a personagem lendária que o simboliza, e serve para evidenciar a complexa combinação, na atitude de García, do narrador-participante com o narrador-juiz: isto é, a posição ao mesmo tempo simpatética e crítica do romancista.

Do que disse mais acima resultam, creio eu, os motivos desta desembocadura semiológica do estruturalismo italiano. De Avalle, com seu contínuo confronto entre o sistema dos signos verbais e o sistema dos conteúdos, a Pagnini, sempre preocupado em relacionar as estruturas do produto artístico com as estruturas do gosto ou até mesmo das ideologias, persiste o esforço para enquadrar as estruturas constituídas pelas obras particulares em sistemas individuais e coletivos. O Estruturalismo, aceito como método descritivo, continua sendo instrumento seguro para a descrição dos sistemas significativos, de suas relações e de seus deslocamentos; a Semiologia oferece um quadro de conjunto, um "modelo", para colher com a maior completude essas relações e esses deslocamentos. Críticos com boa base filológica e lingüística, ou lingüistas bem dotados de gosto literário, os estruturalistas italianos tentaram sempre poupar a obra de arte de um tratamento violento que prejudicasse sua delicada e refinadíssima natureza; então, podem também mergulhar na selva de significados que a obra potencialmente contém, e continua a exprimir em resposta à interrogação contínua dos leitores.

## ENTRE ESTRUTURALISMO E SEMIOLOGIA

1.1. O *Cours de linguistique générale* de Saussure, que é a principal obra em que se baseia o estruturalismo lingüístico, contém também o mais claro programa para a instituição de uma nova ciência, a Semiologia[1]. Há cerca de uma década se procura aplicar os métodos estruturalistas à crítica literária; o interesse que ora nasce pela Semiologia parece portanto levar às conclusões antecipadas pelo processo demonstrativo de Saussure.

(1) *Cours de linguistique générale*, Paris, 1916, p. 33. Célebre o "manifesto" da Semiologia aí contido; prestou-se menos atenção nas afirmações que se seguem, a meu ver fundamentais: "la tâche du linguiste est de définir ce qui fait de langue un système spécial dans l'ensemble des faits sémiologiques [...]; si pour la première fois nous avons pu assigner à la linguistique une place parmi les sciences, c'est parce que nous l'avons rattachée à la sémiologie". Cabe observar, conforme já assinalei em *Strumenti Critici*, III, p. 58, 1969, que da edição crítica do *Cours* publicada por R. Engler, Harrassowitz 1967-69, resulta que a análise do signo feita por Saussure era considerada válida pelo autor mesmo para os signos não-lingüísticos.

Na realidade, as coisas são muito mais complexas. A Semiologia havia sido preconizada e esboçada já, em âmbito lógico e filosófico, por C. S. Peirce[2] nas últimas décadas do século XIX, e tinha recebido, ainda em âmbito filosófico, um notável aprofundamento por obra de C Morris[3]. Esse filão americano ficou, em seu conjunto, estranho ao mundo lingüístico, até que Jakobson fizesse reviver o prestígio de Peirce indicando a vitalidade de suas distinções entre ícone, símbolo e signo, etc.[4]

Por outro lado, a tradição saussuriana havia sido recolhida por Buyssens e, mais recentemente, por Prieto[5] dentro de esquemas mais puramente lingüísticos. Para Buyssens e Prieto, como para Saussure, a língua é um dos muitos sistemas de signos, certamente o mais complexo e vital: a Lingüística constitui, portanto, uma parte da Semiologia, ciência de maior extensão, e por isso com um perfil mais genérico. A distinção entre vários tipos de signos é baseada, por Buyssens e Prieto, na finalidade comunicativa e na função dos próprios signos.

É curioso, porém, o fato de que na base do recente prestígio (inclusive literário) da Semiologia se encontre um dos lingüistas mais alheios a interesses literários ou artísticos, Hjelmslev. Seus admiráveis *Prolegomena*, na tentativa de colher os nexos entre pensamento e realização lingüística, partindo aliás do pensamento para chegar à língua (em contraste com a praxe preferida por Saussure e por grande parte dos estruturalistas), orientavam precisamente a análise para a concreção do pensamento em signos, lingüísticos ou não. Ademais, com a descoberta de uma hierarquia entre os sistemas expressivos, Hjelmslev

---

(2) PEIRCE, C. S. *Collected Papers*. Harvard University Press, 1960. 3 vols.

(3) MORRIS, C. *Lineamenti di una teoria dei segni* (1938). Turim, 1954; *Segni, linguaggio e comportamento* (1946), Milão, 1949. Os escritos estéticos de Morris (*Esthetics and the Theory of Signs*, 1939; *Aesthetics, Signs and Icons*, 1965) estão reunidos, traduzidos, em *Nuova Corrente*, 42-43, 1967, pp. 118-54. Parece-me ótima a proposta de F. ROSSI-LANDI, *Il linguaggio come lavoro e come mercato*, Milão, 1968, p. 53, nota, que distingue *Semiótica* como ciência geral dos signos, e *Semiologia*, como ciência dos signos codificados (pós e translingüísticos). Infelizmente, a International Association for Semiotic Studies escolheu como único termo, para ambas as acepções, o preferido pelos anglos-saxônicos e pelos russos, isto é, *Semiótica*.

(4) Cp. R. JAKOBSON, *Essais de linguistique générale*, Paris, 1963, pp. 27, 40-41, 79, 91, 178-79; *A la recherche de l'essence du langage*, em VÁRIOS AUTORES, *Problèmes du langage*, Paris, 1966, pp. 22-38. Mas cp. também J. DEWEY, Peirce's Theory of Linguistic Signs, Thought and Meaning, *The Journal of Philosophy*, XVIII, 1946.

(5) E. BUYSSENS, *La communication et l'articulation linguistique*, Bruxelas-Paris, 1967, (mas publicado anteriormente em 1943 (Bruxelas), com o título *Les langages et le discours. Essai de linguistique fonctionnelle dans le cadre de la sémiologie)*; L. J. PRIETO, *Messages et signaux*. Paris, 1966; ID., La sémiologie, *Le langage*, sob a direção de A. Martinet, Paris, 1968 *(Encyclopédie de la Pléiade*, XXV), p. 93-144. Cp. também G MOUNIN, Les systèmes de communication non-linguistiques et leur place dans la vie du XX$^e$ siècle, *Introduction à la sémiologie*, Paris, 1970. pp. 17-39.

indicava a possibilidade de confrontar-lhes a extensão e a recíproca funcionalização, recorrendo aos termos de conotação e denotação[6]

De qualquer modo, essas diferentes correntes teriam provavelmente prosseguido o seu lento curso, não fosse a recente afirmação de duas disciplinas aparentemente afastadas: a Teoria da Informação e a Antropologia Cultural. A Teoria da Informação, enfatizando os aspectos comunicativos de toda operação cultural, vista mais no contato emissor-receptor do que nos aspectos constitutivos da mensagem, convidava a deter-se na "compreensibilidade" da própria mensagem, isto é, na série de dados comuns de conhecimento que permitem que dois interlocutores se entendam. E como toda comunicação humana se realiza através de signos, quer eles sejam lingüísticos ou não, a Teoria da Informação dava um novo impulso ao desígnio de reelaborar a ciência semiológica[7].

É precisamente no âmbito da Teoria da Informação que se formulou o axioma segundo o qual a cultura seria uma soma de atos de comunicação[8]

Totalmente outro, mas convergente, o procedimento da Antropologia Cultural. Especialmente nas obras de Lévi-Strauss, essa disciplina tem visado a identificar elementos de estruturação, comuns a toda a humanidade, tais que permitam reconhecer, por exemplo, que as relações de parentesco nos vários povos se organizam de maneira análoga àquela em que se estabelecem as relações fonológicas[9]. A antropologia de Lévi-Strauss visa

---

(6) L. HJEMSLEV, *Prolegomena to a Theory of Language*, (1943), Madison, 1961, § 22. Segundo Hjemslev, as semióticas conotativas seriam aquelas em que o plano da expressão é constituído pelo plano do conteúdo mais o da expressão de uma semiótica denotativa. Nesse sentido, é conotativa a semiótica da linguagem literária em face da semiótica, denotativa, da língua comum. Coube a dois discípulos de Hjemslev aplicar o conceito de conotação à análise literária: S. JOHANSEN, La notion de signe dans la glossématique et dans l'esthétique, em H. SØRENSEN, Littérature et linguistique, em *Contributions à la méthodologie littéraire* (Supl. 2 de *Orbis Litterarum*, 1958). Notável, além disso, a retomada e o aprofundamento dessa perspectiva em D.S AVALLE, *"Gli orecchini" di Montale*, cit.

(7) É precisamente este o ponto de partida da atualizada e aguda síntese de U. ECO, *La struttura assente*, cit.

(8) Por ex.: "Toda a cultura é um conjunto de comunicações em interação, e a comunicação enquanto tal resulta e é composta de todos os sistemas de comunicação específicos que fazem parte do complexo global da cultura" (G. L. TRAGER, Paralanguage: a First Approximation, em *Studies in Linguistics*, 1958, XIII, pp. 1-12 [citado por P. Fabbri em *Paragone*, XIX, n. 216, p. 134, 1968] "A Semiologia estuda todos os fenômenos culturais como se fossem sistemas de signos — partindo da hipótese de que na verdade todos os fenômenos de cultura são sistemas de signos, isto é, fenômenos de comunicação" (U. ECO, *La struttura assente*, cit.. p. 15).

(9) Do mesmo modo que os fonemas, os termos de parentesco são elementos de significado; eles também adquirem tal significado somente com a condição de se integrarem em sistemas: os "sistemas de parentesco", como os "sistemas fonológicos", são elaborados pelo intelecto no estágio do pensamento inconsciente; em suma, o reaparecer, em regiões do mundo afastadas umas das outras e em sociedades profundamente diferentes, de formas de parentesco, regras de casamento, atitudes igualmente prescritas entre certos tipos de parentes, etc., leva a crer que, em

pois a descobrir as invariantes que são as estruturas de base de toda experiência e conhecimento humano, independentemente dos lugares e do tempo. Somente graças a essas invariantes subsistiria a possibilidade de compreensão recíproca entre os homens; elas constituiriam, portanto, universos semiológicos.

1.2. A utilização literária da Semiologia, dada a não-continuidade das já maduras orientações dos praguenses [10], explodiu alguns anos atrás na França [11]. É conhecido o entusiasmo, às vezes não equivalente à competência, com que a *nouvelle critique* [12] recorre a modelos lingüísticos, de Saussure a Jakobson; e são também conhecidas suas estreitas relações com o maior paladino da aplicação dos métodos estruturais a disciplinas diferentes, Lévi-Strauss. Mas era claro que a adoção de procedimentos estruturalistas por parte da *nouvelle critique* visava a algo totalmente diferente de uma análise possivelmente objetiva e paciente dos textos, que partisse de seu aspecto de elaborado verbal. A terminologia lingüística era aplicada pela *nouvelle critique* a pesquisas que recorriam mais diretamente a modelos psicanalítico-antropológicos: pesquisas que, em substância, se dirigiam imediatamente "para além" do texto, fixando-se no espaço das concepções psicológicas e ideológicas.

Não se tratava de uma fuga, mas de uma visão particular da Literatura. Cada vez mais explícitas se tornam entre os "novos críticos" as afirmações sobre a função pouco mais que de pretexto das obras literárias: matéria inerte, disponível para a recriação do crítico que, em certo sentido, se substitui ao autor. Ao contrário, com mais um passo à frente, autor e crítico aparecem como pouco mais do que os porta-vozes de um discurso que se desenvolve independentemente deles, por seu intermédio apenas.

ambos os casos, os fenômenos observados resultam do jogo de leis gerais mas ocultas (C. LÉVI-STRAUSS, *Antropologia strutturale*, [1958]. Milão, 1966, p. 48) (Há trad. brasileira pela ed. Tempo Brasileiro).

(10) Vejam-se, por exemplo, *Le tesi del 29 do Círculo Lingüístico de Praga*, Milão, 1966, pp. 77-78; J. MUKAROVSKY, "Standard Language and Poetic Language" (1932) em *Prague School Reader on Esthetics, Literary Structure and Style*, por P.L. Garvin, Washington, 1964, pp. 17-30.

(11) Um panorama das aplicações lingüísticas e semiológicas na crítica, em França, é dado por J. PEYTARD, Linguistique et Littérature. Colloque de Cluny, número especial de *La Nouvelle Critique*, 1969, pp. 8-16.

(12) Refiro-me particularmente à francesa: os suíços (Poulet, Rousset, Starobinski) são muito mais prudentes a este respeito. Sobre os "incidentes" no uso dos métodos e termos lingüísticos por parte da *Nouvelle Critique*, cp., por ex., G. MOUNIN, *Clefs pour la linguistique*, Paris, 1968, introdução.

Privada de seu estatuto peculiar, a Literatura torna-se uma das tantas vozes desse discurso contínuo, anônimo e misterioso. Assim, Barthes podia passar para uma análise das "mitologias" contemporâneas ou da moda e reencontrar, por exemplo, no sistema de oposições das várias peças de vestuário ou de seus diferentes tipos [13] estruturas análogas às que havia indicado nas relações entre as personagens das tragédias de Racine. Discurso análogo, e igualmente elegante, para temas tão heterogêneos [14]

Todavia, esses sistemas de oposições são em seu conjunto estáticos, e de qualquer modo reconhecíveis numa dada estaticidade momentânea. Uma vez determinada sua existência e seu valor de "signos", condição de compreensibilidade, podem-se, no máximo, catalogar as combinações realizáveis por meio dos "signos", mas não analisar as tramas mais complexas em que se baseia cada narrativa, seja ela épica, romanesca ou dramática.

É neste ponto que intervinha providencialmente a redescoberta dos formalistas russos, empenhados precisamente na esquematização das "tramas" que constituem a espinha dorsal de uma narrativa [15]. O método aplicado pelos formalistas russos era exclusivamente dedutivo, empírico: cada conto tem sua trama, reconhecê-la equivale a explicar como o conto funciona. O empirismo prevalece também nas análises dos contos de fadas realizadas por Propp; este chega de fato a individuar um número limitado de "funções" encontráveis em todos os contos do gênero, e algumas constantes na ordenação dessas funções — de modo que em cada conto se reapresentam, com uma sucessão ora fixa, ora facultativa, as mesmas funções —; mas sublinha explicitamente que suas generalizações procuram manter o contato com os textos estudados, são definidas em relação a eles e não a um abstrato método combinatório.

---

(13) Indicações nesse sentido já estavam presentes em Trubetzkói; as aplicações feitas por P. Bogatyrëv ao estruturalismo "do traje" não são conhecidas no Ocidente.
(14) R. BARTHES, *Mythologies*, Paris, 1957 (Trad. bras., *Mitologias*, DIFEL, 1972.); ID., *Système de la mode*, cit. Para a teorização, cp. *Elementi di semiologia*, cit.
(15) Eis por que marca época o volume *Théorie de la littérature*, organizado por T. Todorov e com introdução de R. Jakobson, Paris, 1965 (mais tarde traduzido para o italiano com o título *I formalisti russi*. Turim, 1968). Uma obra notável de divulgação do neoformalismo russo é feita na França por Julia Kristeva, nas revistas *Nouvelle Critique* e *Critique, Information sur les sciences sociales*, *Tel Quel*, etc. Na Itália, o formalismo russo ficou conhecido através da tradução de V. ERLICH, *Il formalismo russo*. Milão, 1966, e da tradução de obras de Chklóvski, Eichenbaum, etc., publicadas sobretudo por De Donato.

A polêmica entre Propp e Lévi-Strauss é, a esse respeito, esclarecedora. Lévi-Strauss sente precisamente a exigência da máxima abstração, da identificação de elementos mínimos suscetíveis de serem agrupados segundo oposições simétricas. As "funções" não devem ser um produto histórico e limitado a um gênero e a um período, mas devem reconduzir-nos, mais uma vez, a constantes da natureza humana. Se a exigência de Propp é precisar uma sintaxe narrativa, a de Lévi-Strauss é fundamentar uma semântica das funções, inclusive além do fator tempo, que regula, nas análises empíricas de Propp, a sucessão das funções [16].

É precisamente a essa exigência de Lévi-Strauss (que pessoalmente propôs, em seus últimos trabalhos [17], análises como as que ele próprio preconizou) que os estudos de tipo formalístico dos críticos franceses tentaram dar continuidade. No fundamental n.º 8 de *Communications* [18], as análises fornecidas são dominadas pela miragem daquela total generalizabilidade sobre a qual Propp mantinha uma prudente reticência. O caso limite está na intervenção de Bremond, que não se propõe analisar obras ou grupos de obras, mas chegar a esquemas que esgotem toda possibilidade de narração passada ou futura.

A compreensibilidade desses esquemas não seria, portanto, relativa a tradições culturais, mas ao fato de jorrar de características inatas de nossa própria capacidade de efabulação. Também esses esquemas teriam, pois, um valor semiológico: cada conto que lemos constitui

(16) A polêmica está incluída na edição italiana de V. JA. PROPP, *Morfologia della fiaba* (1928), Turim, 1966. Como resultará do resto deste artigo, considero as generalizações de Propp mais úteis para uma análise dos textos narrativos do que as abstrações de LÉVI-STRAUSS. E poderia citar em meu apoio o próprio Lévi-Strauss, onde ele declara a análise dos mitos *preferível* à das fábulas, porque "a fábula oferece maiores possibilidades de jogo, nela as permutações tornam-se relativamente livres e adquirem progressivamente certa arbitrariedade" (p. 181). Mesmo admitindo que se possam deduzir do mito fórmulas mais abstratas e geométricas, e que isso é muito menos fácil para as fábulas, é claro que a liberdade e a arbitrariedade, incomensuravelmente maiores nas obras de invenção — como o próprio Propp reconhece, p. 227 — conferem às generalizações possíveis, com base nas fábulas, uma posição que já é de limite em relação a eventuais generalizações de textos narrativos. Ademais, a análise de uma trama narrativa que supere o fator tempo é uma contradição, no nível de uma leitura interpretativa. Cp. p. 125, nota 44.
(17) Vejam-se por exemplo as análises de mitos em C. LÉVI-STRAUSS, *L'origine des manières de table*, Paris, 1968.
(18) Traduzido também para o italiano, com o título *L'avalisi del racconto*. Milão, 1969. Constitui a coleção mais interessante dessas experiências neoformalísticas. Cp. também os trabalhos de A.J. GREIMAS, *Sémantique structurale*, Paris, 1966; e de T. TODOROV, Typologie du roman policier, *Paragone*, XVII, n. 202, pp. 3-14, 1966; *Littérature et signification*, Paris 1967; *Poétique*, em VÁRIOS AUTORES, *Qu'est-ce que le structuralisme*, Paris, 1968. pp. 108-166. Uma análise crítica dessas posições é dada por A. Rossi, em *Paragone*, XVII, n. 202, pp. 100-114, 1966.

uma das infinitas variantes possíveis de um esquema já presente em nossa mente [19].

2.1. A parábola da *nouvelle critique*, pela própria velocidade, às vezes pela pressa com que nela foram assimilados e combinados impulsos teóricos muito diversos, pareceu-me útil para dar uma idéia e uma explicação do repentino prestígio da Semiologia. Naturalmente, semiologia os críticos sempre fizeram, sem saber: todo exercício crítico de caráter semântico, toda procura de constantes estilísticas ou temáticas, e mais ainda, toda a crítica dita simbólica, ou a crítica "arquetípica", etc. podem legitimamente ser relacionados com a Semiologia [20].

Mas os "tratamentos de choque" têm seus inconvenientes. E creio que seria bom, antes de prosseguir, meditar sobre algumas questões de método e sobre suas implicações:

*a*) Relações entre Semiologia e Lingüística. Os lingüistas mantêm a perspectiva saussuriana segundo a qual a Lingüística é um ramo da Semiologia e não vice-versa. A coisa parece evidente, se se pensa que a língua (falada) emprega quase exclusivamente um só tipo de signos, as palavras, e que, portanto, a língua (falada) recorre raramente, e ainda assim somente numa forma cristalizada, a símbolos e ícones; que o sistema da língua é extremamente rico e auto-suficiente, à diferença de muitos outros sistemas de signos; finalmente, e sobretudo, que a linguagem se realiza através de línguas nacionais ou dialetos, cada um dos quais vale para uma fração da humanidade, ao passo que os outros sistemas de signos podem ser compreensíveis para um número maior de indivíduos, ou freqüentemente para todos os homens.

Por que na *nouvelle critique* prevaleceu uma concepção que subordina, ao contrário, a Semiologia à Lingüística? Provavelmente porque a Lingüística já oferece prontos processos e categorias de que a Semiologia está até hoje desprovida; mas esses processos e categorias são aplicáveis à língua precisamente pelo alto grau

---

(19) No que diz respeito à difusão do neoformalismo na Rússia, cp. V. STRADA, *Letteratura sovietica 1953-1963*, Roma, 1964, pp. 185-198; V. IVANOV, La semiotica e le scienze umanistiche, em *Questo e altro*, 6-7, 1964, pp. 57-59 (onde se encontram também escritos de B. A. Uspenski, A Žolkóvski, Ju. Ščeglov sobre semiologia da arte); JU. LOTMAN, Metodi esatti nella scienza letteraria sovietica, *Strumenti Critici*, I, pp. 107-127, 1966-67. Na semiologia russa é mais nítida a influência da Cibernética e da Matemática (sobretudo através de A. N. Kolmogorov). Uma ampla antologia de neoformalistas e semiólogos russos é *I sistemi di segni e lo strutturalismo sovietico*, editado por R. Faccani e U. Eco, Milão, 1969.

(20) Uma ótima síntese em M. PAGNINI, *Struttura letteraria e metodo critico*, Messina-Florença, 1967, pp. 61-109.

de coerência e de auto-suficiência de que ela goza, mas não está dito que se possam extrapolá-los para todo sistema de signos, ou, pior ainda, para o conjunto dos sistemas de signos. Sintomática, a esse propósito, a falência da ingênua tentativa de reencontrar em outras "linguagens" artísticas a dupla articulação que é evidentemente o apanágio e a marca registrada da língua [21]

Mas outra justificativa afigura-se interessante: a justificativa segundo a qual toda experiência humana é exprimível através da língua, à qual pertence o máximo poder de generalização [22]. Asserção fácil de desmentir, mas interessante como conseqüência de uma supervalorização da linguagem por parte de letrados ou (menos freqüentemente) de filósofos, acostumados naturalmente a trabalhar com e sobre palavras. A primazia da língua sobre as outras atividades humanas é talvez uma ilusória tentativa, por parte dos estudiosos de ciências humanas, de proclamar um predomínio que mais do nunca lhes escapa hoje: veremos imediatamente outros exemplos do antagonismo entre as "duas culturas".

*b*) Signos e sintomas. Uma distinção fundamental em Semiologia é a distinção entre signo e sintoma. O signo é emitido com vontade precisa de significar algo, e é decodificado, pelo receptor, com base na premissa da existência de tal vontade. A relação emissor-receptor baseia-se na aceitação comum de uma convenção, de um "contrato social", para falar como Saussure: a língua falada pelo emissor e pelo receptor, o código rodoviário, etc. Ao contrário, no sintoma não há vontade de comunicar: é o observador que, com base em experiências ou noções precedentes, deduz a existência de um fato, ou a sua possibilidade de um aspecto ou de uma conseqüência do próprio fato. Do vapor que sai do radiador de um automóvel posso deduzir que a água entrou em ebulição: é um sintoma. Se, ao contrário, o termômetro da água supera o nível de segurança, acho-me em face de um signo predisposto pelo construtor e conhecido para mim [23]

A diferença entre signo e sintoma não consiste portanto no grau de certeza, que pode às vezes ser maior

---

(21) Cp. neste volume, p. 70; cp. também PRIETO. *La sémiologie*, cit., p. 137: "pour l'instant, on ne connaît aucun exemple sûr d'un code non linguistique et présentant les deux articulations".
(22) Cp. por exemplo R. BARTHES, *Elementi di semiologia*, cit.
(23) Cp. R. JAKOBSON *op. cit.*, p. 91; L.O. RÈZNIKOV. *Semiotica e marxismo*, Milão, 1967 caps. III e IV.

no sintoma do que no signo, mas na convencionalidade prefixada do signo, em oposição à consistência puramente indutiva, ou então estatística, do sintoma. A convencionalidade do signo garante também idêntica iteração; com efeito o signo pertence a um código contendo um número finito de signos da mesma natureza. Ao contrário, todo sintoma é diferente de outro sintoma, e o repertório dos sintòmas pode ser ampliado ao infinito.

Aqui também a Semiologia não-lingüística seguiu um caminho próprio, à primeira vista estonteante: isto é, eliminou a distinção entre signo e sintoma. Tal eliminação é solidária à subordinação da Semiologia à Lingüística, examinada acima; se a Lingüística se apresenta como disciplina onicompreensiva, é claro que também os sintomas cabem no estatuto dos signos. Teremos de um lado Algo (o Ser?) que fala através da natureza, das coisas; de outro, o semiólogo, que, conhecendo a linguagem desse Algo — totalmente codificada ou codificável — a interpreta com meios lingüísticos [24].

Essa perspectiva não é, como pareceria à primeira vista, nem relacionalista (aquilo que se enquadra em leis precisas é racional), nem otimista (a compreensão é domínio das coisas). Com efeito, não se forma um diálogo entre Algo (o Ser?) e o homem, com possibilidades de resposta e de controle; mas, ao contrário, o homem aparece empenhado numa desesperada decifração das coisas, intérprete condenado a não saber nunca com certeza se suas interpretações eram exatas. Não são, portanto, os sintomas que se assimilam aos signos, mas os signos aos sintomas, uns e outros indícios de um enigma.

Aparentemente antinômica em relação a essa "semiologia ontológica" (mas os contatos e os deslizes são velozes como o decurso e a superposição das modas) é a "semiologia neo-revolucionária", isto é, a Semiologia como ciência desmistificadora: neste caso, submetem-se a um processo os sistemas sígnicos correntes, e põe-se em questão a existência da literatura como atividade autônoma, na medida em que ambos seriam produtos de uma ideologia burguesa [25]. Trata-se de afirmações aprioristicas, que ignoram a dialética de tradição e inova-

---

(24) Vejam-se as percucientes observações de U. ECO, *La struttura assente*, cit.. pp. 323 e ss.
(25) Típicas as posições recentes dos colaboradores de *Tel Quel*, de que oferece uma síntese o volume VÁRIOS AUTORES *Théorie d'ensemble*, Paris, 1968.

ção e querem fundar a ciência no mito de uma palingonesia do homem. A justa denúncia dos condicionamentos sofridos por toda operação científica não se responde alienando-a a uma posição política qualquer, mas por uma análise crítica dos próprios condicionamentos.

c) Emissor e Receptor. Eliminar a distinção entre signo e sintoma equivale a anular a função de um dos dois pólos de toda mensagem, o emissor[27]. Ora, a possibilidade de um estudo semiológico baseia-se precisamente na existência de ligações intersubjetivas, ligações precisadas neste caso por normas e convenções. Se o signo é a união de um significado e de um significante, a compreensão recíproca é possível somente com base em sua constância: querendo exprimir um significado, recorro ao significante que lhe corresponde; ouvindo ou vendo um significante, sei a que significado ele se refere.

Na verdade, a exatidão de superposição entre significante e significado varia conforme os sistemas de signos. Mesmo no campo lingüístico, a Semântica depara continuamente com casos de polissemia e de homonímia, de ambigüidade, etc. Todavia, durante o uso comunicativo dos signos, existem várias possibilidades de verificação da exata interpretação da mensagem: em particular, o contexto sígnico, a situação, e a ajustagem através dos pedidos de esclarecimento feitos ao emissor.

No campo da crítica literária, a desvalorização ou a eliminação do emissor são uma espécie de reação desiludida à ausência das duas últimas possibilidades de verificação[28]. Note-se, com efeito, que uma obra literária ou artística em geral é uma mensagem sim, mas uma mensagem que não exige resposta: nela não há e, de qualquer forma, não precisa necessariamente haver identidade de situação entre escritor e leitor (que podem achar-se em pontos extremamente afastados do espaço ou do tempo), nem há possibilidade de responder ao escritor, controlando, através de suas reações, a exata recepção da mensagem. Toda obra de arte é, potencialmente, um

---

(26) Esta dialética, essencial para a língua e para os demais sistemas semiológicos (uma ruptura produziria a incomunicabilidade definitiva e absoluta), foi ilustrada magistralmente por B. TERRACINI. *Lingua libera e libertà linguistica*, Turim, 1963.

(27) A omissão já aparece, por motivos óbvios, em Morris: basta ver as definições iniciais dos *Lineamenti*, cit., p. 10.

(28) Cp. P. ZUMTHOR, Testo e testura: l'interpretazione delle poesie medievali, *Strumenti Critici*, II, pp. 349-363, p. 361, 1968; A.J. GREIMAS *Modelli semiologici*, Urbino, 1967, p. 120, fala nesse sentido de "fechamento do discurso

testamento espiritual: ela tem a última palavra. À "prepotência" do escritor, o crítico responde com igual "prepotência", propondo como realidade última a realidade de sua interpretação.

Tocamos assim no seríssimo dilema do crítico entre fidelidade e liberdade, entre o esforço para identificar-se com o autor a fim de apreender o sentido de sua obra e a utilização indiscriminada da própria obra. Optando pela primeira alternativa, o crítico sabe que por mais esforços hermenêuticos que ele realize para assimilar em todo pormenor a linguagem e o mundo poético do autor, sua reconstrução será sempre imprecisa e incompleta; optando pela segunda, ele avista desde cedo o limite além do qual a interpretação se torna mistificação, e a acuidade, fantastiquice. Entre as duas alternativas, o texto, eloqüente e mudo.

Ora, enquanto a versão mais mundana da Semiologia dá um novo impulso no sentido da liberdade do crítico, creio que um confronto e um acordo entre Estruturalismo e Crítica poderá ajudar a pôr em ordem uma matéria tão debatida e fugidia. Com efeito, esse acordo pode produzir novas energias hermenêuticas para aquele outro meio de controle dos significados que é o contexto sígnico, particularmente meditado e ponderado, e quase sempre amplo, no caso do discurso literário.

2.2. Creio serem evidentes, agora, os motivos subjacentes das escolhas enunciadas acima. Distinguir entre signos e sintomas, entre emissão e recepção dos signos, equivale a tutelar toda uma gama de possibilidades de definição, a que se poderá recorrer conforme os objetos e as modalidades da análise. Uma gama que compreende a natureza mais ou menos consciente e voluntária da semiose, sua realização mais ou menos rigorosamente codificada, as relações intersubjetivas mais ou menos estritas, até à atividade de um só sujeito dialogando consigo mesmo. Se uma ciência quiser progredir, pode fazê-lo somente distinguindo seus objetos, aperfeiçoando processos diferenciais, não instituindo uma esplêndida noite em que todos os gatos são pardos, em que os problemas são liquidados antes de serem completamente formulados.

É precisamente na obra literária que podemos verificar a existência dessa gama: a obra é comunicativa e intersubjetiva na medida em que o leitor consegue compreender seu conteúdo e seu significado, enquanto é solipsística na medida em que o autor não consegue (ou não pode) fazer-se compreender plenamente, ou o crítico faz da mesma um pretexto para variações pessoais. Ela é uma soma de signos lingüísticos, estilísticos, gráficos, etc., correspondentes a convenções (normas ou hábitos), que o autor tinha em comum com seu público imediato, ou podia esperar fazer que este aceitasse; mas é também sintoma de condições pessoais (eventualmente patológicas), de correntes históricas, etc. Entre esses extremos, ainda menos nitidamente distintos do que em outros âmbitos semiológicos, o crítico deve desdobrar todas as suas capacidades para reduzir as margens da incerteza.

Elemento básico, segurança única para a análise crítica, é o texto. O texto é uma seqüência de palavras, espaços, signos de pontuação que inicia com a primeira letra da obra e termina com o último ponto final, ou com a palavra FIM. (Bastante diferente é a situação no caso da tradição oral, de que podemos prescindir por simplicidade, e dada a atual decadência desse método de comunicação literária.) O texto pertence, em primeira instância, a determinada língua ou a um dialeto, e admite uma leitura puramente lingüística, como se se tratasse de uma seqüência de períodos sintáticos. Lido dessa maneira, ele se enquadraria num só sistema semiológico, o da linguagem.

No caso de um texto literário, sempre foi claro que essa leitura lingüística não esgota toda a potencialidade semântica da obra. Bastará lembrar aqui as observações dos estruturalistas sobre as características institucionais da linguagem artística. Desde os formalistas até Jakobson, repetiu-se várias vezes a asserção de que "o princípio organizador da arte, em função do qual ela se distingue das outras estruturas semiológicas, é que a intenção se dirige não para o significado, mas para o próprio signo"[29] Parece claro que com isso se quer evitar um estudo dirigido diretamente, não aos textos, mas à sua ideologia. Mas parece-me também indubitável que se o signo é signo de algo, tão grande atenção pelo signo equivale a uma enfatização dos valores construtivos em função precisamente dos significados e de seu potenciamento. É precisamente com base nesse esclarecimento que se explica como os processos já evidenciados pela velha retórica, ou os mé-

(29) *Le tesi del '29.* cit., p. 78.

tricos, ou as insistências fônicas, etc., participam da construção global do sentido do texto que, com efeito, se fosse desprovido deles, apresentaria um sentido menos rico, ou de qualquer maneira diferente. O mesmo afirma de forma mais sintética, Hjelmslev, quando fala de sistemas conotativos formados pela utilização de sistemas que, num nível menos articulado, são denotativos: nesse caso os sistemas denotativos lingüístico, retórico, métrico, etc. assumem uma função conotativa no interior do sistema da língua literária: seus elementos são conotadores.

É indubitável, portanto, a natureza semiológica dos sistemas que desse modo acabam combinando-se entre si (aprofundaremos mais adiante esse ponto). Considerados cada qual em si mesmo, esses sistemas têm, contudo, em relação à Semiologia, posição muito diferente. A língua é o sistema de estatuto mais claro: ela é constituída por signos, com seu significado e seu significante. Os outros sistemas têm como característica o fato de serem atualizados (como por uma espécie de simbiose, ou de parasitismo) através dos próprios signos da língua, já dotados de um conteúdo semântico próprio. É por isso que os sistemas conotativos são eminentemente formais: eles são atualizados por meio de um uso particular ou de uma escolha particular dos signos lingüísticos que dão vida não a outros signos lingüísticos, mas a símbolos e ícones, de modo a precisar e potenciar, eventualmente contradizer, mas não anular, os significados lingüísticos. Sem nos deter em coisas óbvias, como a natureza simbólica da metáfora, da comparação, etc., pode-se ao contrário sublinhar utilmente a natureza icônica de muitas "figuras de palavras"[30].

A antítese, o *hysteron proteron*, a *geminatio*, a *gradatio*, e assim por diante, aludem, com a concretez das palavras, a relações análogas entre os conceitos: contrapondo palavras ou afirmações, revolucionando sua ordem de modo a privilegiar uma ou algumas delas, repetindo-as, dispondo-as em ordem escalar, essas "figuras" imitam visualmente, quase através de uma teatralização verbal, os processos mentais que conferiram a cada pensamento determinada posição e importância. Icônicos ou sim-

---

(30) Baseiam-se nomeadamente nesta formulação W.K. WIMSATT, *The Verbal Icon. Studies in the Meaning of Poetry*, Lexington, 1954 (o ícone é um signo verbal que apresenta de algum modo, ou imita, as propriedades dos objetos que denota) e P. VALESIO, *Struture dell'allitterazione. Grammatica, retorica e folklore verbale*, Bolonha, 1967

bólicos são também, muito freqüentemente, quase todos os processos estilísticos de ordem fonética desde o homeoteleuto à aliteração: à sua natureza icônica ou simbólica faz alusão a velha definição de onomatopéia, mesmo que numa concepção materialmente imitativa dos fatos.

Os processos citados têm, portanto, a característica de serem desprovidos de um "corpo" verbal próprio: este lhes é moldado pelo escritor, dentro do próprio corpo das palavras. Sua natureza descontínua confere à sua presença uma função que o leitor interpreta da maneira simbólica ou icônica a que se fez alusão. Mais delicado é o caso da métrica. Vista em sua gênese, a métrica tem, no mais das vezes, uma função musical (compor um texto que possa ser acompanhado por música) ou mnemônica (a regularidade do ritmo favorece a aprendizagem do texto). Vista no uso que dela fazem os poetas, é claro que a seus diferentes "gêneros" (redondilha maior, decassílabo, etc., estrofes, estâncias, canções, sonetos, etc.) não corresponde significado institucional algum. Somente se pode dizer que certos tipos de ritmo, saltitante ou solene, ofegante ou plácido, podem ter uma vaga função icônica.

Confrontada com outros processos conotativos, a métrica revela modos de atuação muito diferentes: não somente ela não é dotada de "corpo", mas também não revela sua presença de maneira descontínua, e portanto determinável localmente. Em outras palavras, ela não recorta para si própria um "corpo" (um significante) no interior do discurso verbal, mas constitui a totalidade de seu andamento na totalidade do discurso: quase uma solução química [31].

Pode-se sintetizar assim a dialética entre discurso verbal e andamento métrico: o andamento métrico fornece um esquema de atuação ao discurso verbal e, por isso, desde o início, o condiciona; por outro lado, o poeta extrai desse condicionamento incentivos para tornar mais eficaz o discurso verbal. Em certo sentido (se se prescinde da rima, que cabe melhor nos processos descontínuos e com aproveitamento do "corpo" fonético das palavras) [32],

---

(31) P. GUIRAUD, Les fonctions secondaires du langage, em *Le langage*, cit., pp. 435-512, p. 469, afirma que "la poésie est une hypostase de la forme significative qu'elle doit soustraire à la sé ectivité à transitivité".

(32) Cp. I. TINIANOV. *Il problema del linguaggio poetico*, (1924), Milão, 1968; J. C. RANSOM, *The New Criticism*, Norfolk, 1941; W. K. WIMSATT, *The verbal icon...*, cit.; I. FÓNAGY, Die Redepausen in der Dichtung, *Phonetica*, V, pp. 169-203, 1960; ID., Le langage poétique, formè et fonction, em VÁRIOS AUTORES, *Problèmes du langage*, cit., pp. 72-116; R. JAKOBSON, *op. cit.*, pp. 233-236.

a métrica é utilizada pelo poeta como um repertório de normas para a *mise en relief*, diferentes das do uso.

Na prática, a métrica vem defrontar-se com a sintaxe e com as eventuais normas de entonação; quem dela se utiliza pode, com infinitas variantes, tentar valorizar sintaxe e entonação com os ritmos da métrica, ou, inversamente, realizar pela alternância de seu contraste e de sua coincidência uma série inesgotável de possibilidades expressivas[33].

Neste ponto cabe lembrar que a significação dos signos lingüísticos, se é determinada antes do ato de *parole* pela união do significado com o significante, no interior do ato de *parole* é limitada e precisada pelo contexto, isto é, pelas relações com signos vizinhos. Ora, a métrica, como se viu, é um elemento relacionador diferente da sintaxe e da entonação, e portanto modifica os nexos criados por esses dois últimos elementos. Em substância, a métrica coloca-se, pois, como um novo elemento constitutivo da semântica da *parole*: mais do que condicionar, como faz de início, a escolha dos signos, ela age acentuando e modificando o significado dos próprios signos.

2.3. Os conotadores desenvolvem, pois, uma ação semiológica que, sucessivamente, e às vezes simultaneamente, é simbólica, icônica, semântica. Muito freqüentemente, porém, eles têm outro ponto de convergência comum: o dos gêneros literários que, conforme as épocas, unificaram, coordenaram as várias tradições retóricas, estilísticas, métricas, etc., bem como codificaram as escolhas lingüísticas, determinando os âmbitos lexicais, morfológicos (por vezes fonéticos) a que o escritor devia recorrer.

Nessa perspectiva, os conotadores podem ser considerados sintomas da adesão do escritor a uma corrente literária e da escolha de um determinado gênero. O que interessa nessa perspectiva não é mais a significação dos conotadores particulares, mas a motivação geral de seu uso. Com efeito, não existem conteúdos literários fora das tradições literárias: os conotadores são tirados destas (e são sintomas das mesmas) para colaborar na instituição daqueles (com sua função semiológica precisa).

---

(33) Cp., por ex., *Le tesi del'29*, cit., pp. 74-75; J. MUKAŘOVSKÝ, "The connection between the Prosodic Line and Word Order in Czech Verse" (1929), em *A Prague School*, cit., pp. 113-132; J. C. RANSOM, *The Word's Body*, New York, 1938; R. JAKOBSON; *op. cit.*, p. 232; S. CHATMAN, *A Theory of Meter*, Háia, 1965, cap. VII.

Deve-se, porém, acrescentar imediatamente que os modos e os gêneros literários (e métricos) determinam, simultaneamente, forma e conteúdo: em suma, constituem, para o escritor que os utiliza, uma pré-seleção tanto para a inventividade estilística como para a inventividade temática. Os laços entre os elementos formais de determinado "gênero" e seus elementos substanciais não são mais de simbiose ou de parasitismo, como se dissera dos conotadores em relação ao discurso verbal, mas de especularidade recíproca. As particularidades do uso de um tema ou de uma trama *refletem-se* no uso dos conotadores; ou, numa formulação diferente, o uso particular dos conotadores *reflete-se* no tema ou na trama, determinando-lhes modificações em face da norma.

Ausência de relação direta entre conotador e *denotatum*; função sintomática do conotador: eis uma situação em que, obviamente, não podem valer normas, mas somente tendências, hábitos, quiçá solidamente afirmados (por exemplo, as *écritures* de Barthes)[34]. Por esses motivos é que os conotadores, em relação aos gêneros, são significativos antes de um ponto de vista estatístico do que tomados individualmente: os índices tornam-se probabilidades ou certezas precisamente por seu número, os hábitos subsistem precisamente com base na freqüência com que são postos em ato.

Parece-nos, pois, observar uma menor rigidez semiológica nesse tipo de relações, a tal ponto que o termo "código" se adapta talvez melhor aos nexos dessas relações do que a seus elementos singulares[35]. Essa conclusão pode ser confirmada precisamente no ato de verificar a importância das próprias relações. Note-se, com efeito, que neste caso temos um sistema em que intervêm conjuntamente elementos temáticos e elementos formais; um sistema, cuja subsistência, além disso, é provavelmente garantida por modelos ideológicos externos: gosto, poéticas, etc. mais do que por regras inerentes a seu funcionamento. Que essa menor rigidez se nos revele precisamente no momento em que mais nos afastamos da matéria verbal, lingüística, não é senão uma confirmação

---

(34) BARTHES, R. *Le degré zéro de l'écriture*. Paris, 1964². (Há trad. bras. pela Ed. Cultrix.)
(35) Para esta problemática, as propostas mais sugestivas são as propostas sobre o "código bucólico" em M. CORTI, *Metodi e fantasmi*, Milão, 1969, pp. 283 e ss. sobretudo na página 287, onde se afirma: "Adota-se aqui a terminologia genérica "código bucólico" somente quando se alude ao produto da interação entre o código simbólico e o estilístico". A interação já fora entrevista, pelo menos pela retórica clássica, que definia os estilos levando em conta a solidariedade entre processos formais e tipos de conteúdo.

da natureza imensa, talvez infinitamente complexa da obra literária.

2.4. Partimos de âmbitos regidos por normas para chegar a âmbitos sujeitos a hábitos; já se sabe que, em se tratando de Literatura, os dois termos são sobretudo indicativos: de um mais e de um menos, não de uma diferença substancial. E isto porque no reino do estilo a iniciativa pessoal tem necessariamente um espaço muito maior do que no da linguagem falada, comunicativa. Da originalidade faz-se, aliás, um dos principais méritos da obra de arte (às vezes exagerando).

De qualquer forma, resulta claramente de tudo que se disse que, ao lado de uma semiologia do sintagma, deve haver também uma semiologia do paradigma: indicando-se pelo primeiro termo a que interpreta os processos empregados em relação com seu contexto, pelo segundo a que os confronta com a série de processos equivalentes que nele poderiam ter sido empregados, ponto por ponto. Trata-se, em suma, já que a novidade da obra resulta de escolhas, de uma semiologia da inovação.

A inovação tem caráter diferente conforme diga respeito a signos ou a sintomas, a normas ou a hábitos. Mesmo de um ponto de vista informativo, poder-se-ia sustentar que a natureza mais claramente significante dos signos, símbolos e ícones, faz com que uma mudança, mesmo isolada, possa ser interpretada, se não com certeza, com boas probabilidades ao menos; ao passo que os sintomas, por sua natureza alusiva, revelam eventuais intervenções inovadoras somente quando agrupados em série.

Mas essa diferença nasce sobretudo de um princípio de economia: é improvável e inoportuno, ainda que não impossível, que o conotador traga consigo duas conotações. O autor, em suma, na passagem cuja conotação analisamos, deve ter realizado duas escolhas sucessivas: primeiramente a das séries de processos utilizáveis em relação ao gênero ou subgênero a que pertence a obra, isto é, a escolha dos registros, para falarmos como Zumthor [36]; depois, a do processo efetivamente adotado. Na primeira escolha, sua predisposição terá sido determinada pelo propósito ou gosto particular com que ele se insira na

---

(36) Cp. P. ZUMTHOR, *Lanque et techniques poétiques à l'époque romane*, Paris, 1963, pp. 141-145. A "escritura" de Barthes enfatiza de preferência as relações ideológicas, o "registro" de Zumthor as relações literárias.

tradição do gênero (e os sintomas dessa predisposição resultarão do conjunto ou de um número conspícuo de suas escolhas); na segunda, ele terá visto sobretudo as necessidades expressivas do contexto (e cada uma de suas inovações será um signo de sua postura estilística); na primeira, sua língua deve ser comparada com a dos escritores afins; na segunda, deve ser posta em relação com seu próprio idioleto.[37]

3.1. Uma frase é uma soma de signos ordenados segundo regras, de modo a instituir um sentido. Conduzimos até aqui a análise da obra literária seguindo a linha dos signos que lhe constituem as frases. Mas a análise pode colocar-se abaixo dessa linha, e perseguir as significações globais subjacentes ao conjunto do discurso.

Chegamos aqui ao que Hjelmslev chama o conteúdo da língua, em oposição à sua expressão. Naturalmente, a distinção é somente teórica, em razão da indissolubilidade dos dois elementos; mas ela é, de um ponto de vista operatório, bastante útil. É claro, com efeito, que as articulações do discurso dependem de uma escolha precisa do falante ou escrevente, que poderia realizar em uma só frase aquilo que preferiu realizar em duas, três etc., ou vice-versa. Ora, é absolutamente evidente que a frase é o maior organismo autônomo, no que diz respeito aos nexos sintáticos, mas sua autonomia não é a mesma em relação aos conteúdos: qualquer período pronunciado ou escrito tem sentido, normalmente em relação com aquilo que foi dito nos períodos próximos e mais distantes. Pode-se portanto afirmar que o conteúdo admite articulações mais amplas do que a expressão (sintática).

Assim, quando Hjelmslev fala de substância e forma do conteúdo (em simetria à substância e à forma da expressão), sugere a possibilidade de detectar, também no conteúdo, articulações que pertenceriam, obviamente, à sua forma. A inseparabilidade real de expressão e conteúdo poderia ser teoricamente rompida por meio de uma detectação do conteúdo por métodos transformacionais ou matemáticos (por exemplo, pela teoria dos conjuntos).

(37) Com esses dois tipos sucessivos de escolha se podem correlacionar *grosso modo* as duas diferentes valorizações de traços estilísticos: para Spitzer, estes seriam significativos somente quando pudessem ser reunidos em séries (isto é, esclareço eu, por seu valor de sintomas, confirmado pelo número); ao contrário, para os lingüistas que se inspiram na teoria da informação, eles são tanto mais significativos quanto menos provável era seu aparecimento no idioleto do autor, ou seja, quanto mais eles são raros (e isto, esclareço novamente, porque a pontualidade de sua recorrência é praticamente irrepetível).

De maneira ainda mais aproximativa, mas aqui suficiente, apontaremos no conteúdo aquela parte do discurso verbal que *pode* ser parafraseada (não a própria paráfrase, é claro).

As paráfrases correspondem à síntese mnemônica da obra. Se passamos a esta síntese ou às possíveis paráfrases de uma obra literária que estivemos lendo, reparamos que, conforme o ponto em que interrompemos a leitura, a síntese ou a paráfrase é mais ou menos autônoma, acabada em si mesma. Verificamos, pois, experimentalmente, aquela articulação do conteúdo que ordinariamente se indica com termos como episódio, cena, ou (recorrendo à linguagem cinematográfica) seqüência, etc.

É conhecidíssimo o fato de que as divisões "oficiais" dos textos literários (cantos, capítulos, etc.) não correspondem em regra às articulações do conteudo: trata-se de uma defasagem, análoga à que se observa entre o relevo métrico e o sintático, realizada nesse caso para ligar internamente, poder-se-ia dizer encaixar, as divisões "oficiais". Típico o exemplo dos cantos da *Comédia,* cujos limites não coincidem quase nunca com os dos círculos (*cerchi*), ou dos giros (*gironi*) ou dos "céus" ("*cieli*"), nem com os dos episódios.

As "unidades de conteúdo" fazem parte por sua vez de "unidades" maiores, com uma hierarquia afim à de cenas e de atos nas obras dramáticas; não é difícil, portanto, especialmente em se tratando de textos narrativos, uma "desmontagem" da obra segundo essa perspectiva. Ademais, é conhecidíssimo o fato de que a ordem das "unidades" não é nunca cronológica: nos casos mais simples pela necessidade de acompanhar várias ações simultâneas, nos casos mais complexos porque o escritor instituiu uma ordem própria, em que passado, presente (e futuro) se alternam com efeitos preestabelecidos.

O cinema, que, mais do que as outras artes diegéticas [38], joga com a ordenação anticronológica e antigeográfica das "unidades", tornou-nos particularmente sensíveis a esses processos; não é à toa que os formalistas russos [39], que os salientaram com eficácia maior, tinham quase todos uma experiência cinematográfica direta. As pesquisas dos formalistas evidenciaram que mesmo na

---

(38) De *diegesis:* "narração". Coube a C. METZ, *Essais sur la signification au cinéma,* cit., introduzir o termo. (Trad. bras., *A significação no cinema,* Perspectiva, 1972.)

(39) Por ex., V. CHKLOVSKI, *¡Una teoria della prosa,* (1929), Milão, 1966: B. TOMACHEVSKI, "La costruzione dell'intreccio", (1965), em *I formalisti russi,* cit., pp. 305-350.

manipulação das "unidades de conteúdo" se identificam tradições precisas, seus criadores, seguidores e epígonos.

Julgo imprudente chegar a falar, a não ser metaforicamente, de uma sintaxe dos conteúdos, assim como julgo imprudente falar, a esse respeito, de normas. As normas implicam uma aceitação comum, ainda que com o constante contrapeso do desvio, enquanto aqui o emprego do processo é de todo facultativo, e sua transformação só é julgada no tribunal do gosto. Os limites dos desvios são antes de caráter epistemológico: as estruturas de apercepção e de comunicação dos conteúdos são provavelmente inatas.

Como no que se refere às *écritures* e aos códigos temáticos, assim, em relação às "unidades de conteúdo", o escritor se coloca em dialética com seus precedentes literários, que imita, deforma ou recusa. A distância entre um escritor e a tradição em que se insere é suficientemente limitada para permitir um útil levantamento das diferenças; a distância entre a montagem narrativa de uma obra e as constantes narrativas é tão ampla a ponto de não exigir a lente do crítico literário, mas um telescópio. A tarefa da crítica semiológica, sob esse ponto de vista, será identificar e comparar as "unidades de conteúdo", antes que determinar suas matrizes [40].

3.2. A determinação empírica das "unidades de conteúdo" apresenta-se relativamente fácil, ela tem o mérito de esgotar, paralelamente ao texto verbal, todo seu discurso sêmico, sem hiatos. Mas, o conteúdo narrativo compreende personagens e acontecimentos, os quais constituem mesmo sua base fundamental, exceto numa parte da literatura contemporânea.

Com base no modelo de Propp, tentou-se, pois, especialmente na França, chegar a uma formalização

---

[40] Aplicações diferentes, e divergentes entre si, da divisão quadripartito de Hjelmslev em H. SØRENSEN, *Studier i Baudelaires poesi*. Copenhague, 1955, pp. 18-21 (substância da expressão: a língua; forma da expressão: o estilo; forma do conteúdo: temas, composição e gêneros; substância do conteúdo: idéias, sentimentos, visões); em A.J. GREIMAS, *Modelli*, cit., p. 123; em P. ZUMTHOR, Charles d'Orléans et le langage de l'allégorie, em *Mélanges offertes à R. Lejeune*, Gembloux, 1969, pp. 1481-1502 (substância da expressao: as personificações como sujeitos; forma da expressão: as metáforas como ações; forma do conteúdo: a irradiação das metáforas; substância do conteúdo: o universo temático). Evidentemente, o esquema bastante sugestivo de Hjelmslev é inadequado ante a complexidade dos modelos literários. A presente tentativa semiológica visa precisamente a defrontar-se com essa complexidade. Por outro lado, deve-se observar que é possível chegar também por outros caminhos a formulações afins de Hjelmslev. Por ex., D. ALONSO, *Poesia española. Ensayo de métodos y límites estilísticos*. Madri, 1952[2], estendendo à matéria literária os conceitos de significado e significante, e, aplicando os conceitos de "forma exterior" e "forma interior" para indicar descrições orientadas no sentido significante-significado ou vice-versa (com desejada convergência).

desses núcleos de conteúdo, de forma e construir "modelos" narrativos abstratos. Alguns, como Bremond, seguem as pegadas de Propp, analisando os contos em "funções" constitutivas; outros, como Greimas, têm preferido ao contrário deter-se nas personagens, consideradas *actantes* da ação; outros ainda, como Todorov, têm procurado sugestivamente no campo da ação entes homólogos dos que dominam o campo da frase: sujeito, predicado, objeto, etc.[41].

A preferência dada nessas pesquisas [42] a romances de aventura ou policiais, a textos populares mais do que a textos literários, é justificada pelo fato de que nesses textos os processos são mais convencionalizados e mais evidentes. Isso implicaria de qualquer modo uma importância determinante do enredo também na literatura mais refinada; e isso é bastante duvidoso. Poderia até mesmo surgir a suspeita de que a febre da formalização, da cientificidade, encontrou um terreno favorável numa crítica que de início declara a total disponibilidade do texto literário — equivalente da incompreensibilidade. Em suma, entre James Bond e Julien Sorel, a escolha seria indiferente [43].

Na verdade, o próprio Barthes, apresentando os textos de *Communications* 8, propõe toda uma série de definições e distinções: uma delas entre funções e índices; outra entre funções cardeais e catálises, que objetiva claramente resguardar a importância narrativa das partes menos formalizáveis do conto, os índices em face das

---

(41) Um dos modelos mais complexos — e mais eficientes — de esquematização de uma obra (teatral, mas o modelo pode facilmente ser estendido) é o que propõe S. JANSEN, Esquisse d'une théorie de la forme dramatique, *Langages* 12, 1968, pp. 71-93 (com exemplo de aplicação: L'unité d'action dans Andromaque et dans Lorenzaccio. *Revue Romane*, III, 1968, pp. 16-29 e 116-135). Jansen distingue no texto as situações, ligadas entre si por relações de sucessão e "cadeias" (que constituem as *intrigas*) e as relações sistemáticas (que constituem a *ação*); no primeiro caso subsistem relações de anteposição; no segundo, relações de pressuposição. Por fim, as *personagens* constituem sistemas de oposições em que se baseia o *conflito*.

(42) Já CHKLOVSKI, num capítulo de *Una teoria della prosa* cit., que foi omitido na tradução italiana, havia analisado os contos policiais de A. Conan Doyle. U. ECO, *La struttura assente* cit., p. 273, reconhece que este tipo de pesquisa "nada tem a ver com a crítica literária, embora possa oferecer elementos de reflexão válidos". U. Eco é aliás autor de uma ótima contribuição a VARIOS AUTORES, *Il caso Bond*, Milão, 1965, e de uma introdução a E. SUE, *I misteri di Parigi*, Milão, 1967

(43) Bem diferente é o procedimento de M. CORTI, *Metodi e fantasmi*, cit., pp. 32-39. Aí, as "constantes narrativas" são microepisódios, ou seqüências-tipo, que um mesmo escritor (Fenoglio, no caso) realiza repetidas vezes no interior de sua obra: as "constantes" são, portanto, situações mínimas recorrentes, e as "variantes" as modificações adotadas uma após a outra ao narrá-las. A identificação das "constantes" obtém-se, pois, comparativamente, e não ambiciona *a priori* esgotar a totalidade da narrativa. Também a bela análise de Avalle de L'ultimo viaggio di Ulisse, em *Studi Danteschi*, XLIII, 1966, pp. 35-68, indica personagens e funções do episódio, e não *em relação* ao episódio, em conformidade ao melhor empirismo de Propp; e é por uma análise comparativa, não abstraente, que são determinadas as funções da narrativa dantesca e a do *Roman d'Alexandre*

funções, as catálises em face das funções cardeais. Além disso, o próprio Barthes sublinha com graça que a lógica do conto freqüentemente não é a causal, senão a do *post hoc ergo propter hoc*.

Com essa observação, põe-se em grande destaque que a busca das funções, ou dos actantes, nos leva para uma esfera que não é mais a da lógica artística, e sim a da realidade. A relação entre essa esfera e a da invenção narrativa é análoga à da relação entre referência e referente, no campo lingüístico; e o referente, como se sabe, não serve para julgar a legitimidade gramatical dos enunciados[44].

Creio, apesar disto, que análises desse tipo são muito úteis para o estudo dos processos diegéticos. É certamente verdade que, enquanto as "unidades de conteúdo" pertencem de direito à estrutura semiológica da obra, estas funções pertencem a uma esfera lógica ou naturalista: todavia, elas fornecem uma rede exterior que pode ser útil para uma avaliação diferencial das estruturas do conto[45]

Com efeito, conforme já haviam observado os formalistas, o corte das cenas, dos episódios, das seqüências, não somente não coincide com as divisões "oficiais" (cp. 3.1.), mas tampouco corresponde à extensão e à realização das ações narradas. Freqüentemente o escritor, para obter efeitos de *suspense*, ou por motivos mais complexos, faz com que os limites das "unidades de conteúdo" caiam em plena ação, dando origem a fenômenos macroscópicos de distaxia (para usar um termo de Bally, retomado por Barthes). A rede dos actantes e das funções é um meio para evidenciar essas distaxias.

4.1. Esta resenha, não completa mas (assim espero) indicativa das possibilidades de interpretação semiológica das obras literárias, foi conduzida tendo como ponto de referência o texto que se pretende estudar; partiu, portanto, de elementos observáveis em pontos particulares do texto, para passar em seguida a fenômenos dedutíveis de relações imanentes ao texto (2.2.), e depois a situações determinadas através de nexos entre detalhes textuais e

---

(44) Outras objeções importantes, baseadas na ineliminabilidade do fator tempo, são apresentadas por A. ROSSI, Protocolli sperimentali per la critica, *Paragone*, XVIII, 1967, pp. 3-34, especialmente nas páginas 19 e ss.

(45) Sobre a utilidade historiográfica dos modelos" de poéticas, ou melhor, sobre o fato de que eles bastariam para permitir uma historicização das obras de arte, cp. T. TODOROV, *Poétique*, cit., pp. 152-56.

aspectos da temática (2.3.); depois, assinalou a possibilidade de passar para outra semiologia, a do conteúdo (3.1.), utilizando inclusive eventuais aproximações comparativas entre as divisões do conteúdo e as da trama (3.2.).

A ordem das observações está em relação precisa com o modo acima proposto de aplicar a Semiologia à Crítica (2.1.). Entendendo a Semiologia como estudo dos signos e dos significados, a *démarche* proposta oferece bases experimentais para uma pesquisa das funções sígnicas nas obras literárias; pesquisa essa que pode alcançar resultados mais gerais do que os permitidos pelo estudo lingüístico, da mesma maneira que a Semiologia tem um caráter mais geral do que a Lingüística.

Mas mesmo nestes poucos anos de sua elaboração, a crítica semiológica teve ocasião de apresentar propostas teóricas divergentes, que é interessante apontar. A mais ambiciosa é a proposta, de origem lógico-filosófica, que, considerando a Semiologia como uma disciplina unificadora e onicompreensiva, encara a crítica literária como um dos muitos objetos possíveis de pesquisa. Na prática, a Semiologia, considerada nesta perspectiva como atividade de formulação de "modelos" epistemológicos, deveria fornecer também à crítica literária os "modelos" dos objetos pelos quais esta se interessa, isto é, modelos dos produtos literários.

Outros, ao contrário, numa perspectiva análoga, mas com uma formulação mais respeitosa para com a abordagem crítica habitual, atribuem à Semiologia uma função coordenada em face dos resultados das análises da língua e do estilo; como essas análises se desenvolvem em vários níveis de conteúdo, expressivos da obra, sujeitos às normas (e, acrescento, aos hábitos) de vários "códigos", a Semiologia deveria tornar possível uma visão unitária dos resultados assim obtidos[46]. Em ambas as concepções domina a obsessão da cientificidade, a negação do caráter existencial, polivalente, ambíguo da obra de arte, e de sua origem exclusivamente, privada, livre e libertadora, talvez também a previsão da próxima morte da arte, que pode ser antecipada, por enquanto, pela anulação de fato do autor, reduzido a executor, talvez inadequado, de "modelos" que o transcendem. Mas a segunda proposta (a

---

(46) Cp., por exemplo; U. ECO. "La critica semiologica", em *I metodi attuali della critica in Italia*, aos cuidados de M. Corti e C. Segre, Turim, 1970, pp. 369-87

Semiologia como estudo dos níveis) também poderia ser aceita em nossa perspectiva empírica: com a ressalva de que ela assumiria uma função final coordenadora, ficando assente a prioridade do estudo dos signos e dos significados.

Tratar-se-ia, em substância, de encontrar o lendário "sistema dos sistemas" dos formalistas; o modelo a ser identificado teria precisamente a função de "pôr em contato os diferentes planos da obra, para unificar sistemas de formas com sistemas de significados"[47]. Seja. Mas não se pense que os diferentes planos e os diferentes sistemas devam instituir uma espécie de "harmonia preestabelecida", ou, pior ainda, que essa harmonia possa ser adotada como critério de juízo. A obra de arte exprime-se, muitas vezes, precisamente através de contrastes e contradições; seus níveis podem ecoar e evocar-se uns aos outros, mas também realizar uma tensão, sugerir uma crise[48]. Ou ainda podem subordinar-se e sobreordenar-se segundo uma hierarquia em que um componente se põe como "dominante", e orienta para si mesmo os outros sem assimilá-los necessariamente.

Se insisto tanto na prioridade do texto, é porque tenho para mim que a Semiologia não deva ser quem enterre o Estruturalismo, mas pode ao contrário apresentar-se como sua complementação em âmbito crítico. O perigo de, com o pretexto de indagar significados e símbolos, evitar a prévia e difícil análise estrutural do texto é evidente. Por isso, como eu dizia (1.2.), a Semiologia foi recebida com tão grande entusiasmo por quem, desde o início, havia recusado as implicações mais pesadas da crítica estruturalista. O respeito pelo texto é uma escolha responsável, que compromete a examiná-lo com incansável constância, porque lhe reconhece de início um "valor", que a análise poderá em seguida medir e justificar e eventualmente negar.

A Semiologia completa, aliás, a análise estrutural, isto porque reivindica o objeto finalmente sêmico, nela implícito, mas ameaçado de sacrifício em face das

---

(47) U. ECO, *La struttura assente*, cit., p. 276. A.J. GREIMAS, *Modelli*, cit., p. 128 fala de uma "concomitância posicional dos esquemas poéticos da expressão e do conteúdo... mais elevada" (do que na linguagem comum).

(48) Vejam-se, por exemplo, as observações de M. CÔRTI, *Metodi e fantasmi*, cit., p. 304, sobre a última *Arcadia* como constituída por "partes ou subsistemas de interações, um tanto desarticulados entre si, cada qual tendo sua própria harmonia de relações conotativas".

(49) Cp., por ex., I. TINIANOV, *Avanguardia e tradizione*, (1929), Bari, 1968, pp. 23-44; J. MUKAŘOVSKÝ, *Standard language*, cit., p. 20.

observações de ordem gramatical (fonética, e fonológica, morfológica, sintática). Ela reconstitui, portanto, a solidariedade expressão-significado, e até insiste como é preciso — ao menos do ponto de vista aqui proposto — para que a interpretação não privilegie nunca uma das duas faces da comunicação artística, privando-se de provas que têm também função de controle.

4.2. Se a Semiologia pode conciliar-se com a crítica estruturalista é porém indubitável que ela lhe amplia, de maneira notável, as possibilidades. Em suas aplicações mais rígidas, a crítica estruturalista acabava por considerar cada texto particular como um absoluto, praticamente não-relacionável, quer com outros textos de algum modo afins, quer, no limite, com as outras obras do mesmo autor estudado. A complicada orquestração dos instrumentos de análise ameaçava esgotar-se na resenha das particularidades de um só texto, no mais das vezes breve; e quanto mais ricos eram os resultados, tanto mais difícil se tornava a determinação de elementos de confronto com outras obras.

Uma óptica de tipo semiológico propõe a possibilidade de agrupar as observações relacionado-as com a linha de polarização significado-expressão: a pertinência dos fatos expressivos é indicada por suas funções significativas diretas ou indiretas, e os confrontos são realizados precisamente com base em semelhanças de função. Tais semelhanças poderão ser mais acentuadas, conforme os casos, na direção dos significados ou na das estruturas expressivas: isso ajudará a definir os processos de construir dos escritores.

As possibilidades comparativas assim abertas são tanto de tipo sincrônico, quanto de tipo diacrônico. Poder-se-á, numa mesma obra, ou em obras diferentes do mesmo autor, confrontar "unidades" análogas de conteúdo (funções análogas ou personagens com função análoga; circunstâncias típicas; métodos de apresentação; símbolos recorrentes e alegorias, etc. etc.), deduzir da variedade de execuçoes expressivas o repertório de processos à disposiçao do escritor, sua maneira de utilizá-los conforme as necessidades da composição[50] E poder-

---

(50) Como exemplo de duas abordagens utilmente convergentes, indicarei "*Gli orecchini*" cit., de D. S. Avalle, onde símbolos e imagens de uma só lírica são ilustrados através de uma análise completa do desenvolvimento de cada símbolo ou imagem nos poemas anteriores de Montale, e *Sistema e estruturas nas "Soledades" de A. Machado*, neste volume, pp. 173 a 206, onde se analisa em seu desenvolvimento interior, em todo um cancioneiro, um único símbolo (com os símbolos satélites). No primeiro caso, parte-se do texto para chegar aos significados; no segundo, parte-se dos significados para chegar à sua execução poética.

se-ão estender os confrontos a obras contemporâneas ou anteriores, de modo a descobrir, no desvio em relação aos modelos aceitos ou recusados pelo escritor, a exata inflexão da novidade.

Além disso, será oportuno reestudar as primeiras cópias, as diferentes redações etc. de uma determinada obra, em suma, estudar-lhe as variantes, em busca da transformação paralela do par expressão-conteúdo, em que se encerra a história do mundo poético do autor. Alcançar-se-ão assim os pontos onde os sistemas poéticos, em que esse mundo se realizou sucessivamente, são mais sensivelmente isomorfos, e portanto comparáveis com maior proveito. É evidente o progresso, quer em relação a confrontos puramente temáticos, isto é, que façam abstração do campo expressivo (lingüístico e estilístico) que todo tema traz consigo, quer em relação a confrontos isolados de variantes textuais, que neste caso seriam relacionados com o idioleto do autor, ou com a língua literária do tempo, cortando-se seus laços com as complexas estruturas semiológicas.

4.3. Tudo isso são apenas alusões; mas já se evidencia como as possibilidades de pesquisa crítica, após a inicial e necessária ascese estruturalista, espaços de luz e vida. A conclusão implícita, que cabe agora explicitar, é que as estruturas semiológicas, individuadas, segundo o processo que oferece mais garantias, através de uma análise da linguagem, estão em contato com as estruturas das "séries" afins para falar com Tinianov: as idealidades, a cultura, a sociedade.

É este um problema fundamental, talvez o principal do estudo literário; mas é também um problema sobre o qual as soluções propostas foram até aqui, e talvez continuem sendo, insatisfatórias. Em minha opinião, elas não podem deixar de sê-lo precisamente porque a urgência de uma solução levava e leva a transpor muito rapidamente uma quantidade de passagens teóricas ainda longe de estar bem determinadas. Nem facilita as coisas a presença inevitável da questão, quase teológica, do determinismo e da liberdade.

A hipótese da homologia entre estruturas individuais e estruturas históricas é um esboço que privilegia o elemento coletivo em face dos traços peculiares dos autores individuais. Isto obriga a lhe dar valor de axioma predeterminando-se a busca ou em direção a resultados inevitavelmente banais ou, se estes não satisfazem, em direção à invenção de complicadas interpretações e de paralelismos forçados.

Ora, as estruturas semiológicas levam-nos precisamente para o centro de coordenação não só das tradições (ou inovações) lingüísticas, temáticas, técnicas em geral, mas ainda das articulações fundamentais dos "universos fantásticos". Esse centro de coordenação é *do* autor, mesmo que não seja *o* autor; e portanto ele concerne às propostas não só da Literatura, mas de toda a vida de seu tempo — e, ademais, é por elas condicionado, como todo indivíduo é condicionado pela sociedade a que pertence.

O condicionamento não é nunca completamente aceito ou recusado, porque toda aceitação é de qualquer maneira modulada e manifestada segundo pendores, ou instintos particulares e por sua vez toda recusa voluntarista consegue dificilmente opor um bloqueio total, que seria uma evasão do tempo. Além do mais, há aceitações num nível compensadas e, em outro, contrabalançadas por recusas, e assim por diante, com uma variedade inesgotável de casos. Ora, é precisamente esse jogo de aceitação, modificações, recusas e compensações recíprocas que as estruturas semiológicas representam; elas poderão talvez aproximar de um estado de realidade a velha miragem de inserir um autor na História.

Inserção essa, que não deve olhar somente o passado, mas também o futuro. Certamente às vezes ocorre de uma obra literária ter uma influência direta sobre as idealidades de uma época, com o imediatismo de suas propostas ou de suas sugestões em vista da *praxis*. Mas esses casos particulares, freqüentemente favorecidos por motivos extrínsecos, são metodologicamente menos importantes do que o fato de certas obras ou correntes literárias terem conseguido e conseguir modificar as próprias perspectivas em que é percebida e enquadrada (pelos outros escritores, mas não somente por eles) a contemporaneidade; não há talvez obra válida que, pouco ou muito, não tenha tido efeitos semelhantes. É pois inerente às estruturas semiológicas de uma obra a possibilidade de incidir na mentalidade de sua época (ou, se quisermos, sobre as estruturas ideológicas coletivas). Não é certo que a coluna do "débito" seja sempre mais longa que a do "crédito".

4.4. Assim, apareceu o autor: aquela estranha personagem que, para a crítica biográfica, mas também para uma certa crítica psicológica nada desprezível, é o verdadeiro objetivo da pesquisa, que as obras contribuem para aproximar, até alcançar um grau desejado de identificação simpatética; e que, ao contrário, algumas correntes modernas despedem sem aviso prévio, satisfeitas em ter sob os olhos seus "produtos", já destacados dele, emancipados e autônomos.

A crítica semiológica está naturalmente mais próxima da segunda posição do que da primeira: as vicissitudes e os sentimentos do autor em nada lhe interessam a não ser na medida em que eles tenham eventualmente influenciado os traços de suas estruturas semiológicas, e portanto a elas pertençam. Vicissitudes e sentimentos podem, pois, ser utilizados somente como pontos de referência externos, e levando-se em conta sua heterogeneidade em relação ao material da pesquisa.

Todavia, a posição semiológica constitui, parece-me, uma útil insistência na função determinadora do autor enquanto emissor da mensagem literária. Se a obra tem um conteúdo semiológico, é porque o autor a plasmou de uma determinada maneira, porque se expressou por seu intermédio. O autor, enquanto primeiro pólo do circuito da comunicação, é o artífice e o fiador da função significativa da obra. E mais: o autor é o intermediário entre os hábitos lingüísticos e estilísticos, as *écritures*, os "códigos" etc. de que se serviu, certamente de maneira original, e nossa interpretação; se a obra é, em determinada medida, compreensível, é graças à comunidade de códigos entre o autor e o leitor.

Não há dúvida de que o circuito da comunicação se apresenta, em nosso caso, de maneira toda especial. Antes de mais nada (2.1, c) há a habilidade, se não a ausência, de uma situação que ligue solidamente entre si emissor e receptor, e há a impossibilidade de um diálogo que controle e retifique as modalidades da decodificação. Poder-se-ia dizer que a sucessão emissor-mensagem-receptor fica fracionada em dois segmentos quase autônomos, isto é, emissor-mensagem antes, mensagem-receptor depois.

No segmento emissor-mensagem desenvolve-se uma primeira proliferação de significados, no sentido de que a mensagem (a obra) pode resultar em seu conjunto semanticamente mais rica em relação às intenções comunicativas do escritor. O motivo básico de uma criação literária (a inspiração, como se dizia outrora) realiza-se através de um conjunto de atos de significação em que se depositam motivos secundários (ou considerados erroneamente como tais), que acabam por construir pouco a pouco uma fina rede semântica que integra, ou pode também deslocar do centro de gravidade, o motivo de base. Ademais, a polissemia própria de toda palavra de qualquer língua tem um aumento entrópico, num texto literário, não bloqueado senão em parte pela função seletiva que todo membro do discurso exerce sobre os outros.

Novos significados nascem ainda quando a mensagem é interpretada partindo de sua textura verbal: isto é, quando age o par mensagem-receptor [51]. O receptor (o leitor) é predisposto por sua cultura, por suas propensões, pelo ambiente etc. etc. a filtrar os dados da mensagem sacrificando alguns e ampliando outros. Ademais, a natureza física (gráfica, fônica) da própria mensagem pode apresentar fenômenos relacionáveis, e portanto interpretáveis, cuja origem seja ou possa ser casual.

Trata-se de fenômenos conhecidíssimos, tanto da Teoria da Informação, quanto da prática e da História da Crítica. É trivial a noção do caráter, voluntária ou involuntariamente, tendencioso de toda interpretação; é experiência frustradora de todo crítico o receio de se haver superposto ao autor, de ter deixado escapar os traços mais característicos de uma obra para privilegiar outros, quem sabe secundários. O que interessa nesse caso não é, de qualquer maneira, a objetividade ou a definitividade dos resultados, inalcançáveis segundo o que foi dito, porém a consciência dessa situação de base (com os corretivos parciais que tal consciência pode fornecer), e sobretudo o empenho total *em direção* à mensagem.

Uma análise pertinaz, exaustiva, da mensagem pode, de um lado, tirar proveito do confronto entre intenções, quando conhecidas, e resultados, desde que não privilegie

---

(51) Cp. P. ZUMTHOR, *Testo e testura*, cit.

as primeiras em face dos segundos; por outro lado, pode excluir interpretações impressionistas, e portanto reduzir, sem eliminar, os fatores de perturbação que têm origem no próprio receptor. O "código" lingüístico do autor somente é reconstituível de maneira aproximada, mas as margens dessa aproximação podem ser reduzidas através de uma análise aprofundada.

Pelo contrário, não deve ser colocado entre os fatores de deformação o incremento de significação que o tempo confere às estruturas da mensagem. Para falar em termos escolásticos, esse fenômeno constitui a transformação de uma infinita potencialidade em ato; poder-se-á ainda afirmar que o tempo amplia sem parar os limites da realidade, e portanto também da realidade literária. Por isso é lícito dizer que uma verificação da grande arte é precisamente sua capacidade de falar a gerações e mais gerações, de revelar-se com a ajuda do tempo. Mas isso não significa que as estruturas semiológicas da obra de arte se transformem: o observador é que percebe novas relações, novos ângulos, no interior de uma série de pontos de vista que se pode considerar inesgotável[52].

Por isso, o crítico não é colocado diante de uma encruzilhada entre a leitura violentadora, em que a obra é pretexto para sua interpretação e o receptor se substitui ao emissor, e a leitura filológica, em que à obra se faz dizer, até onde isso é possível, aquilo e só aquilo que o emissor quis. O crítico deve sobretudo penetrar audaciosamente dentro das estruturas da obra e colher os significados que elas propõem. Seu esforço será atenuar todo fenômeno de "perturbação" na compreensão; ele deverá ter consciência de que mais exaltantes descobertas lhe são reservadas pela audição da mensagem sempre viva, que emitem as estruturas semiológicas da obra, do que pela efusão pessoal de sua fantasia de leitor.

Como os alicerces semiológicos da obra são condições para sua compreensibilidade (por isso fortemente reduzida quando elas se baseiam em códigos parcialmente peremptos, ou próprios de outras civilizações), assim a ação da obra se desenvolve sobretudo nas estruturas semiológicas da civilização que a recebe. Procurar a incidência da obra na *praxis* imediata de seus utilizadores

---

(52) G. BOAS, *A Primer for Critics*, Baltimore, 1937, p. 36, fala de "polivalência" da obra de arte; os estruturalistas russos recorrem ao conceito de "entropia": cp. JU. LOTMAN, *Metod esatti nella scienza letteraria sovietica*, cit.

significa não compreender-lhe a natureza, significa, na verdade, amesquinhá-la. Se a obra de arte é verdadeiramente assim, ela dá uma contribuição cognitiva que repercute amplamente no modo de ver a realidade; ela é, ao pé da letra, "perturbadora". Através de seus leitores, ela dá às estruturas semiológicas de uma civilização um impulso que pode transformá-las de maneira decisiva. Aí está a função revolucionária da arte, e trata-se de uma revolução permanente e vitoriosa.

BIBLIOGRAFIA SUMÁRIA

1) Sobre estruturalismo em geral:

*Usi e significati del termine "struttura" nelle scienze umane e sociali*, aos cuidados de R. Bastide, Milão, 1965 (ed. original, 1962).
PIAGET, J. *Lo strutturalismo*. Milão, 1969 (ed. original, 1968).

Sobre estruturalismo em Lingüística:

LEPSCHY, G.C. *La linguistica strutturale*. Turim, 1966 (Trad. brasileira, Ed. Perspectiva, 1971. Col. Estudos, 5).
MALMBERG, B. *Les nouvelles tendances de la linguistique*. Paris, 1966 (ed. sueca, 1962).

2) Obras lingüísticas fundamentais de tendência estruturalista:

SAUSSURE, F. de. *Corso di linguistica generale*. Introd., trad. e coment. de T. De Mauro, Bari, 1967 (ed. original, 1916).
TRUBETZKÓI, N. *Principes de phonologie*. Paris, 1948 (ed. original, 1939).

HJELMSLEV, L. *Essais linguistiques.* Copenhague, 1959.
——————. *I fondamenti della teoria del linguaggio.* Introd. e trad. de G.C. Lepscgy, Turim 1968 (ed. original. 1943).
JAKOBSON. R. *Saggi di lingüistica generale.* Aos cuidados de L. Heilmann, Milão, 1966 (ed. francesa, 1963).
MARTINET, A. *Economia dei mutamenti fonetici.* Introd. e trad. de G. Caravaggi, Turim, 1968 (ed. original, 1955).
——————. *Elementi di linguistica generale.* Trad. de G.C. Lepschy, Bari, 1965 (ed. original, 1960).
——————. *La considerazione funzionale del linguaggio.* Trad. de G. Madonia, Bolonha, 1965 (ed. original, 1962).
——————. *La linguistique synchronique.* Paris, 1965.
Consulte-se, ainda, na *Encyclopédie de la Pléiade*, o volume "Le langage", aos cuidados de A. Martinet, Paris, 1968.

3) Para uma visão de conjunto sobre o estruturalismo na crítica, ver:

WELLEK, R.&WARREN, A. *Teoria della letteratura e metodologia dello studio letterario.* Trad. de P.L. Contessi, Bolonha, 1956 (ed. original, 1942).
*Strutturalismo e critica,* aos cuidados de C. Segre, no Catálogo Geral 1958-65 de "Il Saggiatore", Milão, 1965.
PAGNINI, M. *Struttura letteraria e metodo critico.* Messina-Florença, 1967.
RAIMONDI, E. *Tecniche della critica letteraria.* Turim, 1967.

Consultar também algumas importantes coletâneas de ensaios teóricos e aplicados:

KREUZER, H.&GUNSENHÄUSER, R. *Mathematik und Dichtung.* Munique, 1965.
JAKOBSON, R. *et alii. Poetic. Poetika,* . I. Praga, 1961; II, *idem,* 1966.
SEBEOK, Th. A. *Style in Language.* Cambridge (Mass.), 1960.

4) Outras contribuições teóricas estrangeiras:

BARTHES, R. *Saggi critici.* Turim, 1966 (ed. original, 1963-1966).
COHEN, J. *Structure du langage poétique.* Paris, 1966.
FÓNAGY, I. "Il linguaggio poetico: forma e funzione". In: VÁRIOS AUTORES. *I problemi attuali della linguistica.* Milão, 1968 (ed. ori-/pginal, 1966).
JAKOBSON, R. "Linguistica e poetica". In:——. *Saggi...,* cit.
LEVIN, S.R. *Linguistic Structures in Poetry.* 's-Gravenhage, 1962.
LOTMAN. ·J. Metodi esatti nella scienza letteraria sovietica, *Strum. Crit.,* I, n. 2. pp. 107-127, 1967 (a completar com V. STRADA, Formalismo e neoformalismo, *Questo e altro,* 6-7, pp. 51-63, 1964).
RIFATERRE, A. Criteria for Style Analisis. *Word,* 15, pp. 154-174, 1959.
STAROBINSKI, J. "La relation critique". In: *Quatre conférences sur la "Nouvelle Critique",* Turim, 1968.
STENDER-PETERSEN, A. Esquisse d'une théorie structurale de la littérature. *Travaux du Cercle Linguistique de Copenhague,* V. pp. 227-87, 1949.
WIMSATT, W.K. *The Verbal Icon.* University of Kentucky, 1954.

5) Contribuiçoes teóricas italianas:

GARRONI, E. Il contributo non formalistico della semantica alla stilistica. *Sigma*, 8, pp. 52-73, 1965.

GUIDUCCI, A. *Dallo zdanovismo allo strutturalismo*. Milão, 1967

RAMAT. P. Linguistica e critica. *Il Protagora*, 54, pp. 3-23, 1967

ROSIELLO, L. Stilistica e strutturalismo linguistico. *Sigma*, 10, pp. 5-21, 1966.

—————— . *Struttura, uso e funzioni della lingua*. Florença, 1965.

ROSSI, A. Storicismo e strutturalismo. *Paragone*, XIV, 166, pp. 3-28, 1963.

—————— Strutturalismo e analisi letteraria. *Paragone*, XV, 180. pp. 24-78, 1964.

SEGRE, C. "La sintesi stilistica". In: *I segni e la critica*, Turim, 1969, pp. 29-36.

STRADA. V. Stile, struttura, storia. *Sigma*, 10, pp. 35-40, 1966.

VÁLESIO, P. "Problemi di metodo nella critica stilistica". In: *Studi e Ricerche della Fac. di Lettere di Bologna*, N. S., VII, 1962, pp. 11-69.

—————— . Strutturalismo e critica letteraria. *Il Verri*, IV, 3, pp. 74-92, 1960.

6) Principais ensaios críticos italianos de tendência estruturalista:

AGOSTI, S. Mallarmé e il linguaggio dell'ontologia. *Sigma*, 10, pp. 17-37, 1966.

—————— . Interpretazione d'un sonetto di Mallarmé: "Quand l'ombre menaça de la fatale loi. *Strum. Crit.*, I, 3, pp. 295-312, 1967

AVALLE, D.S. "*Gli orecchini*" *di Montale*. Milão, 1965.

GRASSI, L. Intorno alla struttura d'una lirica gozzaniana. *Lingua Stile*, II, pp. 51-66, 1967.

MEO ZILIO, G. *Stile e poesia in Cesar Vallejo*, Pádua, 1960

ORLANDO, F. Baudelaire e la sera. *Paragone*, XVII, 196, pp. 44-73, 1966.

—————— Le due facce dei simboli in un poema in prosa di Mallarmé. *Strum. Crit.*, II, 7, pp. 378-412, 1968.

PAGNINI, M. La musicalità dei "Four Quartets" di T. S. Eliot. *Belfagor*, XIII, pp. 421-40, 1958.

—————— Sulle funzioni semiologiche della poesia di John Donne. *Lingua e Stile*, II, pp. 159-78, 1967; Lettura critica (e metacritica) del sonetto 20 di Shakespeare. *Strum. Crit.*, III, 8, pp. 1-18, 1969.

ROSIELLO, L. Le sinestesie nell' opera poetica di Montale. *Rendiconti* 7, pp. 1-19, 1963.

—————— . "Analisi statistica della funzione poetica nella poesia montaliana". In: *Struttura...* cit., pp. 115-47 (e minha colet. em *Strum. Crit.*, 1, 1, pp. 92-4) 1966-7.

SEGRE, C. "Sistema e strutture nelle "Soledades" di A. Machado". In: *I segni e la critica*, Turim, 1969, pp. 95-134.

VALESIO, P. *Strutture dell'alliterazione. Grammatica, retorica e folklore verbale*. Bolonha, 1968.

AVALLE, D.S. "*Gli orecchini*" *di Montale*. Milão, 1965.

BALLY, C. *Traité de stylistique française*. Heidelberg, 1909.

—————— *Linguistica generale e linguistica francese*. (1950), introdução e apêndice de C. Segre, trad. de G. Caravaggi, Milão, 1963.

BARTHES, R. "Introduzione all'analisi strutturale dei racconti". In: *L analisi del racconto* (=*Communications*, 8, 1966). Milão, 1969.

CONTINI, G. *Saggio d un commento alle correzioni del Petrarca volgare*. Florença, 1943.

——————. Implicazioni leopardiane. *Letteratura*, IX, n. 33, pp. 102-9, 1947.

EJCHENBAUM, B. "Come é fatto Il cappotto di Gogol". In: *I formalisti russi*. org. por T. Todorov, pref. de R. Jakobson, Turim, 1968.

EMPSON, W. *Sette tipi di ambiguità*. (1953), trad. italiana de G. Melchiori, Turim, 1965.

GREIMAS, A.J. *Sémantique structurale*. Paris, 1966, trad. it., Milão, 1969.

——————. *Modelli semiologici*. Organizado por P. Fabbri e G. Paioni, Urbino, 1967.

GUIRAUD, P. *Les caractères statistiques du vocabulaire*. Paris, 1954.

JAKOBSON, R. *Essais de linguistique générale*. Trad. de N. Ruwet, Paris, 1963. Trad. it., Milão, 1966.

LEVIN, S.R. *Linguistic Structures in Poetry*. Haia, 1962.

SEGRE, C. "Crítica e estruturalismo". Neste volume, às pp. 17 a 29.

——————. "Sistema e estruturas nas *Soledades* de A. Machado". Neste volume, às pp. 173 a 206.

SKLOVSKIJ, V. *Una teoria della prosa*. (1929), trad. de M. Olsoufieva, Bari, 1966.

SPITZER, L. *Stilstudien*. Munique, 1928, v. 2.

——————. *Romanische Stil — und Literaturstudien*. Marburgo, 1931.

——————. *Linguistics and Literary History*. Princeton (N.J.) 1948.

J. STAROBINSKI, Contribuição à coletânea *Strutturalismo e critica*, no *Catalogo generale 1958-1965*, Il Saggiatore, Milão, 1965.

TERRACINI, B. *Analisi stilistica. Teoria, storia, problemi*. Milão, 1966.

## A "CANÇÃO DO EXÍLIO" DE GONÇALVES DIAS OU AS ESTRUTURAS NO TEMPO

0.1. A análise das estruturas de um texto poético consiste na reordenação de suas partes segundo um ou vários modelos expositivos: ela quebra, necessariamente, a sucessão que as partes têm no interior do texto, ponto por ponto, mas cada vez com base num reagrupamento por classes, ainda que a descrição leve em conta a ordem respectiva dessas partes. Ora, a função das partes do texto é determinada sobretudo por sua posição (que o autor estabeleceu em vista das reações que desejava produzir no leitor), ou seja, pelas relações que existem entre cada uma delas e as precedentes e as seguintes. A sucessão das partes é institucionalmente cronológica, pois coincide com o tempo de leitura do destinatário do texto, além de que, antes de mais nada, com o tempo de leitura do autor, desde que teve entre as mãos o texto acabado.

Não se trata, pois, de um corolário do teorema saussuriano da sincronia e da diacronia. Saussure opunha a diacronia, que segue o desenvolvimento de um único elemento de uma língua através do tempo, à sincronia, que nos permite considerar em suas relações recíprocas todos os elementos de uma língua num determinado momento. A obra de arte constitui uma "sincronia", no sentido em que ela imobiliza um ato complexo de *parole* tornando-o absoluto; mas é uma "sincronia" que só pode ser percebida na temporalidade do ato da leitura.

Para ficar em definições de ordem lingüística, a antinomia entre uma visão extratemporal e uma visão temporal de um texto está implícita na oposição entre sintagma e paradigma: a pesquisa paradigmática leva necessariamente para fora do texto em exame, ao passo que a sintagmática adere ao andamento, em primeira instância sintático e temporal, do texto.

No entanto, aproxima-se, talvez, mais do problema, que aqui sublinho a exigência diltheiana do "Zirkel im Verstehen" tão cara a Spitzer (do todo para as partes, das partes para o todo) com a ressalva de que a um todo ontológico bloqueado deve substituir-se um todo percorrido pela temporalidade do olhar que decifra o texto letra por letra (ou do ouvido, que escuta grupos sucessivos de sons), do pensamento, que deduz os significados da conexão ordenada das palavras em frases, do sentido rítmico, que detecta a persistência ou as variações de um determinado esquema prosódico, o cruzamento ou a sucessão das rimas. Preliminares ligadas às categorias aprioristicas, e portanto impossíveis de eliminar do espaço e do tempo, nas quais não proponho fundamentar, *tout court*, o estudo do texto, mas que constituem uma situação de fato bem presente na experiência de todo escritor ou leitor, e que portanto nem o crítico está autorizado a violar.

A importância de uma interpretação do texto no interior da categoria temporal não escapou certamente aos estudiosos. Citarei, entre os mais recentes, M. Pagnini: "Outro nível da obra literária (...) é constituído precisamente por sua *dimensão temporal*, de que hoje raramente se fala, nas várias definições de inspiração estruturalista, que têm da obra uma concepção bergsoniana do espaço, e da simultaneidade. O objeto poético integra-se, obviamente, numa estrutura paradigmática, mas é através de uma experiência sintagmática que ele é conhecido e construído. A duração da leitura é a aventura do significado, a vivência de seu fazer-se, a participação do leitor em sua constituição através das variadas fases rítmicas: o rito em face da revelação"[1]. E M. Riffaterre: "On n'insistera jamais assez sur l'importance d'une lecture qui aille dans le sens du texte, c'est-à-dire du début à la fin. Faute de respecter ce'sens unique', on méconnaît un élément essentiel du phénomène littéraire — que le livre se déroule (comme le *volumen* se déroulait, matériellement, dans l'Antiquité), que le texte est l'objet d'une découverte progressive, d'une perception dynamique et constamment changeante, où le lecteur non seulement va de surprise en surprise mais voit changer, à mesure qu'il avance, sa compréhension de ce qu'il vient de lire, chaque nouvel élément conférant une dimension nouvelle à des élements antérieurs qu'il répète ou contredit ou développe. Prendre conscience d'un de ces échos, c'est donc lire deux fois telle partie du texte, la deuxième fois rétroactivement. Une troisième perception, globale et mémorielle, a lieu lorsque la lecture est finie"[2].

Logo, o problema é posto de maneira precisa. Permanece, contudo, nessas enunciações, o axioma de que haveria uma passagem desde a leitura (eventualmente repetida), que constitui o primeiro contato com o texto, a lenta descoberta de sua mensagem, para um conhecimento final totalizador, que já estaria, segundo parece, além do tempo. Confesso minha perplexidade ante este tipo de conhecimento. Trata-se, ou de uma quintessência da poesia — muito próxima da "innere Sprachform" dos idealistas — que não mais recorre às articulações do discurso poético, a todos os "valores" lexicais, sintáticos, fônicos, rítmicos, etc. que o constituem, ou do "modelo" em que foram dispostos os elementos fornecidos pelo texto: um modelo que permite, e até exige que se repercorram temporalmente todas as partes do texto, mas segundo traçados sucessivos determinados pelo agrupamento dos

---

(1) PAGNINI, M. La critica letteraria come integrazione dei livelli dell'opera. In: *Critica e storia letteraria. Studi offerti a M. Fubini*, Pádua, 1970. I, pp. 87-102, p. 91.

(2) M. RIFFATERRE. *Essais de stylistique structurale*, Paris, 1971, pp. 327-8; mas vejam-se também as pp. 66-68. Interessante o confronto de G. E. Lessing *(Laocoonte,* XVII) das artes figurativas com a poesia ("o que o olho capta num só momento, ele o poeta nô-lo enumera lentamente e aos poucos"). Veja-se, por fim, uma nota de J. Geninasca, em A. J. GREIMAS, *Essais de sémiotique poétique*,[Paris, 1971,]p. 48.

elementos em classes, traçados esses, que continuam a recortar verticalmente o traçado vertical único que coincide com a linearidade do discurso que constitui o texto. Se uma das conquistas do Estruturalismo é o axioma da prioridade do texto, julgo ser conseqüência não renunciável o corolário de que o texto deve ser respeitado em todos os seus aspectos, inclusive na ordem de sucessão de suas partes. A leitura (temporal) é a primeira e a mais genuína maneira de tomar contato com o texto; no término até das análises mais sofisticadas deve situar-se igualmente uma leitura (temporal) capaz de valorizar as aquisições dessas análises.

Na leitura final, o elemento "descoberta" não existe mais: é como ler um romance conhecendo-lhe a trama e a conclusão. Mas esta comparação mostra precisamente quão exígua é a perda. Livre da impaciência do *suspense*, o leitor do romance pode saborear as menores inflexões do discurso narrativo inclusive em vista dos desenvolvimentos sucessivos (relativos não somente à trama) que o autor, através dessas inflexões, predispõe. Na primeira leitura ingênua, essas inflexões podiam escapar ou ser compreendidas erroneamente. Analogamente, na leitura final do texto poético, o crítico já está a par das tramas fônicas, rítmicas, semânticas etc. de que cada elemento de seu texto faz parte: ele pode, pois, avaliar com extrema[3] precisão cada uma das "funções" com as quais entra sucessivamente em contato. O conhecimento integral das séries de tramas não deve resolver-se numa justaposição ou superposição, mas antes na possibilidade de uma orientação precisa dos elementos no interior do contexto (ou seja, em face dos elementos que precedem e dos que seguem). Somente a temporalidade é que permite — e dá sentido a — esta seleção das funções, potenciando ao máximo, cada uma delas, na zona do contexto que lhe compete, e que, portanto, alcança o pleno regime de sua atividade de sugestão. Algumas recentes tentativas de analisar um texto poético em seu aspecto de "narração" já poderiam dar uma confirmação do que acaba de ser apontado aqui; ao invés disso, servir-me-ei do estudo de uma composição de tipo paralelístico, retomando uma ordem de pesquisas assinalada especialmente pelos formalistas russos e por Jakobson, e depois por críticos

---

(3) Não digo *absoluta* pois não existe, em meu modo de entender, uma interpretação *total*, definitiva: o texto vive paralelamente a nós, e é para nós uma experiência que se enriquece de toda nova experiência nossa (cp. o cap. *Entre Estruturalismo e Semiologia*).

americanos como Samuel Levin. Em minha opinião, o estudo de texto paralelístico poderia ser conduzido em muitos casos segundo as sugestões da teoria dos conjuntos. Se uma série de frases recorrentes tiver um elemento comum A, e alguns elementos variáveis 1, 2, 3, n, é provável que, no universo semiótico do texto a que ela pertence, 1, 2, 3, n, constituam uma classe e que, portanto, as frases recorrentes possam ser reduzidas a uma frase única, por exemplo $\{A + 1, 2, 3, n\}$, ou então: $\{A+1\} :: \{A-2, 3, n\}$, e assim por diante.

Esta primeira conclusão pode levar a uma série de deduções de ordem fônica, sintática, semântica, etc.; fica contudo claro, ou melhor óbvio, que o efeito poético do texto deriva precisamente do fato de ter fracionado (caso valha a primeira fórmula) o classema $\{A+1, 2, 3, n\}$ em vários classemas (A+1), (A+2), (A+3), (A+n), distribuídos harmoniosamente no texto de modo a obter de um lado uma informação fracionada e progressiva, com iteração do elemento comum A e, de outro, um efeito rítmico.

Este projeto é realizável também para a "Canção do exílio", de Gonçalves Dias, ainda que prevaleça nesse texto, mas com exceções que serão valorizadas, a repetição de frases completamente idênticas. De qualquer modo permanece intato, talvez reforçado, o efeito rítmico; ainda mais o semântico em que me deterei. Trata-se do fato de o conteúdo semântico de toda frase de um texto ser influenciado, e de certo modo orientado, pelas frases circunstantes: portanto, ele pode sofrer modificações notáveis até, ficando a frase sempre inalterada. Este gênero de influência não diz respeito somente às conotações, mas ao próprio conteúdo denotativo. Por isso, se é lícito, num primeiro inventário, justapor todos os elementos similares tirados do texto, a fim de descrever do exterior a estrutura do poema, num segundo, será preciso recolocar esses elementos no texto, e avaliá-los no interior do discurso de que eles são as articulações. Uma análise que caminha, a despeito dos inevitáveis vaivéns impostos pela natureza dos signos, dos significantes para os significados e para o sentido.

0.2. O poema apresenta-se, através da epígrafe goethiana, como uma resposta contrapositiva. A quem pergunta: "Kennst du das Land...?", G.D.[4] fala de sua

---

(4) Em todo o artigo, G. D., está por Gonçalves Dias. Cito a *Canção*, e as suas outras obras por G. D., *Poesia completa e prosa escolhida*, Rio de Janeiro, 1959 (Bibl. Luso-Brasileira).

própria terra ("Minha terra"), ou seja, opõe ao anelo para um país de sonho a saudade do seu, tão pranteado. Isso é confirmado, ademais, pelo confronto entre o potencial "Dahin, dahin!/ moecht'ich...ziehn!" e o deprecativo, mas em substância desiderativo "Não permita Deus que eu morra / Sem que eu volte para lá", e em especial pela substituição de *voltar*, que implica uma presença anterior, a *ziehen*.

A diferença entre anelo e saudade aparece também no fato de que o advérbio de lugar em rima, embora comum aos dois poetas, é sempre o mesmo em Goethe (*dahin*), quiçá repetido tal e qual como para um impulso afetivo: ou seja, o "lá" não é confrontado explicitamente com nada [5]. Em G.D. temos, ao contrário, depois de duas presenças de *lá* (A 4, C 2), o primeiro dos quais contraposto a *aqui* (A3), uma contraposição final com *cá*, em ordem quiástica, quase para desenvolver-lhe todo o potencial (cá D 2-lá D 4; lá E 2-cá E 4); e todo o poema é regido pelo confronto entre um *lá* idealizado e um mais modesto *cá*, o exílio em que o poema é escrito.

Diferenças que ficam bem explicadas as da epígrafe, que G.D. arranjou segundo seus propósitos, passarmos ao texto de Goethe. Em *Mignon*, os interlocutores são dois, mesmo que um só fale: Mignon e o destinatário do convite para o "Land wo die Zitronen blühn". Temos portanto: Mignon: *dahin*=destinatário: "aqui". O *dahin* é apontado ao destinatário em termos mais sedutores, precisamente para que este se decida a abandonar o seu *aqui*. Ao contrário, em G.D. é o eu poético (idêntico neste caso ao autor) que se encontra na dinâmica dos dois pólos: ele provém de *lá*, encontra-se forçosamente *cá* e deseja ardentemente voltar para *lá*. A segunda pessoa de Goethe *(du)*, contrapondo-se à primeira de G.D. *(eu)*, mostra bem como o *dahin* é algo estranho ao destinatário, por mais atraente que seja, à diferença do *lá* que é, para a memória saudosa de G.D., mais presente ao sentimento do que o

---

mantendo a grafia e o uso dos acentos (note-se especialmente a ausência de distinção entre *tem* e *têm*, sobre a qual, veja-se no mesmo volume, A. HOUAISS, *O texto dos poemas*, pp. 79-81, p. 89).

(5) Citei até aqui a epígrafe goethiana conforme ela é apresentada por G. D. Observa A. MEYER, "Sobre uma epígrafe" em *A chave e a máscara*, Rio de Janeiro, 1964, pp. 95-99 (além de corrigir as trocas de muitas edições, inclusive a edição de 1959: *Citronen* por *Zitronen*; queda de *Laub)* que G. D. retocou, consciente ou inconscientemente, os versos de Goethe, fazendo deles "uma espécie de 'canção do exílio' em alemão". À parte *blühen*, e *glühen*, em vez de *blühn* e *glühn*, ele une por meio da vírgula e faz seguir por exclamativo os dois *dahin*; ao invés disso em Goethe há exclamativo depois do primeiro *dahin*, ao passo que o segundo inicia a frase "Dahin/ Moecht'ich mit dir, o mein Geliebter, ziehn!". Uma vez considerado o significado dos retoques de G. D., causa porém estranheza a proposta de A. Meyer de restabelecer a epígrafe na forma original goethiana.

próprio *cá*. Mostra-o, igualmente bem, o confronto entre *ziehen*, que implica uma relação entre dois sujeitos, e *voltar*, que implica um único sujeito.

Da epígrafe poder-se-ia ainda extrair o esquema sintático "das Land, wo", também retomado, mas transformado, por G.D., que liga a proposição adjetiva-locativa não à *terra*, mas a seu conteúdo: Minha *terra* tem *palmeiras. / Onde*". E é também suficientemente claro que as exóticas *palmeiras* (exóticas para um europeu) estão pelos *Zitronen* ou pelos *Goldorangen*, já meridionais e em suma exóticos para o nórdico Goethe.

Deve-se advertir de qualquer forma que, embora a palmeira seja em certo sentido a árvore heráldica do Brasil (cp., do próprio G.D., a Introdução dos *Timbiras*: "Não me assentei nos cimos do Parnaso, / Nem vi correr a linfa da Castália. / Cantor das selvas, entre bravas matas / Áspero tronco da palmeira escolho. / Unido a êle soltarei meu canto")[6], na *Canção do exílio* seu valor simbólico se subordina ao do *sabiá*, a quem serve de suporte: é o *Sabiá* que se torna símbolo da terra natal, embora cantando de uma árvore que lhe é própria[7]. Por isso, *wo* introduz a enumeração das árvores em *Mignon*, e *onde* introduz, ao contrário, o *Sabiá*.

Mas a primeira estrofe de *Mignon* ecoa na *Canção* sobretudo se for integrada pelos versos que não são reproduzidos na epígrafe. Compare-se com efeito:

| | |
|---|---|
| das Land, wo die Zitronen blühn, | Minha terra tem palmeiras |
| in dunkeln Laub die Goldorangen glühn | . . . . . . . . . . . . . . . |
| ein sanfter Wind von blauen Himmel weht | Nosso céu tem mais estrêlas |
| | Nossas várzeas tem mais flôres |
| die Myrte still und hoch Lorbeer steht | Nossos bosques tem mais vida. |

Ou seja, em ambos os casos, uma síntese paisagística que, partindo de uma árvore característica, vai do céu para a vegetação, fixada em alguns elementos, com a ressalva de que em *Mignon* as árvores estão no mesmo nível visual, e o céu é indicado primariamente como fonte do vento, ainda que o atributo *blauen* o atualize em sua croma-

---

(6) Em *Poesia completa*. cit., p. 476. É aliás por este motivo (e não somente para distinguir-se da *Mignon* goethiana com seus *Zitronen)* que G. D. coloca o Sabiá nas *palmeiras*, apesar do fato de o Sabiá que fica nas palmeiras ser precisamente o único que não canta, ao passo que o "sabiá-piranga", o que canta, fica nas laranjeiras: cp. D. Salles, em "Supl. Literário 'Minas Gerais", 11 out. 1969. Nós autores mais recentes, caberá ao *buriti*, isto é, a uma espécie particular de palmeira, substituir o termo genérico *palmeira*.

(7) Palmeiras existem também em Portugal, mas não, salvo engano, em Coimbra, verde de salgueiros, onde G. D. escreveu a *Canção*.

ticidade, ao passo que na *Canção* temos um alinhamento de *céu, várzeas, bosques* que (não obstante o enfatizado paralelismo sintático) isola, porque não inseríveis numa visão única [8], os elementos (a tal ponto que se prossegue, mantendo o esquema, com "Nossa vida mais amôres"). Essas observações serão aprofundadas mais adiante (4.3.).

1.1. Reproduzo aqui o texto do poema, à direita do qual indico a numeração contínua dos versos. Na análise, entretanto, retoma-se a numeração de cada estrofe, indicada com letra maiúscula, e levam-se em conta os dois grupos de estrofes, indicados por letras gregas:

## Canção do Exílio

> Kennst du das Land, wo die Zitronen blühen,
> Im dunkeln Laub die Gold-Orangen glühen,
> Kennst du es wohl? — Dahin, dahin!
> Moecht'ich...ziehen.
>
> GOETHE

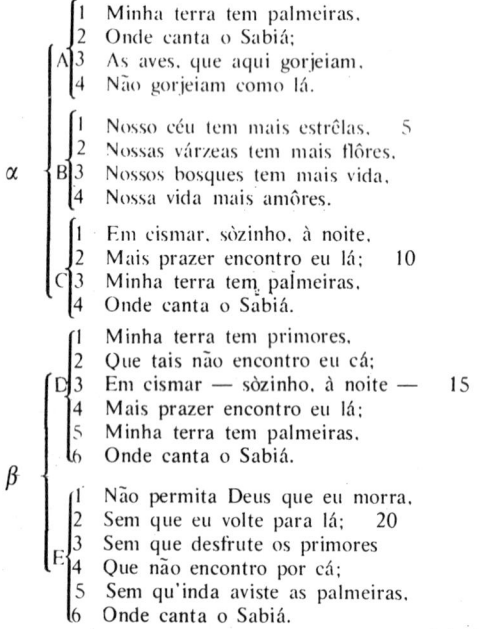

α
 A
  1 Minha terra tem palmeiras,
  2 Onde canta o Sabiá;
  3 As aves, que aqui gorjeiam,
  4 Não gorjeiam como lá.

 B
  1 Nosso céu tem mais estrêlas,    5
  2 Nossas várzeas tem mais flôres,
  3 Nossos bosques tem mais vida,
  4 Nossa vida mais amôres.

 C
  1 Em cismar, sòzinho, à noite,
  2 Mais prazer encontro eu lá;    10
  3 Minha terra tem palmeiras,
  4 Onde canta o Sabiá.

β
 D
  1 Minha terra tem primores,
  2 Que tais não encontro eu cá;
  3 Em cismar — sòzinho, à noite —    15
  4 Mais prazer encontro eu lá;
  5 Minha terra tem palmeiras,
  6 Onde canta o Sabiá.

 E
  1 Não permita Deus que eu morra,
  2 Sem que eu volte para lá;    20
  3 Sem que desfrute os primores
  4 Que não encontro por cá;
  5 Sem qu'inda aviste as palmeiras,
  6 Onde canta o Sabiá.

Coimbra, julho de 1843.

(8) Mais eis aqui uma espécie de chave para essas "enumerações caóticas": "tudo me arrouba e enleva,/ Mar e terra, nuvens, céus, / Estrêla, flor, planta e selva,/ Tudo quanto vem de Deus,/ Quanto nos altos reluz/ Quanto o mundo exterior / Do belo em formas traduz". "Ciúmes" (*Poesia completa*, cit., p. 643).

1.2. O poema compõe-se de cinco estrofes, as três primeiras de quatro versos (quadras), as duas últimas de seis versos (sextilhas). Os dois blocos, α e β são indicados pelo início igual *(Minha terra tem* A 1 e D 1, verso recorrente, mas apenas aqui em início de estrofe) e pela conclusão também igual *(Onde canta o Sabiá* C 4, E 6), esta também presente no fim da estrofe D.

O bloco α é caracterizado pelo fato de que seus dois primeiros e seus dois últimos versos são idênticos, e de que o esquema do primeiro membro dos dois pares, A 1 e C 3 (adjetivo possessivo de 1ª pessoa+sujeito+tem+objeto), é retomado com *variatio* nos versos centrais B 1-4, onde o adjetivo é da 1ª pessoa do plural e os objetos são precedidos por *mais*.

No interior do bloco, a estrofe B caracteriza-se por ter, precisamente, pronome possessivo de 1ª pessoa plural em vez de singular, ainda por cima em anáfora (sempre início de verso), com uma espécie de quiasmo, pelo que temos: sing. masc. 1; plur. fem. 2; plur. masc. 3; sing. fem. 4, ou seja, dois casos com *s* final, no interior, e dois sem, no exterior (e a alternância de z e s/ž, desde que venha em seguida uma vogal (1,4) ou uma consoante (2, 3 )[9]; pela presença de *mais* em todos os versos antes da palavra final, num sintagma *tem mais* explícito nos três primeiros versos e implícito no último (onde, por zeugma, *tem* é subentendido); por ter em rima sempre substantivos.

As estrofes do bloco β caracterizam-se por ter verso final igual, e igual palavra-rima no fim do penúltimo verso *(palmeiras);* por apresentar no fim do segundo e quarto versos as mesmas palavras-rima, em ordem especular *(cá - lá; lá - cá);* por alternar as palavras-rima até constituir uma rede que faz possivelmente pensar na sextina:

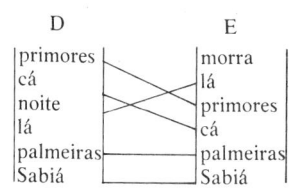

| D | E |
|---|---|
| primores | morra |
| cá | lá |
| noite | primores |
| lá | cá |
| palmeiras | palmeiras |
| Sabiá | Sabiá |

---

(9) Pelo menos segundo a pronúncia de Portugal. Lembre-se que G. D. era filho de um emigrado português, e voltara aos quinze anos para Portugal, onde já estava há cinco anos quando escreveu a *Canção*. De qualquer maneira, à falta de notícias exatas sobre a pronúncia de G. D., reduzo ao mínimo as observações de ordem fonética.

onde ficam sem relação, respectivamente, as palavras finais *noite* em D e *morra* em E, sendo porém que *noite* evoca C 1, ao passo que *morra* cria uma espécie de aliteração e assonância com *primores*.

No interior de α, A e B são assimilados pelo fato de reapresentar, como (palavra-) rima interna do v. 4 a (palavra-) rima que fecha o v. 3 (respectivamente *gorjeiam e vida)* [10], e por terem primeiros versos de esquema semelhante (exceto o possessivo de 1ª pessoa singular ou plural e a presença de *mais)*, com objetos que se encontram no mesmo eixo semântico: *terra-céu*. Uma polarização, no entanto, que é mais dos significantes que dos significados, já que *terra*, está, metonimicamente, por "pátria", e *céu* tem um sentido especial, aliás tão individualizado (o céu do Brasil) que se coloca em relação paradigmática com as *várzeas* e os *bosques* (e a *vida)*,sintagmática com as *estrêlas*, como *várzeas* com *flôres* etc. (cp. 3.1.).

B e C são ligadas pela retomada de *mais* entre B 1, 2, 3, 4 e C 2; pela aliteração *amôres: cismar*, pela correspondência entre o *céu* que, tendo *estrêlas*, é certamente noturno, e a *noite* de C 1.

Liga D a E, de modo a constituir o bloco β, a reapresentação de dois pares de versos com conservação inalterada ou quase inalterada do segundo e modificação do primeiro com exceção da palavra final:

> (Minha terra tem) primores,
> Que tais não encontra eu cá D 1-2:
>
> (Sem que desfrute os) primores
> que não encontro por cá E 3-4;
>
> (Minha terra tem) palmeiras,
> Onde canta o Sabiá D 5-6:
>
> (Sem qu'inda aviste as) palmeiras,
> Onde canta o Sabiá E 5-6,

onde cabe notar o fato de que nos dois casos temos a eliminação do mesmo segmento de frases e sua substituição por segmentos sintaticamente afins entre si.

---

(10) Limita-se a notar a rima interna de *vida* consigo mesma J. G. MERQUIOR, "O poema do Iá" (1964), em *Razão do poema. Ensaios de crítica e de estética*, Rio de Janeiro, 1965, pp. 41-50 p. 43.

Há, além disso, relações de semelhança / diferença. Por exemplo, a estrofe D retoma *Minha*, do início do v. 1, no início do v. 5, enquanto E repete anaforicamente *Sem que* no início de 2, 3, 5, com uma série que abrange, por implicação, todo o conjunto 2-6, em que 4 e 6 são constituídos por subordinadas relativas. Os três *Sem* de E no início do verso retomam como por eco (identidade vocálica) os dois *tem* de D no interior do verso (1, 5), com uma relação distributiva que não é certamente casual, já que o verso das *palmeiras* que sempre contém *tem* nas outras estrofes (A1, C 3, D 5), somente em E 5 não o contém. Digno de nota é que, enquanto os versos de D onde aparece *Minha* são quase idênticos (segmento *Minha terra tem*), os versos de E contendo *Sem* são iguais na estrutura sintática: *Sem + que +* verbos na primeira pessoa do singular do subjuntivo presente (3 e 5 comportam, ademais, um objeto no plural), mas distintos pela presença de *eu* (2) e de *inda* (5).

Além do mais, o bloco β tem naturalmente ligações com o bloco α: identidade dos dois versos finais de D (5-6), que são os iniciais de A (1-2) e finais de C (3-4); identidade não somente das palavras em rima (*palmeiras* estará depois também em E 5), mas também das palavras-rima *lá* (A 4, C 2, D 4, E 2) e *noite* (C 1, D 3); rima à distância entre *primores*, que pertence exclusivamente a (β (D 1, E 3) e *flôres, amôres* de B 2, 4; e finalmente repetição no interior de D do verso que dá início a C:

Em cismar, sòzinho, à noite C 1:
Em cismar — sòzinho, à noite — D 3.

1.3 Mas a lírica contém elementos que permitiriam uma segmentação diferente. Antes de mais nada, observe-se que as estrofes A e B se distinguem das estrofes seguintes, inclusive C, pela ausência de verbos na 1ª pessoa do singular: há verbos somente na 3ª pessoa do singular (*tem* A 1, *canta* A 2, *tem* B 1) e na 3ª pessoa do plural (*gorjeiam* A 3, 4, *tem* B 2, 3); vejam-se, pelo contrário, nas seguintes: *encontro* C 2, D 2, 4; *morra* E 1, *volte* E 2, *desfrute* E 3, *encontro* E 4, *aviste* E 5. A diferença é acentuada, nas estrofes C-E, pela insistência no pronome de 1ª pessoa explícito: C 2, D 2, 4, E 1, 2: A 1ª pessoa está presente em A e B somente por delegação de poderes aos possessivos *minha* A 1, *nosso, -a, -os, -as* B 1, 2, 3, 4. Além disso, há uma ligação especial entre D e C: todos os versos de C desceram tais e quais para D: C 1-2=D 2-3; C 2-3=D 5-6; e acrescente-se que, dos outros dois versos de D, um é uma *variatio* de C 3 ("Minha terra tem palmeiras/primores", o outro acaba constituindo-se por similaridade opositiva em relação a C 2=D 4 ("Mais prazer encontro eu lá") / "Que tais não encontro eu cá").

Essas ligações entre C e D tornam-se ainda mais evidentes pelo fato de que E se opõe, em muitos aspectos, a todas as outras estrofes. Nestas, os verbos finitos estão sempre no indicativo presente (*tem* A 1, *canta* A 2, *gorjeiam* A 3, 4, *tem* B 1, 2, 3, *encontro* C 2, *tem* C 3, *canta* C 4, *tem* D 1, *encontro* D 2,4, *tem* D 5, *canta* D 6); além disso, toda estrofe contém *tem* (A 1, B 1-3, C 3, D 1, 5). Ao invés disso prevalece em E o subjuntivo presente (*permita* E 1, *morra* E 1, *volte* E 2, *desfrute* E 3, *aviste* E 5), e os verbos colocados no subjuntivo são todos novos em relação aos das outras estrofes; das estrofes anteriores descem para E somente os presentes *encontro* 4 e *canta* 6.

Quanto à ausência do verbo *ter*, ela nos permite captar outro elemento que caracteriza E. Nas estrofes C e D, *ter* e *encontrar* indicam, um, a presença de certos atributos no país longínquo, outro, o movimento de busca do poeta: um "encontro" dos atributos, decepcionantes, do país em que está, e um "encontro" mental, que é muito próximo de uma "busca pela fantasia" dos atributos da pátria (*não encontro eu cá* D 2-*encontro eu lá* C 2, D 4). Pois bem: em E, temos *encontrar*, e não *ter*, sempre em contexto negativo (E 4). Pareceria ser necessário disso deduzir que essa negatividade depende, obviamente, da ausência de *ter* e de seu sujeito (o país longínquo); ao invés disso, ela está relacionada com a partícula exclusiva *sem*, seguida pela alusão adverbial *(lá)* do país longínquo, num tecido de negações das negaçoes:

> *Não* permita Deus que eu morra,
> *Sem* que eu volte para lá;
> *Sem* que
> *Sem* qu'inda aviste as palmeiras,
> Onde canta o Sabiá.

Se, agora, partirmos do v. 6, igual A 2, C 4, D 6, e notarmos que somente aqui ele não é precedido por *Minha terra tem palmeiras*, deduziremos que *aviste* é aqui o substituto de *tem*, ou por outra, que a correlação *tem-encontro* é substituída pela correlação *encontro-aviste*: a "busca pela fantasia" culmina aqui, finalmente, num reencontro visual *(aviste)*.

Capta-se, em suma, uma dupla articulação do poema: de um lado — é a articulação estilisticamente mais marcada — ABC em face de DE; de outro, é a articulação que corresponde melhor às passagens semânticas, AB oposto a CD oposto a E. Esta segunda articulação será novamente examinada em 4.2-5; em 1.4. encontraremos um fenômeno análogo.

1.4. A soma dos versos que constituem os dois blocos α e β é a mesma: 12 e 12. Mas a mudança de comprimento das estrofes, embora continue o mesmo sistema de rimas, é realizada de modo a aludir à possibilidade, afastada pelo poeta, de continuar com "quadras". Atrás do agrupamento 6+6 de DE, entrevê-se, em suma, um possível agrupamento 4+4+4, que teria tornado β igual, estroficamente, a α. Experimentamos distribuir os versos das estrofes de DE em "quadras": *D,*E,*F:

```
     1 Minha terra tem primores,
     2 Que tais não encontro eu cá;
*D   3 Em cismar — sòzinho, à noite —
     4 Mais prazer encontro eu lá.

     1 Minha terra tem palmeiras,
     2 Onde canta o Sabiá.
*E   3 Não permita Deus que eu morra,
     4 Sem que eu volte para lá;

     1 Sem que desfrute os primores
     2 Que não encontro por cá;
*F   3 Sem qu'inda aviste as palmeiras,
     4 Onde canta o Sabiá.
```

Observemos: *a)* que D 5, transformado em *E 1 tem começo idêntico ao de D 1: duas estrofes sucessivas com início similar (além disso, *E 1-2 teria o mesmo início de A 1-2); *b)* que E 3, transformando-se em *F 1, retoma *E 4, instituindo quase uma retomada *(Sem que...Sem que)* e repete a palavra final de D 1 (*D 1): o primeiro verso da primeira e da terceira estrofes teriam a mesma palavra final, com rima à distância; *c)* que E 4, transformado em *F 2, é praticamente idêntico a D 2 (*D 2), de modo que teríamos, entre a primeira e a última estrofe do grupo, identidade do segundo verso; *d)* que E 2, transformado em E 4 teria a mesma rima de D 4 (*D 4): duas estrofes sucessivas terminariam pela mesma palavra-rima; *e)* que F acabaria por ser constituído em sua totalidade (exceto o último verso, recorrente e imutável) por octonários *a maiori*.

2.1. Elemento comum de todas as estrofes: os versos pares têm todos rima em *a* acentuado — com exceção da estrofe B, com rima em *ôres* —, com base na reiteraçao das palavras-rima *Sábia* A 2, C 4, D 6, E 6; *lá* A 4, C 2, D 4 E 2; *cá* D 2, E 4.

Entre os versos ímpares há às vezes, no interior da mesma estrofe, assonâncias imperfeitas: *palmeiras: gorjeiam* A 1, 3; *primores: noite* D 1, 3 (ainda menos nítida a relação de similaridade, que é porém compensada pela aliteração, entre *morra* e *primores* E 1, 3). Outras vezes, porém, a relação é de uma estrofe para outra *(palmeiras: gorjeiam* A 1, 3: *estrêlas* B 1), e nesse caso diz respeito em geral não só à rima, mas às palavras inteiras: *palmeiras* A 1, C 3, D 5, E 5; *noite* C 1, D 3; *primores* D 1 E 3. Notemos com Aurélio Buarque de Hollanda[11] que *palmeiras* e *primores* têm as mesmas consoantes no início das três sílabas.

O fato de se apresentarem em final de verso, mais do que rimas, palavras inteiras, induz à pausa de maneira especial, na recorrência das próprias palavras em fim de verso. E não basta: remontando ao verso, adverte-se que a retomada não é somente de palavra, mas de versos inteiros. Eis a localização: *Minha terra tem palmeiras* A 1, C 3, D 5 ( além disso, com objeto direto *primores,* D 1); *Onde canta o Sabiá* A 2, C 4, D 6, E 6; *Em cismar, sòzinho, à noite* C 1, D 3; *Mais prazer encontro eu lá* C 2, D 4. Quase idênticos: *Que tais nao encontro eu cá* D 2 *Que não encontro por cá* E 4.

A repetição, obsessiva mas bem controlada, das palavras e dos versos, pode ser esquematizada como segue (as linhas contínuas indicam a retomada de versos in-

---
(11) BUARQUE DE HOLLANDA, A. À margem da "Canção do exílio" (1944). In: *Território lírico. Ensaios* Rio de Janeiro, 1958, pp. 23-32, p. 30.

teiros, as linhas quebradas, a repetição das palavras finais apenas):

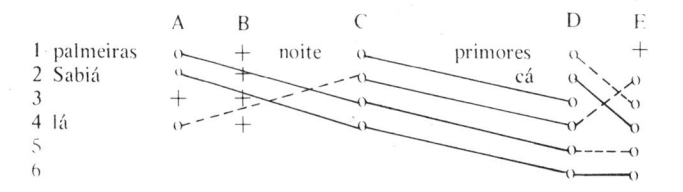

```
         A    B      C           D        E
1 palmeiras  o—+— noite o————— primores  o—+
2 Sabiá     o—+———————————————— cá       o—
3          +—+———————o                    o
4 lá       o—+————— o                     o
5                                         o————o
6                                         o————o
```

Somente 6 versos em 24 apresentam no fim palavras que não se repetem no interior da composição (A 3, B 1, 2, 3, 4, E 1). Quanto às palavras repetidas, elas o são, no mais das vezes, juntamente com o verso todo, ao passo que temos retomada somente da palavra final em A 4, C 2= D 4, E 2; D 1, E 3; D 5, E 5). Nota-se imediatamente a tendência das palavras finais e dos versos a que estas pertencem para "descer". Quando se trata de versos inteiros, não há exceções: o par A 1-2 desce para C 3-4 (quadra) e para D 5-6 (sexteto); o par C 1-2 desce para D 3-4. Quanto ao par D 1-2, do primeiro verso, desce para E 3 somente a palavra final, ao passo que o segundo verso desce com poucas modificações para E 4. Mas é sintomático, em compensação, o comportamento da palavra final *lá*, que de A 4 sobe para C 2, e de D 4 para E 2, enquanto, ao descer de C 2 a D 4 é acompanhada por todo o verso. Comportamento esse que será preciso estudar em relação com a troca entre *cá* e *lá* na 2.ª e 4.ª posição de D e E (cp. 4.3.).

2.2. A voluntária angústia do horizonte lexical do poema pode ser apreendida, à parte a repetição de frases inteiras, através da freqüência com que se repetem as palavras singulares. Esta pode ser sintetizada no seguinte diagrama, em que a linha contínua corresponde à porcentagem de palavras novas empregadas em cada estrofe, ao passo que a linha pontilhada corresponde à porcentagem de palavras que, sendo empregadas numa estrofe, reaparecem também na(s) estrofe(s)[12]. A primeira

(12) Levo em conta todas as palavras, inclusive os artigos e distinguindo singulares e plurais, masculinos e femininos: qualquer discriminação seria, de toda maneira, sujeita às mais diferentes opiniões. Palavras empregadas em A: *Minha terra tem palmeiras onde canta o Sabiá as aves que aqui gorjeiam não como lá* (16, igual a 100%, uma vez que a estrofe é inicial). Palavras que reaparecem nas outras estrofes: *Minha terra tem palmeiras onde canta o Sabiá as que não lá* (12, igual a 75%). Palavras empregadas em B: *Nosso céu tem mais estrêlas nossas várzeas flôres nossos bosques vida nossa amôres* (num total de 13). São novas: *Nosso céu mais estrêlas nossas*

153

linha dá-nos a medida da inovação; a segunda, a da irradiação (sempre em relação à composição).

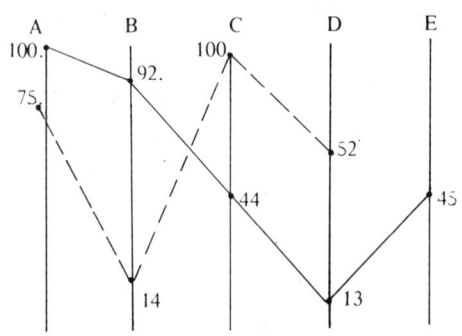

```
A        B        C        D        E
100      100
    92.
75
                          52
              44                     45

         14            13
```

Seguindo a linha da inovação, na qual a primeira estrofe dá naturalmente a porcentagem de 100%, observa-se que a porcentagem permanece num nível bastante elevado (92%) em B, estrofe que portanto absorve muito pouco de A (ou seja, *tem*), ao passo que desce, como é natural, nas estrofes seguintes, que utilizam cada vez mais os materiais das anteriores: típico, portanto, o salto de E, que sobe de uma porcentagem de 13% para uma de 45%, ou seja, inova em relação a quase metade das palavras.

Além disso, quanto à linha de irradiação, observa-se que ela é alta em A e altíssima em C (dado tanto mais significativo, porquanto há quatro estrofes depois de A e duas apenas depois de C); e se é natural que ela desça em D, seguida por uma só estrofe, é muito menos natural que ela seja tão baixa em B (14%), seguida de três estrofes. Num exame comparativo, a estrofe B e a estrofe E revelam-se, relativamente à posição, as mais inovadoras; a estrofe A e a estrofe C, as de maior irradiação; a estrofe B, a de menor irradiação. Daí a impressão de que B e E são as estrofes menos sujeitas à técnica repetitiva da composição. Essa impressão será confirmada inclusive pelas análises sintática e semântica (3.1.; 4.3.; 4.5.).

*várzeas flôres nossos bosques vida amôres* (total 12, igual a 92%). Retornam nas outras estrofes, *tem mais* (total 2, igual a 15%). Palavras empregadas em C: *Em cismar sòzinho à noite mais prazer encontro eu lá minha terra tem palmeiras onde canta o Sabiá* (total 18). São novas: *Em cismar sòzinho à noite prazer encontro eu* (total 8, correspondente a 44%). Reaparecem nas outras estrofes todas as 18 palavras (100%). Palavras empregadas em D: *Minha terra tem primores que tais não encontro eu cá em cismar sòzinho à noite mais prazer lá palmeiras onde canta o Sabiá* (total 23). São novas: *primores tais cá* (total 3, correspondente a 13%). Retornam na estrofe seguinte: *primores que não encontro eu cá lá palmeiras onde canta o Sabiá* (total 12, igual a 52%). Palavras empregadas em E: *não permita Deus que eu morra sem volte para lá desfrute os primores encontro por cá inda aviste as palmeiras onde canta o Sabiá* (total 24). São novas: *permita Deus morra sem volte para desfrute os por inda aviste* (total 11, igual a 45%).

3.1. As quatro primeiras estrofes da lírica (A-D) constituem, através da repetição ou variação de elementos ou conceitos já expressos, uma comparação entre a terra natal, saudosa e pranteada, e a terra em que o poeta se encontra como num exílio. Meios para realizar a comparação são: os quantitativos *mais* e *não... como* e os advérbios de lugar *lá / cá, aqui*. Não levo em conta, por enquanto, os possessivos de primeira pessoa, já que — por motivos de que falaremos mais tarde — nunca "dele" se opõe a "deles"; num caso apenas (D 1-2) *minha* está em correlação com *cá*; mas a posição em rima e a complementaridade dos versos D 2 e D 4 polarizam o *cá* no sentido de opor-se antes ao *lá* de D 4.

Mesmo num teclado tão reduzido, G.D. realiza uma certa *variatio:*

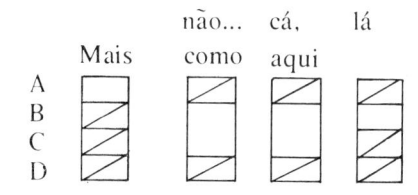

|   | Mais | não... como | cá, aqui | lá |
|---|---|---|---|---|
| A | ⊠ | ⊠ | ⊠ | ⊠ |
| B | ⊠ |   |   |   |
| C | ⊠ |   |   | ⊠ |
| D | ⊠ | ⊠ | ⊠ | ⊠ |

Ou seja, enquanto A e D apresentam quer os quantitativos, quer o par opositivo dos advérbios de lugar (com a diferença de que, para os quantitativos, D utiliza *mais* e *não ... como*, e A utiliza apenas *mais*), B emprega o quantitativo *mais* sem advérbios de lugar, C emprega o quantitativo e um só dos advérbios: *lá*.

Naturalmente, as casas de B e C podem ficar vazias somente em virtude de se prolongarem nas duas estrofes explicitações completas da comparação realizada em A: estas são tais que preestabelecem, indicando-lhe os extremos, a variedade de realizações das estrofes sucessivas.

Com efeito, A compõe-se de dois períodos, o primeiro meramente assertivo, o segundo, comparativo. A conexão entre os dois períodos, que retrosemantiza em sentido comparativo o primeiro deles, é atualizada graças a dois processos: a) uma passagem indivíduo-classe (*Sabiá* → *aves*), onde as *aves* de *aqui* cantam menos bem que as de *lá*, de *minha terra*, pois falta, entre elas, o *Sabiá*; b) um paralelismo: \*o sabiá canta:\*as aves gorjeiam.

Em toda a composição, verificam-se diferentes graus de realização comparativa em períodos paralelísticos ligados verticalmente pela existência de classes contendo os respectivos sujeitos e objetos dos períodos[13]. Com efeito, são nada menos que 8, dos 24 do poema, os versos que se inserem num único e amplo paralelismo[14]:

| Minha terra | | palmeiras A 1, C 3, D 5 |
| Nosso céu, | | estrêlas B 1 |
| Nossas várzeas | tem | flôres B 2 |
| Nossos bosques | | vida B 3 |
| Nossa vida | | amôres B 4 |
| Minha terra | | primores D 1 |

É precisamente a última dessas recorrências (cabe apenas lembrar, mas aqui não é relevante, o fato de que, em B 4, *tem* está subentendido) que fecha numa unidade de conjunto todas as precedentes:

| Minha terra | tem | primores |
|---|---|---|
| Nosso céu, nossa vida, nossas várzeas, nossos bosques | | palmeiras, estrêlas amôres, flôres, vida |

A função-piloto do verso D 1 é evidenciada graças a meios estruturais. Enquanto a *Minha terra tem palmeiras* se atribui uma dominância rítmico-obsessiva (o verso repete-se três vezes sem alterações), *Minha terra tem primores* inicia, simetricamente a *Minha terra tem palmeiras*, a segunda parte do poema; além disso, os dois versos encontram-se, juntos numa relação de complementaridade, na estrofe D (5 e 1). *Palmeiras* e *primores*, precisamente através da similaridade consonântica, aí estão para indicar dois extremos: o preciso e concreto em face do geral e abstrato.

Os desenvolvimentos do poema são promovidos precisamente pela posição diferente, nos encadeamentos dos sujeitos e dos objetos, de substantivos genéricos ou abstratos, e precisos ou concretos. Em A, observa-se a aproximação de um sujeito genérico e abstrato (*terra* "pátria") de um objeto preciso e concreto (*palmeiras*), antonomásia da flora brasileira; em B, uma série de sujeitos concretos (*céu, várzeas*) com objetos concretos (*estrêlas, flôres*), depois um sujeito concreto (*bosques*) com objeto

---

(13) A. BUARQUE DE HOLLANDA, *op. cit.*, p. 27, observa que as comparações da *Canção* são mais freqüentemente implícitas do que explícitas.

(14) Conforme assinala a nota 4, *tem* é, na grafia de G. D., quer singular, quer plural. Resta, naturalmente, a diferença de pronúncia.

genérico (*vida*), por fim um sujeito genérico (*vida*) com objeto genérico (*amôres*); nas estrofes D e E uma alternância calculada do genérico *primores* D 1, E 3, com o concreto *palmeiras* D 5, E 5, onde em D precede sempre a fórmula *Minha terra tem*, ao passo que em E há renovação de fórmulas (cp. 4.5.).

Mas enquanto *Minha terra tem palmeiras* é meramente assertivo, todas as proposições que constituem B comportam *tem* expresso ou subentendido, seguido por um *mais* sem o segundo termo de comparação: este só pode ser considerado implícito graças à explicação da comparação entre *aqui* e *lá* em A 3-4. Em outras palavras, o momento assertivo e o comparativo, separados em A, são levados em B a um grau de fusão tal, a ponto de admitir até mesmo uma elipse parcial.

Em D retoma-se, numa forma diferente, o uso de *mais* sem termo de comparação; há somente o advérbio *lá*, explicitado imediatamente por *Minha terra* no verso seguinte. A comparação com *aqui* é sempre implicada pelo *aqui* de A 3:

           Mais prazer encontro eu lá    C 2.
Mas aí tem início outra série de paralelismos:
           Mais prazer encontro eu lá    C 2
  (primores) Que tais não encontro eu cá  D 2
           Mais prazer encontro eu lá    D 4
  (primores) Que não encontro por cá    E 4.

Ao passo que se mantém inalterado o verbo *encontro* (*eu*), temos em dois casos uma proposição principal com objeto *prazer* e localização *lá*, em dois casos uma proposição relativa em que *encontro* é precedido por *não*. Podendo a relativa ser transformada, com base na gramática gerativa, numa frase nuclear (\**não encontro (tais) primores (por) cá*, e sendo evidentemente secundária, ao menos nesta fase, a presença ou ausência de *tais* e de *por*, à frente de *cá*, os versos paralelos reduzem-se a dois tipos quase eqüipolentes:

      I) Mais prazer encontro eu lá
     II) não encontro (tais) primores eu (por) cá,

onde a linha que une *prazer* e *primores* tem como direções o subjetivo e o objetivo, ao passo que a linha que une *mais* e *não (tais)* tem como direções o relativo e o absoluto. Logo:

I) relativo ⟶ subjetivo
II) absoluto ⟶ objetivo

Neste ponto, fica claro o motivo pelo qual a estrofe D contém o mais rico repertório dos processos: ela sintetiza todos os que já foram precedentemente utilizados: a oposição *cá-lá*, mais o possessivo *minha*, para a comparação, realizada quer em forma relativa *(mais)*, quer em forma absoluta *(tais não)*, entre os extremos do preciso e concreto *palmeiras* e do genérico e abstrato *primores*. Guardemos ao contrário, para aprofundá-la a seguir, a observação de que D participa do paralelismo somente com uma frase absoluta e objetiva *(Que não encontro por cá)*.

3.2. A estrofe E dá uma forte contribuição à série de paralelismos do poema: metade de seus versos são construídos, com efeito, de maneira idêntica:

Sem que eu volte para lá 2
Sem que desfrute os primores 3
Sem qu'inda aviste as palmeiras 5.

Contudo, à diferença dos outros versos paralelos, estes não podem ser agrupados num conjunto estático, pois indicam ações necessariamente sucessivas: *volte* não implica *desfrute* e *aviste*, mas constitui a premissa necessária destes no plano referencial.

A heterogeneidade de *volte* de um lado, e *desfrute* e *aviste* de outro, é sublinhada por um fato também sintático: o segundo e o terceiro versos, à diferença do primeiro, são completados por proposições relativas, também heterogêneas, como resulta com especial evidência de sua transformação em frases nucleares:

*não encontro por cá os primores
*o Sabiá canta nas (sobre as) palmeiras.

4.1. Chegou o momento de reintegrar os resultados da análise na leitura do poema. Mas será preciso insistir inicialmente num dado que nem sempre é levado na devida conta: a necessidade de considerar como parte integrante da composição também o título e a epígrafe.

O início *ex abrupto* do poema tem sua chave no fato de poder ser lido como uma espécie de resposta aos versos goethianos: — Kennst du das Land...? — Minha terra tem palmeiras ... Por outro lado, a diferença de situação (cp. 0.2.) — no primeiro caso um convite para um país sonhado, a Itália, que não é nem a pátria nem a residência do destinatário da pergunta, no segundo a saudade da pátria longínqua, o Brasil, por parte do poeta que reside momentaneamente em Portugal (a *canção* é datada: Coimbra — julho de 1843) — já está anunciada no título. Com efeito, o título sintetiza a situação de expatriado de G.D., com uma exageração (G.D. não se acha desterrado, mas foi a Portugal, em 1838, para realizar estudos, ainda que em situação precária pela subseqüente morte do pai e por ter-lhe sido negado ajuda econômica pela madrasta Adelaide) que torna mais justificável o desespero e a saudade.

4.2. Com base na posição do poeta em face da matéria, reconhecem-se três momentos principais: o enunciativo (estrofes A, B), onde os verbos são sempre verbos na 3.ª pessoa do singular ou do plural; o subjetivo (estrofes C, D), onde aparecem, seguidos pelo pronome *eu*, verbos de conteúdo estático na 1.ª pessoa do singular (sempre *encontro* C 2, D 2, D 4) e onde sobressai um adjetivo, o único da *canção* [15] qualificando uma situação sentimental (*Sòzinho*, C 1, D 3); e o desiderativo (estrofe E), em que aparecem um "adjuvante", *Deus* (E 1) que, através do subjuntivo-imperativo *permita* (E 1) pode provocar movimentos [16] e ações do poeta, isto é, da primeira pessoa *eu* (E 2), sempre no subjuntivo (*volte* 2, *desfrute* 3 *aviste* 5).

4.3. O início do poema é apodítico: os dois primeiros versos em razão precisamente desse seu caráter apodítico tornar-se-ão, nas demais estrofes, uma espécie de refrão quase obsessivo, e ao mesmo tempo uma sigla do país lembrado com saudade, com a citação antonomástica de árvores (*palmeiras*) e de uma ave (*Sabiá*) típicos, e com

---

(15) Como observa A. BUARQUE DE HOLLANDA, *op. cit.*, p. 26, acrescentando que *sòzinho* é desprovido de "essência pictural", p. 28. Essa ausência quase total de adjetivos é tanto mais significativa se se levar em conta que G. D., habitualmente, tem uma adjetivação muito rica: embora através de estatísticas provisórias, O. Moacyr GARCIA, *Luz e fogo no lirismo de Gonçalves Dias*, Rio de Janeiro, 1956, p. 23, atribui-lhe uma porcentagem de adjetivos de 18% (maior que a da lírica contemporânea, de 15%).

(16) Seja como for, o único verdadeiro verbo de movimento é *voltar*: cp. J. G. MERQUIOR, *op. cit.*, p. 49.

uma vibração, que porém mal chega a esboçar-se, de alegria *(canta)*. Já assinalei (0.2.) que esses dois versos culminam no *Sabiá*, de que a *palmeira*, embora típica, não é senão um suporte. Deve-se também precisar que o *Sabiá* se distingue precisamente pelo canto, e não pela aparência, que é pouco vistosa: por isso, *canta* não foi posto aqui para indicar vagamente a atividade mais perceptível da ave, mas seu traço diferencial e enobrecedor[17].

Os dois outros versos da estrofe A têm funções reciprocamente conexas: refletir nos dois primeiros versos um valor comparativo e atualizar, por meio de uma evocação do que está próximo, o que se afirma daquilo que está longe.

A comparação acha-se, autônoma, nos vv. 3-4: reflete-se nos precedentes através das evocações *canta* 2: *gorjeiam* 3, *gorjeiam* 4 = *Sabiá* 2: *aves* 3. É em conseqüência disso que a oposição *aqui - lá* se completa em *aqui-lá (Minha terra)*. O verso "onde canta o *Sabiá*", que se tornará descritivo nas outras estrofes, aqui, com o reforço dos dois *gorjeiam*, assume uma evidente sonoridade; assim, *as aves* são como o *Sabiá* (prescindindo do poeta e de Deus), os dois únicos seres animados que aparecem no poema[18]. Mas trata-se, de qualquer maneira, de uma sonoridade apenas mental: o presente *gorjeiam* é tão durativo — isto é, não-momentâneo — como *canta;* a diferença é que o primeiro verbo se refere à terra "de exílio", e por isso pode ser experimentado, o segundo é relegado para distâncias inalcançáveis. A passagem das definições mentais para as sensíveis é assinalada metricamente[19] pela prosódia do v. 3, com acentos na 2ª e na 5ª.

A estrofe B é constituída por quatro versos perfeitamente paralelísticos e por sua vez paralelos em relação a A 1 (cp. 3.1.). Com efeito, os quatro versos integram e explicitam a afirmação de A 1, acrescentando-lhe apenas

---

(17) Cp. R. C. B. AVE LALLEMANT, em "O Sabiá cantando" em L. da CAMÂRA CASCUDO, *Antologia do folclore brasileiro*, São Paulo, 1971, pp. 130-31, onde se diz que o Sabiá "é uma espécie de melro" e se dá uma transcrição musical de sua melodia. Sobre a "pré-história" do Sabiá na literatura brasileira, e especialmente sobre a página a ele dedicada por Antônio do Rosário (séc. XVII), cp. H. LOPES em "Supl. Literário 'Minas Gerais'", 6 dez. 1969.

(18) A. BUARQUE DE HOLLANDA, *op. cit.*, p. 31, sublinhando que *aves*, no plural, é genérico, chega a dizer que o Sabiá é o único ser vivo representado na *Canção*. Sobre o v. 3 (e sobre B 2), cp. "Adeus" (*Poesia completa*, cit., p. 206): "Onde não crescem perfumadas flôres, Nem tenras aves seus gorjeios soltam".

(19) Sobre a escansão do v. 3 cp. J. G. MERQUIOR, *op. cit.*, p. 44, e sobre a de D 3 (cp. 4. 5.), p. 47.

o elemento comparativo, *mais*, cujo segundo termo de comparação pode ficar subentendido, uma vez que já foi revelado na estrofe A. É justamente por esse caráter integrante e explicitador que esta estrofe é a única que não contém o verso-matriz *Minha terra tem palmeiras* (sobre E, veja-se 4.5.).

Também esta estrofe tem caráter enunciativo, aparentemente confirmado pelo caráter um tanto genérico dos objetos: o céu, naturalmente com as estrelas[20], as várzeas, naturalmente com as flores, os bosques. E até aqui pareceria quase reproduzir-se a olhada ao redor, do modelo goethiano. Mas há em seguida uma repentina aceleração rítmica, marcada pela retomada estilística de *vida* e pela elipse de *tem*; e a aceleração evidencia-se também nas associações conceptuais. A *vida* é a dos freqüentadores dos *bosques*, mas de freqüentadores com precisos objetivos hedonísticos. G.D. visualiza jovens brasileiros que, nos *bosques*, vão namorar: o objeto da *vida* são os *amôres* que fecham a estrofe, emanando sugestões.[21]

Olhando de perto, o mesmo inclinar-se assimétrico é representado, nesta estrofe, pelo inacabamento do *mais*; e a anáfora em torno do possessivo *nosso* e a iteração de *mais* são, mais que os próprios substantivos, o ponto de apoio da enunciação. Explica-se assim o contraste entre a forte carga de inovação desta estrofe (2.2.) e sua natureza de apêndice explicativo: temos um desdobramento inusitado, no poema, de substantivos empregados somente aqui e de rimas isoladas (2.1.), mas esses substantivos são genéricos, e, em parte, heterogêneos. Trata-se, em substância, de um grande parêntese, que encontra coesão e eficácia sugestiva num pensamento subjacente: poucos objetos-símbolo bastam para mostrar que tudo o que há no Brasil é superior ao que há em Portugal. Era preciso reforçar pela insistência da anáfora[22] e dos paralelismos este pensamento único e dominante.

4.4. O verso inicial da terceira estrofe concentra todas as notas de caráter psicológico, que formam o núcleo das

---

(20) Cp. em 'Tristeza'' (*Poesia completa*, cit., p. 134): "em céu diverso/Luzem com luz diversa estrêlas d'ambos".
(21) Assinalo, por mera curiosidade, que um poema de G. D. se intitula "Minha vida e Meus Amôres" (*Poesia completa*, cit., p. 130).
(22) Sobre o emprego da anáfora na poesia de G. D., veja-se F. ACKERMANN, *A obra poética de A. G. D.*, trad. E. Schaden, São Paulo, 1964 (ed. orig. 1938), pp. 159-61.

estrofes ABCD. Fica aí dito que o poema é escrito — ou seja, deve imaginar-se escrito — de noite (*à noite*), isto é, em horas propícias ao galope desenfreado de pensamentos e melancolias (*em cismar*)[23], inclusive porque se absolutiza a solidão (*sòzinho*); o vetor da comparação *(mais)* com o país do poeta *(lá)* é agora mais direto, personalizado (*eu*) — ao passo que antes utilizava como simples substitutos os pronomes de 1ª pessoa *minha* e *nosso* —, movido por um verbo de relação *(encontro)* entre o sujeito e o objeto, que é um abstrato de grande capacidade (*prazer*), a tal ponto que constitui uma primeira síntese de todos os objetos indicados anteriormente (*palmeiras, estrêlas, flôres, vida, amôres*). Em suma, por um eficaz *hysteron proteron*, temos antes as considerações do poeta (AB), depois a situação em que elas foram formuladas: *as considerações adquirem "a posteriori" um valor de exclamações*. *Mais* está, de novo, sem termo de comparação; mas, em B 1 — 4 ele era, de certo modo, objetivado pela oposição *aqui-lá;* agora, o *lá,* que é preparado pela série de *Nosso, -a, -os, -as* e novamente atualizado pelo refrão *Minha terra...*, opõe-se a um "aqui" representado globalmente pela mágoa noturna e solitária do poeta exilado. O tom mais pessoal (para exprimir uma angústia íntima pessoal) é indicado de maneira feliz também pela escolha lexical: *cismar* e *sòzinho* estão num nível mais familiar e humilde que as outras palavras empregadas no poema, antes e depois.

Encerram a estrofe C, com simetria perfeita, os mesmos dois versos que iniciam A. Eles não tem mais o valor informativo inerente à sua natureza de afirmação inicial. À perda desse valor corresponde um incremento afetivo: as *palmeiras* e o canto do *Sabiá* são uma síntese simbólica do *prazer* que o poeta encontra em seu *cismar* solitário: a sucessão de *lá* e *minha terra* representa com precisão uma tensão do desejo. Mas é mais importante, de qualquer modo, o início musical: repetidos em fim de estrofe, os dois versos, já conhecidos do leitor (do ouvinte), assumem uma função de refrão, revelam-se uma constante temática, rítmica e sentimental, e preparam para retomadas posteriores, que se verificam pontualmente: em suma, um emblema musical. Com efeito, chegou o

---

[23] É uma das constantes da poesia de G. D.: "a paisagem noturna e o entardecer lhe provocam sentimentos de tristeza compassiva mas não desesperada", O. Moacyr GARCIA, *op. cit.*, p. 48.

momento de revelar que o *Sabiá* é, na lírica, o único elemento que caracteriza o Brasil de maneira absoluta; nos outros casos (do *céu*, das *várzeas*, dos *bosques*, da *vida*, do *prazer*, dos *primores*) o Brasil é caracterizado apenas comparativamente (*mais; tais não).* Os versos do Sabiá não dominam pois somente pelo número, mas ainda por um forte peso simbólico, toda a *Canção.*

Repetindo as mesmas três primeiras palavras do "refrão" *(Minha terra tem),* mas substituindo as *palmeiras* pelos *primores,* o verso inicial de D marca um afastamento do que precede: ou seja, de um lado uma mudança de orientação no andamento paralelístico (mal se instituiu como refrão o verso *Minha terra tem palmeiras,* seu início serve agora para encaminhar, e com diferente perspectiva, uma nova estrofe), de outro um incremento da informação. Antes de mais nada, *primores* compreende, num conjunto ainda mais vasto, a classe já definida por *prazer, palmeiras, estrêlas, flôres, vida, amôres;* além disso, se o *prazer* em C era individualizado em sua presença *lá,* em *Minha terra,* de modo que *encontrar* era o resultado de uma ação de lembrança, agora os *primores* são individualizados em sua não-presença *cá: encontrar,* precedido pela negação, indica uma ação frustrada; com um correlato icônico nos acentos sobre a 2ª e a 5ª, que somente o verso A 3 tem, com função icônica quase idêntica (cp. 4.2).

Todo o resto da estrofe é constituído pela repetição integral da estrofe C: quase para constituir um mais amplo refrão de quatro versos. Contudo, os vv. 3-4 acabam por integrar os vv. 1-2, fornecendo a *cá* seu correlato *lá,* colocando em seguida à enunciação de ausência dos versos de *cá (não encontro)* a enunciação da presença dos versos de *lá (encontro);* e, enfim, desenvolvendo toda a gama dos meios de comparação empregados nas estrofes ABC (cp. 3.1.). Em outras palavras, a estrofe D oferece o desenvolvimento mais completo dos pensamentos expressos anteriormente de modo parcial: presença no Brasil de perfeições que faltam em Portugal; meditação do poeta e sua tensão para o *prazer* de que é dotada, em sua recordação, a *pátria;* imagem antonomástica das *palmeiras* e do *Sabiá.*

Este desenvolvimento é baseado na enfatização dos elementos sentimentais, segundo um *clímax* que já foi sentido na estrofe anterior. Os dois primeiros versos de D são enunciativos, com localização real (*cá)*; os vv. 3-4 englobam o *cismar* noturno do poeta, e têm localização mental, mnemônica *(lá)*; por fim, o *lá* concretiza-se na imagem obsessiva das *palmeiras*, no canto solitário e intenso do *Sabiá*. Duas observações não me parecem negligenciáveis. Primeiramente: *primores*, abstratamente positivo, opõe-se desde os versos de *cá* a *prazer*, subjetivamente positivo, nos versos de *lá*; as duas palavras têm grupo consonântico idêntico: *pr*[24]. Além disso, o predicativo do sujeito e o adjunto adverbial *(sòzinho, à noite)*, que em C 1 eram separados do contexto próximo somente por meio de vírgulas, são agora isolados e postos em evidência por meio de travessões, certamente para sugerir maior demora e maior vibração na leitura[25].

4.5. É totalmente diferente, como já ocorrera para outros elementos (cp. 1.3.; 2.2.), a orientação da estrofe E. Desde o início ela toma um andamento deprecativo, expresso pelo *Não permita*, seguido pelo "adjuvante" *Deus*. Deste *Não permita* depende, inclusive sintaticamente, toda a estrofe, constituída por um só período complexo: a principal *Não permita Deus*, a subordinada de 1º grau *que eu morra*, as subordinadas de 2º grau *Sem que eu volte... Sem que desfrute..., Sem qu'inda aviste*, as subordinadas relativas de 3º grau *Que não encontro... Onde canta...* A forma deprecativa é a transformação eficaz de uma substância desiderativa expressa por meio de negações de negações (cp. 1.3.), onde *morra* introduz um novo elemento patético, com o mesmo exagero que apresenta a viagem de estudos como um exílio (cp. 4.1)[26]. Esse modo de exprimir negativamente um conteúdo afirmativo repete a definição *e negativo* do Brasil através dos *primores* que *não* há em Portugal.

A oposição *cá - lá* é agora, sintomaticamente, invertida. Em direção ao *lá*, o poeta aparece já orientado graças ao significado e ao modo subjuntivo de *volte; cá* serve para constatar uma última vez a ausência dos *primores* brasileiros, para os quais tende G.D., como

---

(24) Observa-o A. BUARQUE DE HOLLANDA, *op. cit.*, p. 30.
(25) Acerca da forte carga patética atribuída por G. D. ao adjetivo *sòzinho*, cp. sua carta de Caxias de 1845 (*Poesia completa*, cit., p. 799): "Sòzinho em terra que, apesar de minha, eu posso chamar estranha", etc., e AIRES DA MATA MACHADO, *Crítica de Estilos*, Rio de Janeiro, 1956, p. 26.
(26) Estrutura bastante semelhante tem o início de "Desejo" (*Poesia completa*, cit., p. 125): "Ah! *que eu não morra* sem provar, ao menos / Sequer por um instante, nesta vida / Amor igual ao meu! / *Dá*, Senhor Deus, que eu sobre a terra encontre/ Um anjo, uma mulher", etc.

antes por meio de *volte*, mediante um outro subjuntivo, *desfrute*. A inversão relaciona-se, pois, com a insistência em verbos de forte participação pessoal (*volte, desfrute, aviste*), verbos que vieram à tona agora, quando, ao menos no desejo, toma vulto o triunfo da separação e do afastamento. A intensidade do desejo é representada iconicamente pelo paralelismo com anáfora (*Sem que..., Sem que..., Sem que...*). E não é negligenciável a precisão "realística" do verbo *avistar*: G.D. visualiza-se já num navio, do qual avistará sua terra coberta de palmeiras.

A estrofe retoma, portanto, na apresentação e na orientação, elementos já expressos nas estrofes anteriores: típica a conservação de cinco palavras-rima das seis de D e E, mas como troca de posição (cp. 1.2. e 2.1.). Os pontos em que este processo obtém o maior efeito são os vv. 3-4 e 5-6. Em 5-6 rompe-se a frase-refrão *Minha terra tem palmeiras, Onde canta o Sabiá*, repetida três vezes igual, e insere-se seu segmento mais denso *(palmeiras... Sabiá)* no interior do período que constitui a estrofe. Ademais, o confronto entre os dois segmentos concorrentes:

> Minha terra tem
> Sem qu'inda aviste,

evidencia a passagem de uma descrição, que se tornou em seguida motivo recorrente e musical, para uma experiência a realizar, já antecipada no desejo.

Nos vv. 3-4 verifica-se um fenômeno bastante semelhante: aqui também se mantém, dos vv. D 1-2, o objeto (*primores*) e a subordinada relativa só levemente modificada (*tais não... eu-não... por*), substituindo-se, ao contrário, o início do primeiro verso, e com resultados idênticos:

> Minha terra tem
> Sem que desfrute,

No entanto, a surpresa é aqui menos forte no plano verbal, porque o par D 1-2 não reaparece outras vezes (neste sentido obtém-se, pois, um efeito de potenciamento através do uso do mesmo processo em 3-4 e 5-6); ao contrário, a surpresa é notável no plano semântico, dado que E 3-4 inserem na sintaxe e no léxico desiderativos a afirmação de D 1-2.

Os vv. 3-6 constituem, portanto, uma novidade no tecido de iterações verbais da lírica. A novidade é inclusive rítmica. Os vv. 3-5 são os únicos que têm acentos na 4ª e 7ª; além disso, 3 e 5, com terminação paroxítona, envolvem 4, de acentuação oxítona. Essa modificação e refreamento do ritmo coincide com os versos em que se saboreiam por antecipação, através de imagens privilegiadas, as experiências do exilado de retorno à pátria. O círculo fechou-se, o *Sabiá* heráldico dos dois primeiros versos descritivo-exclamativos é, agora, nos últimos dois versos, o *Sabiá* vivo, cujo canto chegará a G.D. tão logo este tenha revisto as *palmeiras* de sua terra.

5.1. Não cabe no quadro deste ensaio, nem nos limites de espaço, uma olhada no prestígio crítico da *Canção* que foi, como se sabe imenso. Imitada ou ecoada inúmeras vezes [27] parodiada, especialmente pelos Modernistas (mas isto também é uma prova de prestígio, o sinal de uma vitalidade que pode irritar), estudada de cor nas escolas, ela entrou até no hino nacional brasileiro[28]

Investigar os motivos desse prestígio e esboçar um juízo de valor são programas onde se podem alegar, ao menos parcialmente, os mesmos argumentos críticos. A celebridade deve ter provindo sobretudo da facilidade e da musicalidade deste pequeno hino ao Brasil, tornado patético pela perspectiva do "exílio". A facilidade é dos meios lingüísticos: um léxico magro e quase sem adjetivos, onde toda palavra pode tornar-se emblema ou símbolo; uma sintaxe elementar, com períodos que não superam o comprimento de duas redondilhas salvo na última estrofe. A musicalidade é a das redondilhas, com acentos variados apenas poucas vezes, a da repetição das mesmas palavras em rima, do motivo-refrão retomado

---

(27) Lembre-se ao menos a auto-imitação de G. D. na lírica de sintomático título "Minha terra" *(Poesia completa,* cit., pp. 656-57), escrita em Paris, em 1864, notando-se: "Sob um céu menos querido", "em tristes sertões de inverno", "Meu este sol que me aclara, / Minha esta brisa, êstes céus: Estas praias, bosques, fontes , mais os amo quando volte", etc. Entre os modernos, podem-se enumerar Manuel Bandeira, Juó Bananére, Oswald de Andrade, Guilherme de Almeida, Murilo Mendes, Carlos Drummond de Andrade, Ribeiro Couto, Cassiano Ricardo, Mário Quintana, Vinícius de Morais, A. C. Jobim e Chico Buarque de Hollanda. Cp. também AIRES DA MATA MACHADO. *op. cit.*

(28) A letra, do parnasiano, J. Osório Duque Estrada (1870-1927), adapta-se à música composta por Francisco Manuel da Silva para a aclamação (1831) de Dom Pedro II, e aceita como hino da República em 1890. O texto de Duque Estrada, vencedor de um concurso nacional, tornou-se oficial em 1922. Leia-se especialmente a estrofe "Do que a terra mais garrida / Teus risonhos, lindos *campos têm mais flôres;* / *'Nossos bosques têm mais vida', 'nossa vida'* no *teu seio 'mais amores* . A "Canção do exílio" volta a ecoar no Hino das Forças Expedicionárias Brasileiras na Segunda Guerra Mundial, de Alberto de Oliveira.

várias vezes, e quiçá integrado com outros acenos de refrão. Um texto memorizável por excelência.

Deve-se acrescentar, além disso, um elemento de caráter histórico-cultural. A lírica é uma concentração daquele *ufanismo*, que constitui uma constante da literatura brasileira: não um vago nacionalismo, mas o confronto com a mãe-pátria lingüística, Portugal, na tentativa de contrapor às suas glórias e às suas tradições as belezas naturais, a fertilidade luxuriante, as dimensões imponentes do Brasil. G.D., em poucas pinceladas seguras, deu expressão a este sentimento, pondo-o numa perspectiva que, para além de toda discussão ou dúvida secreta, o torna incontestável e vibrante: a do *Heimweh*, do *mal du pays*, da *saudade*. E pode-se dizer que ele satisfez, talvez até mesmo de propósito (como observa D. Salles)[29], uma instância já expressa várias vezes antes dele pelo português Almeida Garrett, que censurava os brasileiros por não terem ainda cantado o que é próprio de sua terra:

> Se houvesse por minha parte de lhe (a Tomas Antonio Gonzaga) fazer alguma censura, só me queixaria, não do que fez, mas do que deixou de fazer. Explico-me: quizera eu que em vez de nos debuxar no Brasil scenas da arcadia, quadros inteiramente europeus, pintasse os seus paineis com as côres do paiz onde os situou. Oh! e quanto não perdeu a poesia nesse fatal êrro! se essa amavel, se essa ingenua Marilia fosse, como a Virginia de Saint-Pierre, sentar-se *à sombra das palmeiras*, e enquanto lhe revoavam em torno o cardeal soberbo com a purpura dos reis, o *sabiá terno e melodioso*, etc.[30].

E pelo brasileiro Gonçalves de Magalhães:

> A poesia do Brasil não é uma indígena civilizada, é uma Grega à Francesa e à Portuguesa, e climatizada no Brasil, é uma virgem do Hélicon que, *sentada à sombra das palmeiras* da América toma por um rouxinol o *sabiá que gorjeia* entre os ramos da laranjeira[31]

A celebridade da *Canção do exílio* nasce, portanto, antes mesmo que ela seja escrita: o que, evidentemente, não põe absolutamente em dúvida os impulsos de caráter pessoal e o valor subjetivo da lírica, voz e não celebração da saudade.[32]

---

(29) *Art. cit.*
(30) *Obras completas* de Almeida Garrett, por Th. Braga, II, Lisboa, 1904, p. 357.
(31) GONÇALVES DE MAGALHÃES, D. Ensaio sobre a literatura no Brasil. *Niterói*, 1 (os grifos são nossos).
(32) Exprime esta exigência, em polêmica com os artigos de Salles no "Supl. Literário Minas Gerais'" 11 out. 1969 e 6 jun. 1970· G. Merquior, em "Supl. Literário 'Minas Gerais'", 4 abr. 1970 e 12 set. 1970.

Os críticos já indicaram como esta composição tão simples soube tocar as cordas da emoção. Aurélio Buarque de Hollanda observa que os substantivos empregados são "sêres e coisas da natureza, na maioria, ou abstrações: elementos que, assim despojados, nus, ganham fundo em intensidade; que se fazem valer melhor por si sós" (p. 28); Guilherme Merquior sublinha que os substantivos se enfileiram "nus e abstratos", potenciados expressivamente pelo sentimento da "saudade" (p. 43). A esse uso dos substantivos corresponde a ausência de qualificativos[33], que "valoriza de maneira singular os substantivos do poema, dando-lhes relêvo, dilatando-lhes a sugestão emocional" (Buarque de Hollanda, p. 26). E, naturalmente, foi sublinhada a importância dos versos recorrentes, que teriam algo de obsessivo (Merquior, p. 46 ), em relação com o próprio conteúdo do poema, uma "lembrança transformada em obsessão" (Merquior, p. 44).

Ao contrário, não se deu o devido realce ao mecanismo das retomadas de palavras e versos inteiros, como aqui se tentou fazer. Se, numa primeira aproximação, se pode falar de "refrãos", está claro contudo que, a rigor, não é de refrãos que se trata. Os versos recorrentes estão sempre inseridos nas estrofes, e sempre ligados a elas semanticamente. Embora com os limites de uma aproximação de artes heterônimas (mas afins), diria eu que o uso dos versos recorrentes na *canção* atualiza uma estrutura "em fuga". Os dois versos "Minha terra tem palmeiras, Onde canta o Sabiá" constituem a "exposição", desenvolvida a seguir em "divertimentos" que ficam contudo bem presos ao tema inicial; na última estrofe volta-se, com variações de tempo e de andamento, à "exposição", de modo a constituir um "final". Lembre-se que a "fuga" nasce do desenvolvimento do "ricercar"; e este poema de G.D. nada mais é que uma procura de todas as possibilidades evocativas implícitas nos dois versos iniciais.

A dignidade da *canção* reside talvez, em parte preponderante, nesta sua natureza de "fuga", mesmo porque os valores musicais são bem calculados, inclusive nas modificações de posição dos acentos nas redondilhas. A orquestração, impossível através da linearidade do dis-

---

(33) Exceto *sòzinho*, que qualifica em sentido subjetivo: cp. aqui mesmo 4. 4., e J. G. MERQUIOR, *arts. cits.*

curso verbal está contudo de algum modo presente através da superposição de estruturas transestróficas diversas. Isto é verificado no conjunto do poema, onde é possível agrupar as estrofes segundo blocos ABC; DE, mas também segundo blocos AB; CD; E; e verifica-se também no segundo bloco onde, atrás dos sextetos D E, se podem entrever possíveis quadras *D *E *F. Esses tipos de estruturas superpostas resultam, obviamente, da freqüente retomada de versos, que permite diferentes cortes conforme se queira considerar mais significativas estas ou aquelas similaridades. Para o leitor, porém, os agrupamentos "possíveis", que aparecem em transparência atrás da geometria da divisão estrófica, instituem um jogo de persistências e interrupções, interrupções e persistências do tecido mnemônico, que imita sabiamente a abertura e o imediato esgotamento de desenvolvimentos discursivos que partem da unidade obsessiva e exclusiva de um sentimento, a saudade, e da imagem em que inicialmente e definitivamente se concretizou.

## SISTEMA E ESTRUTURAS NAS "SOLEDADES" DE A. MACHADO

0.1. Nos ensaios críticos de inspiração estruturalista dedicados a coletâneas de textos que podem ser considerados quer autônomos, quer partes de um todo (um cancioneiro, um livro de contos, etc.), a área tomada para objeto de estudo, e portanto tratada *a priori* como uma estrutura ou um sistema, é fixada, no mais das vezes, segundo dois parâmetros. Com base no primeiro, temos críticos (estruturalistas) que examinam cada composição em sua individualidade autônoma, e portanto como estrutura acabada e autônoma; adotando o segundo parâmetro, os críticos consideram como sistema toda a coletânea a que a composição pertence[1]. *Grosso modo*, pode-se dizer que os primeiros privilegiam com sua atenção as relações sintagmáticas (em sentido lato, fixando como margens a primeira e a última palavra da composição), os segundos, as relações paradigmáticas: uns privilegiam as estruturas, os outros, o sistema. Isso não exclui que os primeiros possam recorrer a confrontos, mesmo intensos[2] com trechos ou composições diferentes do mesmo autor — considerados neste caso como materiais, mais do que como estruturas —, e que os outros possam, embora saltuariamente, levar em conta os ajustamentos particulares (sintagmáticos) do sistema dado.

Resta, portanto, uma certa heterogeneidade entre os elementos recolhidos numa perspectiva monocêntrica e os elementos próprios de uma perspectiva policêntrica: heterogeneidade essa que não é superável por uma eventual consideração da coletânea como *summa* harmonicamente ordenada e dosada de estruturas autônomas[3], porque entre a macroestrutura e as microestruturas não é certo que subsista uma relação de homologia. Como hipótese de trabalho, proporia eu integrar as microestruturas no sistema, *a)* seguindo o desenvolvimento genético deste, *b)* levando em conta as relações de integração e elucidação recíprocra das estruturas poéticas no interior do sistema observado em seu desenvolvimento.

É indubitável que as composições que nós vemos próximas uma da outra são o resultado de uma produção distribuída no tempo. Cada momento do desenvolvimento atestado pelas composições ou estruturas particulares aperfeiçoa e enriquece o sistema embora sem implicar as suas fases sucessivas. Às perspectivas monocêntrica e policêntrica poder-se-á, portanto, substituir um diagrama

---

(1) Estou pensando principalmente nas pesquisas de G. CONTINI, "Come lavorava l'Ariosto", em *Esercizî de Lettura*, Florença, 1947 , pp. 309-21; *Saggio d'un commento alle correzione del Petrarca volgare*, Florença, 1943; Implicazioni leopardiane, *Letteratura*, IX, n. 33, pp. 102-9, 1947. Os dois últimos também em *Varianti e altra linguistica*, Turim, 1971, pp. 5-31 e 41-52.

(2) O caso mais notável é o de D. S. AVALLE, "*Gli orecchini*" *di Montale*, cit, em que, além do mais se emprega otimamente o conceito de "conotação"

(3) Sobre as relações entre as líricas de um cancioneiro, veja-se a proposta de G. GENOT Strutture narrative della poesia lirica, *Paragone*, XVIII, n. 212, pp. 35-52, 1967: as líricas concatenar-se-iam entre si segundo um esquema que imita, mas com características próprias, o de uma narração. Consta-me que também J. C. Coquet apresentou no *Laboratoire d'anthropologie sociale* de Paris uma comunicação de título quase idêntico *(Les structures narratives en poésie)*. Uma pesquisa afim, sobre os cancioneiros franceses do século XVI, é a de J. ROUSSET, Les recueils de sonnets sont-ils composés? In: *The French Renaissance and Its Heritage*. Ensaios apresentados para A. Boase, Londres, 1968, que, naturalmente, se baseia na função paradigmática do *Canzoniere* petrarquiano.

de traçado ascendente. O sistema global seria o resultado de um desenvolvimento constituído, em cada momento, pelo conjunto de suas fases, representadas pelos textos particulares, ou pelas estruturas particulares, cada uma das quais estaria implicitamente ligada às precedentes.

O esquema esboçado vale no caso de um autor que recolha seus escritos de um período sensivelmente amplo sem retocá-los. Sabe-se, ao contrário, que os escritores gostam de retornar sobre suas páginas, que tendem a conformar suas coletâneas com os ideais literários que sucessivamente elaboraram ou assimilaram. A dificuldade é só aparente. Se a matéria da Literatura é, em grande parte, a memória, o escritor poderá, talvez, realizar uma censura acerca de seu passado poético (descartando textos ou partes de textos), mas não poderá continuar a eliminá-lo em proveito de um presente que, a cada dia, deixa de sê-lo. Na prática — e qualquer um pode alegar quantidades de exemplos — a reelaboração é levada muito mais adiante sobre os aspectos formais de composições datadas ou datáveis, e como se entrevê mesmo quando a datação absoluta é difícil.

A tentativa realizada neste artigo apoiar-se-á, inclusive, nessa defasagem, num caso em que ela é verificável com boas probabilidades. Trata-se de levar adiante uma análise paralela, numa ordem até onde for possível cronológica, do que Hjelmslev chama a forma do conteúdo e a forma da expressão. Considerei como sistema do conteúdo os elementos simbólicos ou temáticos mínimos recorrentes em várias partes da coletânea; sistema da expressão é, naturalmente, o dos meios lingüísticos e estilísticos. Temos portanto, de início, um desenvolvimento paralelo da invenção conteudística e da invenção lingüística; num segundo tempo, uma parcial unificação dos aspectos lingüísticos e estilísticos, que porém não fere as estruturas dos conteúdos, mas tende, ao contrário, a torná-las mais funcionais.

Nessa pesquisa podem, portanto, integrar-se duas linhas diacrônicas distintas. Uma coincide com o desenvolvimento de uma constelação de símbolos estritamente ligados no sistema semiológico do poeta. A outra segue as reelaborações efetuadas, com um certo distanciamento temporal, sobre os poemas precedentemente compostos. Como as reelaborações são realizadas por ocasião de reimpressões sucessivas do cancioneiro, elas acabam por estratificar-se em linhas sincrônicas superpostas correspondentes aos vários níveis sucessivos do sistema semiológico e estilemático. Em outras palavras, consegue-se, dessa maneira, captar as constantes do desenvolvimento do sistema, seja quando este se realiza através do aperfeiçoamento de um texto já composto, seja quando ele se realiza através da criação sucessiva de textos de assunto afim[4].

Antes de entrar no vivo da análise cabe precisar, por mais que seja óbvio, que a distinção entre conteúdos e expressão é sobretudo de caráter prático: entre os materiais simbólicos e os significados a eles atribuídos, entre os elementos de sugestão e as interpretações propriamente ditas, entre tudo isso e a atualização formal, há uma complexa relação semiológica que se tentará trazer à luz; a utilidade do par conteúdo/expressão está portanto em indicar dois limites polares e teóricos de um jogo muito complexo de funções.

0.2. O *Retrato* que abre os *Campos de Castilla* de Machado[5] começa assim:

> Mi infancia son recuerdos de um patio de Sevilla,
> y un huerto claro donde madura el limonero (1-2):

e, sempre em *Campos de Castilla*, num poema datado de 1913 (CXXV, 11-24), lê-se:

> Tengo recuerdos de mi infancia, tengo
> imágenes de luz y de palmeras,
> . . . . . . . . . . . . . . . . . . . . . . . . . . . . . . .
> bajo un cielo de añil, plazas desiertas
> donde crecen naranjos encendidos
> con sus frutas redondas y bermejas;
> y en un huerto sombrío, el limonero
> de ramas polvorientas
> y pálidos limones amarillos.

---

(4) Escolhi como guia um grupo coerente de símbolos ligados a um tema: igualmente legítimo teria sido partir da substância do conteúdo, isto é, de sentimentos ou movimentos espirituais, seguindo sua atualização em símbolos e temas diferentes. O caminho adotado (que está para o outro na mesma relação que a semântica para a onomasiologia), além de ser mais concreto, permite seguir o paralelismo entre os símbolos e sua execução lingüística.

(5) Cito a partir de *Poesie* de Antonio Machado, ed. O. Macrí, Milão, 1969², que segue a edição de 1936 das *Poesias completas*. A numeração (romana) das líricas é a das *Poesías completas*, ao passo que os números romanos em itálico remetem aos poemas que saíram na primeira edição de *Soledades* (1903) e foram eliminadas na segunda (1907) e em todas as coletâneas sucessivas (elas são impressas por Macrí nas pp. 933 e ss.) Numero os versos das líricas segundo sua primeira edição que, salvo indicação contrária, tenho seguido após deduzi-la do rico aparelho crítico de Macrí (com exceção de *I*. cp. nota 9). Foi muito útil para mim a leitura da cópia datilografada deste capítulo por parte de Macrí: ele me transmitiu observações e objeções que tentei aproveitar ao máximo. Faço questão de agradecer-lhe essa colaboração amiga.

que el agua clara de la fuente espeja,
un aroma de nardos y claveles
y un fuerte olor de albahaca y hierbabuena.

Esses versos são[6] um *digest* de líricas da primeira coletânea machadiana, *Soledades:* "desierta plaza" está em XCIV, 9; "naranjos encendidos" está em III, 1; "rama polvorienta" (no singular) em VII, 2; "buen perfume de la hierbabuena/ y de la buena albahaca" está em VII, 25-26, e assim por diante. No centro da lembrança, um lugar preciso, um "huerto" com uma "fuente" e um "limonero".

A fonte aparece, aliás, numa vintena[7] das primeiras líricas de Machado; no mais das vezes trata-se precisamente dessa "fuente" nesse "huerto"; às vezes, pelo contrário, o lugar e a fonte mudam, e o biógrafo poderia agrupar os textos segundo um critério topográfico, que naturalmente não é o nosso. Quanto a mim, interessa-me seguir o desenvolvimento na descrição e na *mise en scène* da fonte, em relação com os significados que o poeta lhe atribui[8].

Pode-se falar de desenvolvimento, posto que esses poemas foram parte antecipados em revistas entre 1901 e 1903, parte compostos para a primeira edição de *Soledades* (S₁), datada de 1903, mas publicada em 1902 (os poemas anteriores nela aparecem com retoques consideráveis); parte publicados, também em revistas, entre 1903 e 1907, e acrescentados de muitos outros inéditos, na segunda edição de *Soledades* (S₂) de 1907, na qual todos os precedentes foram novamente retocados na forma, e certo número foi eliminado drasticamente. A ordem de publicação não é mais do que um indício da ordem de composição; pode, contudo, receber controles e confirmações das afinidades que ligam as líricas entre si, e também de sua posição na coletânea.

---

(6) Como observa MACRÍ, *ed. cit.*, pp. 165-6.

(7) Preferi exceder-me na escolha, isto é, incluir também líricas um tanto marginais em relação ao tema; por outro lado, é natural que se encontrem aqui e acolá rápidas referências a nossa área simbólica, que era inútil analisar.

(8) Sobre o tema da fonte existe uma vasta bibliografia; lembro somente D. ALONSO, *Poetas españoles contemporáneos*, Madri, 1952, pp. 140-159; J.M. PEMÁN, *El tema del limonero y de la fuente en A. Machado*, em Boletín de la Real Academia Española, XXXII, 1952, pp. 171-91; R. DE ZUBIRÍA, *La poesía de A. Machado*, Madri, 1966, pp. 36-43 (com outra bibliografia na página 36, nota 5). Para o tema contribuíram também modelos exteriores, primeiramente Verlaine, por ex., com "Après trois ans", de *Poèmes saturniens:* cp. G. RIBBANS, La influencia de Verlaine en A. Machado, *Cuadernos Hispanoamericanos*, 91-92, pp. 180-201, 1957, e cp. MACRÍ, *ed cit.*, pp. 1137-8; por fim Jiménez, com suas *Arias tristes* de 1903.

0.3. Partindo das líricas, onde o tema é desenvolvido mais amplamente (*I, III, X, XII*, VI, VII, VIII), se podem isolar esses elementos constitutivos:
objetos: fonte, água, árvore (limoneiro ou cipreste);
determinações: hora e estação, lugar (jardim, parque ou praça);
explicações diretas;
explicações indiretas.
O jogo desses elementos desenvolve-se por sua vez segundo dois pares opositivos fundamentais:
presente/passado
dor/alegria,
ligados por sua vez com leves e sintomáticas variações.

As variações no sentido atribuído aos objetos realizam-se: *a)* através de sua ordem de apresentação e de suas determinações; *b)* através das explicações diretas; *c)* através das explicações indiretas e dos valores conotativos; *d)* através da eventual união do tema com outros temas afins.

Um fato que é bom notar imediatamente é que, em várias líricas posteriores a 1902 (mas já em XLVI também), o tema começa a ser combinado com outros, ou a ser utilizado em contextos já diferentes, com funções paralelas (XVIII, XXIV, LXVIII, LXIX), o que se torna em seguida fato comum nas líricas de 1907 (LI, LV, XC, XCVI) como se os valores simbólicos explicitados nas primeiras líricas já pudessem ser considerados implícitos, por uma espécie de referência não-expressa (prenotoriedade) ao momento da primeira elaboração, mais complexa e particularizada.

1.1. Os dados bibliográficos impõem que se inicie a análise por *I*, já publicada em *Electra*, em 1901; também os dados internos apontam essa lírica como a mais remota da tipologia sucessivamente fixada pelo poeta. Ela poderia ser dissecada da seguinte maneira[9]:
A (1-13) Descrição da fonte, com a estátua, e da água (tempo imperfeito).
B (14-19) O poeta passou muitas noites ao pé da fonte (pretérito perfeito composto).
C (20-36) Considerações sobre o significado enigmático da fonte e sua presença na memória (presente).

---

(9) Para a primeira edição, segue o texto reproduzido de D. ALONSO, *Poetas españoles contemporáneos*, cit., pp. 119-121.

D (37-50) Amor do poeta pela fonte; descrição do *décor* em que ela se acha (presente).

E (51-64) O poeta retorna freqüentemente ao parque, ao pé da fonte, e desejaria identificar-se com a estátua (presente e perfeito).

Na primeira edição, em que me baseei, a lírica é fundada numa série de paralelismos: duas vezes é descrita a fonte (A e D), duas vezes toca-se nos freqüentes retornos do poeta para junto dela (B e E); enfim, as considerações de C têm uma espécie de conclusão nos últimos versos (61-64) de E. Esta dissecção põe em relevo como os elementos descritivos, sentimentais e simbólicos estão tendencialmente separados no poema (respectivamente, A e D, B e E, C e os vv. 61-64).

O símbolo da fonte exprime-se da maneira mais explícita nos vv. 24-27:

> Pero una doble eternidad presiento,
> que en mármol calla y en cristal murmura
> alegre salmo y lúgubre lamento
> de una infinita y bárbara tortura,

onde a própria bipartição antitética, em quiasmo, dos vv. 25 e 26 ("en mármol calla" - "en cristal murmura"; "alegre Salmo" - "lúgubre lamento") sublinha a funcionalidade da tensão antinômica existente entre fonte e água. De fato, as descrições da estátua iteram alusões à dor ("mármol del Dolor" 3; "del mármol la arrugada frente" 12; "del mármol silencioso/ . . . / el convulsivo gesto doloroso" 21-23; "dolor" 40), ao passo que as alusões ao murmúrio da água insistem no riso e em expressões de alegria ("carcajada fría" 5; "um frívolo, erótico rumor" 7; "Cayendo reía" 9, "sus gotas de ironía" 11; "lánguido espejo sonriente" 41); até a nítida oposição ou contraste tonal, dos vv. 31-32:

> y alegre el agua pasa y salta y ríe,
> y el ceño del titán se entenebrece[10]

Portanto, água e fonte esboçam dois símbolos antitéticos, ou melhor, abarcam em si, criando um símbolo

---

(10) Na nova redação de S₁, o contraste terá um *pendant* nos vv. 49-52: "el rebosar de tu marmórea taza/el claro y loco borbollar riente/ en el grave silencio de tu plaza,/ y el ceño torvo del titán doliente".

complexo, a antítese entre dor e alegria[11]. Este símbolo é misterioso, como indica um grupo de termos: "mistério" 18; "Aún no comprendo" 20; "presiento" 24. Com efeito, a atitude do poeta em face dessas duas direções simbólicas co-presentes é, por assim dizer, assimétrica, imparcialmente racionalizada:

> [...] la fuente,
> cuyo dolor anubla mis dolores,
> cuyo lánguido espejo sonriente
> me desarma de brumas y rencores (39-42):

ou seja, tanto o elemento doloroso (fonte) como o alegre (água) têm um efeito pacificador. Este efeito seria motivado por uma secreta harmonia entre água e estátua, que parece em contradição com o simbolismo básico da lírica (a tal ponto que os versos que estou citando desapareceram em $S_1$):

> [...] el agua y el mármol, en estrecho
> abrazo de placer y de armonía (58-59),

ou por uma ambígua referência (também eliminada) a um eventual prevalecer e superpor-se da água (com seu conteúdo alegre) sobre a estátua (dolorosa), com o retorno da palavra *armonía:*

> y el disperso penacho de armonías
> vuelve a reír sobre la piedra muda;
> y cruzan centellantes juglerías
> de luz la espalda del titán desnuda (33-36).

Essa assimetria e essa contradição explicam-se talvez no interior do clima sentimental que prende o poeta em torno da fonte: ele a procura em "tardes soñadoras" 15, ou nas "horas más áridas y tristes" 51, horas de *rêverie*, impulsionado pela persistência da "memoria" 28, ou melhor, por um verdadeiro amor (37,60). Portanto, a assimilação final (almejada) do poeta, não com a estátua, mas com uma estátua, quer sugerir uma petrificação da atitude do sonho, que o poeta se augura:

---

(11) Nessa formulação, evito fazer da estátua e da água os símbolos da dor e da alegria. Dor e alegria estão contidos nesse símbolo, mas não o esgotam. Ao contrário, a ambigüidade é intencional, e explica as interpretações divergentes de Alonso, Macrí, etc.

> [...] donde sonar y reposar querría
> libre ya del rencor y la tristeza,
> hasta sentir sobre la piedra fría,
> que se cubre de musgo mi cabeza (61-64).

A análise pôs assim em relevo que os elementos descritivos, sentimentais e simbólicos, mais do que separados, são aproximados com encaixes imperfeitos ou com desníveis; a título de confirmação, assinalo os vv. 43-50, em que a fonte é vista numa límpida paisagem de memória, e unida ao *limonero*, que se tornará objeto importante nas líricas posteriores: versos que constituem uma espécie de paisagem na paisagem, em contraste com a superposição de presente e passado realizada na lírica, e com a participação do poeta no drama da antinomia água-fonte.

A estátua do Titã não mais aparecerá nas outras líricas, nem, por conseguinte, o contraste entre fonte e água.

1.2. Várias referências formais induzem a aproximar de *I* a composição *Cenit (III)*, publicada em $S_1$: "reía" 1, em posição de rima, (em *I.* 9); "mistério" 10 (*ib.* 18); "salmodia" 4 (*ib.* "salmo" 26), "mi risa clara y fría" 8 (*ib.* "carcajada fría" 5, também em posição de rima)[12]. A estrutura sintática é simples, e não tem paralelo em nossa série de líricas: há uma didascália de dois versos ("Me dijo el agua clara etc."), que abre um pequeno discurso da água ao poeta, que tem suas nervuras em dois "Escucha". A lírica escora-se em contraposições elementares: riso e tristeza; oriente e ocidente; água e poeta (através da substituição do Titã de *I* pelo poeta, substituição que em *I* era somente desejada e confusamente expressa).

Também as contraposições ligam-se e superpõem-se simplesmente: "el agua" faz retornar à infância do poeta ("en tu pensil de Oriente"5) e é vista com conotação de alegria: "el agua clara que reía"1, "mi alegre canturía" 6, "mi risa clara y fría" 8: portanto, a água já não se opõe como em *I* à fonte, apenas nomeada e sem relevo, no verso 2 ("el mármol de la fuente"), e pode, inversamente, entrar em oposição com o poeta. Com a infância, defronta-se um presente em outra terra ("jardines de Occidente" 7), visto

---

(12) Também em $S_1$ as duas líricas se encontram na mesma secção.

como doloroso (os "jardines" são "tristes"). As oposições se reconduzem todas, portanto, à oposição entre presente e passado, concebida como não-racionalizável, enigmática ("el enigma del presente" 3; "su enigma de cristal a tu misterio de sombra" 10-11, onde, tanto ao poeta como à água, se atribuem caracteres quase incorpóreos: transparência de cristal e labilidade de sombra), a tal ponto que a explicação final, sintaticamente nítida em sua parataticidade, nada mais faz do que aproximar (através do paralelismo entre o escorrer da água e o caminho do homem) ao debater-se do poeta, caminhante pelos enganos da vida, a evocação de uma risada persistente, dele destacada, como por um oráculo misterioso de tão óbvio:

> [...] Tu destino
> será siempre vagar ¡oh peregrino
> del laberinto que tu sueño encierra
> Mi destino es reír: sobre la tierra
> yo soy la eterna risa del camino (11-15).

O esquema em discurso direto funde num todo o símbolo e sua explicação; as especificações descritivas ou sentimentais tornam-se quase completamente implícitas; as determinações cronológicas são omitidas, pois a validade do símbolo consiste somente na defasagem entre um presente (qualquer) e o passado (é indiferente se a água falou ao poeta na memória ou na realidade).

1.3. Devem ter sido escritos a pouca distância os poemas *X* e *XII*, também próximos em $S_1$ (*XII* já saído em *Electra*, em 1901). Com efeito, são numerosas as expressões que eles têm em comum: o "sollozar riente" da água (respectivamente vv. 5 e 8); "alegres gárgolas" de *X*, 6 e "borbota/alegre de la gárgola" *XII*, 9-10; dois versos quase idênticos: "entre verdes evónimos corría" *X*, 8 e "entre verdes evónimos ignota" *XII*, 11; um mesmo par em rima: "salterio/misterio" *X*, 17-19 e *XII*, 17-19 (mesma posição!). Eles são por sua vez próximos a *I*: cp. "veredas solitarias" *I*, 53 e "veredas/silenciosas", *X*, 21 22; "salmo" *I*, 26 e *X*, 41.

O tema do passado retorna, prepotente até no título (*Nevermore*: do *Corvo* de Poe), em *XII*: veja-se a energia da exclamação "¡Espíritu de ayer!" 24. E o esquema, como em *III*, volta a confrontar a lembrança evocada pela água com um presente triste. Ressalvado o fato de que o confronto está numa forma não-explícita: à aproximação de termos opostos substitui-se o desmascaramento (através da negação constituída pelo verbo *miente)* da falsa positividade do primeiro termo[13] :

> [...] miente
> el agua de tu gárgola riente (33-34):

o que confirma, aqui, a falta de eventuais conotações de tristeza na descrição da fonte e, por evidente analogia, as considerações que acabam de ser expressas acerca de *X:*

> [...] escucho un sollozar riente:
> trémula voz del agua que borbota
> alegre de la gárgola en la fuente,
> entre verdes evónimos ignota (8-11);

em outras palavras, *sollozar* e *trémula* têm somente função descritiva ou imitativa, ao passo que a conotação dominante é a de *riente* e *alegre.*

Mas toda a lírica tem uma estrutura em oxímoro, afirmada desde o início pelas duas breves partes que a compõem:

> ¡ Amarga primavera!
> ¡ Amarga luz a mi rincón obscuro! (1-2);
> ¡ Fiesta de Abril que al corazón esconde
> amargo pasto, la campana tañe! (29-30):

um oxímoro de que a realidade negativa constitui um espelho ou um eco:

> En el silencio turbio *de mi espejo*
> miro, en la risa de mi ajuar ya viejo,
> la grotesca ilusión (5-7);
>
> ¡ Fiesta de Abril!... Y *el eco* le responde
> un nunca más, que dolorido plañe (31-32).

Nesse engano encantado de refrações, a realidade chega sempre em forma indireta, especialmente as determinações de tempo e de lugar, embora nitidíssimas: assim "la clara tarde bajo el cielo puro", 4, não está sob os olhos do poeta, mas espera "tras la cortina de mi alcoba"3; o

---

[13] Outro processo, que será usado mais conscientemente em seguida, é o da adjetivação contraditória: "Tarde *vieja* en el alma y *virgen*" 33.

jardim, usual *locus deputatus*, é "lejano" 7, dado precisamente que o poeta está em seu quarto; o vôo das andorinhas passa "tras de la tenue gasa" 13. Entre tantas distâncias [14], os valores fônicos superam e compensam os espaços: "escucho" 8, "voz" 9, "silba" 12, "música" 20, "sibilación" 21 ... E em seu coro Machado quis incluir, por um cálculo preciso dos efeitos musicais (e inclusive sugestivos), o toque dos sinos: seu som é o mais puro e penetrante, sua alegria é submetida cruelmente à geral negação estrutural:

> Lejos *miente* otra fiesta el campanario (16);
> *miente*... la fiesta de tus bronces de alegría (35).

E entre espelhos, visões indiretas, ilusões ("la grotesca ilusión" 7 e 38), o passado pode assumir a roupagem fugitiva do fantasma (lembrança de uma mulher que é ao mesmo tempo — por uma superposição comum em Machado — a Morte: uma morte familiar e amiga):

> aura de ayer que túnicas agita (23);
> ¡ Espíritu de ayer! sombra velada...(24);
> ¡ fugitiva sandalia arrabatada,
> tenue, bajo la túnica de rosa! (27-28);
>
> [...] Lejana y fría
> sombra talar, en el Abril de Ocaso
> tu doble vuelo siento
> fugitivo, y el paso
> de tu sandalia equívoca en el viento (38-42).

O título de *X, La tarde en el jardín,* já parece apontar para uma hierarquia diferente entre os objetos (que aqui são somente a fonte e a água) e as determinações de lugar e tempo, com respeito às líricas precedentes. Com efeito, o começo do poema ("Era una tarde de un jardín umbrío"1), antecipação de um módulo que retornará freqüentemente em Machado[15], também para a série da fonte (VI: "Fue uma clara tarde, triste y soñolienta"; XLVI: "La tarde caía/ triste y polvorienta"), é ratificado por todo o texto, que se baseia num atento reconhecimento de lugares e de horas. Quanto ao lugar, o poema é um lento itinerário entre as sombras do "jardín umbrío": vejamos os trechos "Era un rincón de olvido etc." 9 e ss., "Noble

---

(14) *Lejos* e *Lejano* são freqüentes: 7, 16, 38. Sobre os valores de *lejano* em Machado, cp. R.L. PREDMORE, El tiempo en la poesía de A. Machado, *PMLA*, LXIII, pp. 696-711, 1948.

(15) Para uma análise mais extensa, cp. G. CARAVAGGI, *I paesaggi "emotivi" di A. Machado*, Bolonha, 1969, pp. 52-60.

jardín etc." 17 e ss., "Cantar tu paz en sombra etc." 37 e ss., até o *exit* final: "Abandoné el jardín etc." 45. Um itinerário seguido com exatidão também no tempo, já que se de início "se ve que el Sol esplende/ oculto tras la tapia ennegrecida" 13-14, no fim "orlaba lejos de oro el sol la loma" 47, e já "corva la luna, blanca y soñolienta,/ sobre la clara estrella solitaria,/ iba trazando en el azul la lenta/ ingrávida mitad de su plegaria" 49-52.

Essa lenta e pensativa andança pelo parque ocorre num clima de sonho ("un sueño inerte" 3; "el aire sueña" 15; "el agua duerme" 28; "el sueño/ de tus fuentes" 37-38; "sueño y aroma" 45; "la luna... soñolienta" 49)[16]; o tom é, no início, o de uma melancolia atônita:

> [...] blancas palomas arrullaban
> un sueño inerte, en el ramaje frío.
> Las fuentes melancólicas cantaban (2-4),

e a ele se conforma o murmúrio da água, risonho com um eco de tristeza:

> El agua un tenue sollozar riente
> en las alegres gárgolas ponía
> y por estrecho surco, a un son doliente,
> entre verdes evónimos corría (5-8).

Parece portanto que a alegria atribuída nas líricas precedentes à água mostra alguma tendência para constituir para si própria um *pendant* de dor (como veremos que acontece, de maneira muito clara, nos poemas sucessivos). Mas a dor não é aqui um atributo da água. Fonte e água não têm, nesta lírica, função simbólica, mas são elementos da determinação de lugar; com efeito, é na fonte e na água que se reflete a situação sentimental, reconhecendo-os como objetos, não como motivos de uma visão. O papel da fonte é, pois, semelhante ao do campo: no v. 16, fala-se de "su muda, alegre soledad florida", mas, nos vv. 29 e ss., seu riso, envolvido na interpretação, é transferido para um clima totalmente diferente:

> Secretos viejos del fantasma hermano
> que a la risa del campo, el alto muro
> dictó y la amarga simetría al llano
> donde hoy se yergue el cipresal oscuro,
> el sauce llora y el laurel cimbrea, etc.

---

(16) Um esboço da área lexical de *soñar* em C. BOUSONO, *Teoría de la expresión poética*, Madri, 1952, p. 139.

Com efeito, precisamente onde o canto do poeta é aproximado ao da água, e onde portanto a equivalência tonal podia ser valorizada, desenvolve-se, ao contrário, uma nítida diferenciação: doloroso seria o canto do poeta, se ele tomasse por objeto o canto alegre da fonte:

> Cantar tu paz en sombra, parque, el sueño
> de tus fuentes de mármol, el murmullo
> de tus cantoras gárgolas risueño,
> de tus blancas palomas el arrullo,
> fuera el salmo cantar de los dolores
> que mi orgulloso corazón no encierra:
> otros dolores buscan otras flores,
> otro amor, otro parque en otra tierra (37-44).

Ficamos, portanto, próximos da conotação alegre da água, embora não valorizada por contraste em face da dor do poeta: não lhe cabe apagar essa dor, nem representar um passado mais feliz; ela *é*; a dor do dia de hoje cede algum reflexo a seu murmúrio. Em outras palavras, não é a fonte, ou a água, que participa da constituição do sentido da lírica, mas é o sentido da lírica que condiciona o modo de ver e descrever a fonte e a água. Tudo fica explicado pela advertência de que o lugar dessa experiência é *um* jardim, não *o* jardim: em suma, ele é somente um mediador entre os sentimentos que conhecemos e seu lugar de referência ideal ("otros dolores buscan otras flores,/otro amor, otro parque en otra tierra" 43-44). Confirma-o o fato de que a função de evocar o passado, prerrogativa fundamental da água nesta série de líricas, não é expressa diretamente, ao contrário, é transferida para o jardim em seu conjunto ("en tus veredas/silenciosas, mil sueños resuscitan/ *de un ayer...*" 21-23).

1.4. Dos poemas que saíram em $S_i$, o XXXII tem demasiadas semelhanças, nos seis únicos versos que o constituem, com *X*, para que se possa relacioná-lo com um momento cronológico afastado deste: "negro cipresal" 2, cp. "cipresal oscuro" *X*, 32; "glorieta en sombra" 3, cp. "tu paz en sombra" *X*, 37; "en la marmórea taza / reposa el agua muerta" 5, cp. "el agua duerme en las marmóreas tazas" *X*, 28. Poder-se-ia quase propor que XXXII é uma súmula, uma quintessência de *X*. Nessa quintessência, objetos e determinações estão presentes segundo a ordem que acabou por tornar-se canônica (hora, lugar, fonte, água) e são auto-suficientes:

a explicação de seu significado é imanente, totalmente confiada à coerência da adjetivação: *morado, negro, mudo, muerta;* é fundamental o fato de que a própria água, cuja variada sonoridade o poeta tentou até aqui capturar e compreender, descansa, assim como parece dormir (e sonhar) o "desnudo Amor de piedra".

Precisamente com base em observações deste gênero, Bousoño [17] dá uma interpretação dramática da lírica, que à primeira vista convence. Pergunto porém se não se pode aplicar neste caso outra aguda observação desse autor: "El concepto de *modificante* puede tener aún mayor alcance quizá si pensamos que, dentro de un mismo libro, unos poemas se apoyan en otros u a su lado cobran relieve" [18]. Em outras palavras, poder-se-ia opinar: *a)* que os significados, implícitos no interior da lírica, devam ser considerados explicitados pelas líricas afins: tratar-se-ia de uma espécie de irradiação de significados de uma para outra das estruturas, em que o sistema semiológico do tema se realizou, mais do que de um requintadíssimo parasitismo; *b)* que, por isso, as conotações fúnebres, indubitavelmente observáveis na lírica, devam ser consideradas como um dos limites tonais do sistema, mas ao mesmo tempo não devam ser isoladas — sob pena de dar-lhes uma imagem demasiado unívoca: como o fixar-se numa só face de uma realidade, conscientes porém de sua prismaticidade [19].

1.5. A lírica VII tem posição cronológica incerta. Não publicada ainda em $S_1$, mas somente num número de 1903 de *Helios*, ela teria que ser reconduzida, segundo Macrí [20], a 1898, ou seja, ao início da atividade de Machado. Afinidades expressivas e conteudísticas levar-me-iam a colocá-la em torno de *XII* e de *VI*, isto é, do período de 1902-3: "tarde clara" 6, cp. *XII*, 4; *VI*, 1; "algún vagar de túnica ligera" 14, cp. "aura de ayer que túnicas agita", *XII*, 23; "fragancias vírgenes y muertas" 20, cp. "tarde vieja en el alma y virgen" *XII*, 33 (para outros confrontos com *VI*, cp. 1.6.).

---

(17) *Teoría de la expresión poética*, cit., pp. 107 e ss.
(18) *Ibid.*, p. 48, nota 5.
(19) A título de confirmação, note-se como a imobilidade que a água aqui tem já se encontra em *X*, 28 ("el agua duerme en las marmóreas tazas"), mas dentro de uma perspectiva particular que se integra na perspectiva segundo a qual "las fuentes melancólicas cantaban" 4. Em XXXII ficou somente a primeira perspectiva.
(20) *Ed. cit.*, pp. 1138-9.

Mais uma vez o título (eliminado em seguida em S'₂), indica a chave de leitura: *El poeta visita el patio de la casa en que nació:* peregrinação sentimental no lugar — e agora símbolo — da infância. Com insólita autoridade, os primeiros a se apresentarem ao poeta são os objetos, elementos imediatos de uma paisagem límpida, já discretamente harmonizada com o sentimento da poesia (o *limonero* é *lánguido*, a *rama* é *pálida* e *polvorienta*, os frutos, refletidos na água, *sueñan)*; somente em segunda instância, por uma subseqüente síntese intelectiva, é que aparecem as determinações de tempo e de lugar: como quase sempre, o poeta está "solo, en el patio silencioso" (9), como quase sempre é "una tarde clara,/casi de primavera" (6-7), dados idênticos a *X*.

A invenção fundamental da lírica consiste na série de retomadas "Es una tarde clara" 6; "Sí, te recuerdo, tarde alegre y clara" 21; "Sí, te conozco, tarde alegre y clara" 31, que, por trás da função de bordado musical de superfície, escondem outra, mais profunda, de conectivo cronológico-mnemônico: "Es una tarde clara" é um presente que alude à atual visita do poeta ao pátio; os versos que seguem são uma procura do tempo perdido ("buscando una ilusión cándida y vieja: /alguna sombra...algún recuerdo... algún vagar..."); ao contrário, com "Sí, te recuerdo, tarde alegre y clara", o passado está ressuscitado, gestos e perfumes são os de outrora. Entre presente e passado, uma impossibilidade material e uma possibilidade sentimental, a do extenuante esforço da recordação, entrelaçadas nos versos transitórios e explicativos 15-20:

> En el ambiente de la tarde flota
> ese aroma de ausencia,
> que dice al alma luminosa: nunca,
> y al corazón: espera.
>     Ese aroma que evoca los fantasmas
> de las fragancias vírgenes y muertas

(onde o *nunca* é igual ao *nunca más* de *Nevermore)*.

Aproximação, portanto, de dois momentos cronológicos; e isso explica a razão da precedência conferida vistosamente aos objetos, garantia da unidade de lugar, em tão grande latitude de tempo. Mas os dois momentos aproximados chegam a tocar-se, e é aí que a água da fonte adquire um papel simbólico decisivo. O reflexo dos limões na água é semelhante ao reflexo do presente no passado: a equação é sublinhada em vermelho pelo poeta, quando este ecoa os vv. 4-5 nos vv. 27-30:

> [...] allá en el fondo sueñan
> los frutos de oro (4-5);
>
> [...] tú me viste hundir mis manos puras
> en el agua serena,
> para alcanzar los frutos encantados,[21]
> que hoy en el fondo de la fuente sueñan (27-30):

a criança tentara pegar os frutos refletidos na água, como agora o adulto tenta agarrar nela o passado (a superfície transparente é um diafragma entre duas idades); finalmente, o reconhecimento aconteceu, e ele pode exclamar vitoriosamente:

> Sí, te conozco, tarde alegre y clara,
> casi de primavera (31-32).

Não mais, então, o murmúrio alegre da fonte, mas o espelho sonhador da água, ou melhor, o sonho do poeta que se transfere para a água; a tal ponto que quando a memória ainda não foi capturada, a lembrança está "en el pretil de piedra/ de la fuente dormido" (12-13).[22]

Reina, pois, o silêncio (o pátio é "silencioso" 9): os valores fônicos de *XII* são substituídos aqui por valores olfativos: "ese aroma de ausencia" 16; "fragancias vírgenes y muertas" 20; "el buen perfume de la hierbabuena,/ y de la buena albahaca,/ que tenía mi madre en sus macetas" 24-26. E isso se harmoniza com uma tonalidade mais plácida: a "grotesca ilusión" de *XII* é agora uma "ilusión cándida y vieja" 10; a "aura... que túnicas agita" de *XII* cedeu lugar a "en el aire,/ algún vagar de túnica ligera" (13-14).

Mudada a posição dos objetos, mudados os valores simbólicos e os traços descritivos da água, baixado o barômetro dos humores para uma doce evocação, a água da fonte permanece límpida, ponte condescendente entre hoje e ontem.

1.6. A lírica VI é, talvez, a mais complexa da série: os processos testados anteriormente nela se fundem e se

---

(21) Na primeira edição, em *Helios*, *encantados los frutos*, talvez um erro de imprensa, dada a sintaxe e o ritmo.
(22) Em *Helios*, *dormida*.

fortalecem mutuamente. Compreensível a predileção de Machado, que põe esse poema na abertura de $S_i$. Na base, está a mesma invenção de VII: uma série de retomadas da indicação de tempo que, partindo do primeiro verso, como em X, se distribuem ao longo de todo o texto:

> Fue una clara tarde, triste y soñolienta
> del lento verano (1-2);
> Fue una tarde lenta del lento verano (15);
> Fue esta misma tarde... (19);
> Fue esta misma lenta tarde de verano (26);
> Fue una clara tarde del lento verano (41).

Esse bordado rítmico e cronológico é enriquecido por duas outras particularidades: a uniformidade do tempo verbal (*fue*), que acentua a identificação entre a tarde atual e a que é evocada pela memória (por duas vezes, insistindo na identificação, acrescentam-se os pronomes *esta misma*)[23]; a inserção da frase recorrente, exceto na abertura, nos discursos da fonte com o poeta. Assim, o diálogo tange nesses pontos com o eco.

Também idêntica a VII é a função dos limões refletidos na água:

> [...] Del árbol oscuro
> el fruto colgaba, dorado y maduro (23-24),

até o momento, supremo em sua pregnância, do contato do poeta-criança com a superfície da água:

> tus labios besaron mi linfa serena (43).

Já se começara, em X [24], a distinguir os movimentos do poeta no jardim, no interior do qual ele se encontra nos primeiros versos, ao passo que se lê no fecho: "Abandoné el jardín etc." 45. Aqui se descrevem, quer a entrada, quer a saída do jardim, por meio de quatros versos simétricos (5-8 e 51-54) que, desde o início, pelo rangido da chave no portão enferrujado, criam o clima [25] de uma familiar e melancólica visita aos infernos:

(23) Cp. também *lo mismo que ahora* 25.
(24) Outras ligações verbais com as líricas anteriores: "me guió a la fuente" 11, cp. "mis pasos a la fuente gufe" *I*, 28; "el fruto... dorado" 24 cp. "los frutos de oro" VII, 5; inútil insistir mais em *reír*.
(25) Esboçado inicialmente pelos atributos *triste y soñolienta* dados à tarde, e pela descriçao: "La hiedra asomaba/al muro del parque, negra y polvorienta" 2-3, que remete à "pálida rama polvorienta" de VII, 2; ao passo que a alusão à hera remonta à "invisible abrazadora hiedra" de 19.

> Rechinó en la vieja cancela mi llave;
> con agrio ruido abrióse la puerta
> de hierro mohoso y, al cerrarse, grave
> sonó en el silencio de la tarde muerta (5-8).

É realmente o murmúrio da fonte que atrai, hipnoticamente, o poeta: logo depois da descrição da tarde, diz-se que "lejana una fuente riente sonaba" 4; depois da abertura do portão, é "la sonora / copla borbollante del agua cantora" que "guió a la fuente" o poeta (9-11).

Mas, substancial e peculiar neste poema é o diálogo do poeta com a fonte (onde a fonte, testemunha do passado, se torna quase um duplo do próprio poeta: eles se interpelam pelos nomes de *hermana, hermano* 13, 17, 21, 25, 28, 42)[26]. A fonte é que convida o poeta à lembrança, mas o poeta persegue recordações de alegria e de amor, ao passo que a fonte lhe revela um passado de penas e de tristeza. Daí a recíproca iteração de perguntas e respostas negativas: "¿Te recuerda...?" 13; "No recuerdo" 17; "¿Recuerdas...?" 21,25; "No sé" 27; "Yo sé" 29, 33; "mas cuéntame..." 35; "Yo no sé" 37[27]. A superposição de sentimentos contrastantes em dois planos temporais estrutura a lírica numa série de oxímoros, que lembram os de *XII*, que no entanto não eram constitutivos da estrutura da lírica. Mais elementares os de tempo:

> ¿Te recuerda, hermano,
> un sueño *lejano* mi copla *presente?* (13-14);
>
> mas sé que tu copla *presente* es *lejana* (18)[28]

Os do sentimento condensam-se no mais das vezes no próprio canto da fonte, alegre-triste, jucundo-monótono. Uma bivalência[29], em que o poeta capta de início só o primeiro pólo, o da alegria: "... la fuente, que *alegre* vertía / sobre el blanco mármol su monotonía" 11-12; "tu copla *riente*" 27; "tu claro cristal de *alegría*" 29; mas que, em seguida, desiludido pela própria fonte:

> Mis claros, *alegres* espejos cantores
> te dicen *riendo* lejanos *dolores* (39-40),

---

(26) Somente em *III* é que a fonte fala; aliás, o poema é constituído na prática, pelo próprio discurso da fonte; não há diálogo (cp. 1. 2.). Ao contrário, é sabido como o diálogo, com o tempo e com suas divisões em dias, ou com outras entidades abstratas, é freqüentemente empregado por Machado; cp., por exemplo, ZUBIRÍA, *La poesía de A. Machado*, cit., pp. 23 e ss.

(27) O mesmo processo será depois retomado em XXXVII.

(28) É insistente aqui, tanto quanto e mais do que em *XII*, o uso de *lejano*; 14, 18, 28, 31, 40.

(29) Para uma espécie de pressentimento dessa bivalência, cp. 1. 3.

ele reconhece em sua totalidade:

> Adiós para siempre, tu monotonía
> *alegre*, es más *triste* que la pena mía (49-50).

Em VI substituem-se, em suma, simultaneamente, em mágica e evanescente superposição, as estruturas em contraste das líricas precedentes: um contraste onde, no mais das vezes, a água, símbolo de um passado de alegrias, se contrapunha à atitude triste do poeta. Somente em *I* havia concomitância, já na fonte, de duas tonalidades contrastantes: mas isso através de uma antítese corpórea entre a estátua (que não aparece mais em seguida) e o murmúrio da água, e sem uma correspondência precisa no espírito do poeta, que via no contraste um mistério. Como se Machado chegasse agora a captar as mais sutis tonalidades fônicas da água depois de alcançar a raiz de uma bivalência do sentimento que somente uma ilusão ainda ingênua podia distribuir em duas fases distintas da vida.

1.7. Entre as líricas publicadas em $S_1$, há ainda duas que podem ser aproximadas (mas não anexadas) à nossa série, pois que, nelas, o tema da fonte ou é fundido com outros (VIII), ou é inconscientemente substituído por outro tema, embora afim (XLVI). A segunda dessas líricas, definível como uma tentativa de transformação ou de renovação do tema, poderia, talvez, ser relacionada com uma fase posterior, pelo menos idealmente, de aperfeiçoamento do sistema de símbolos e estilemas por parte do poeta (as possibilidades sugestivas das estruturas precedentes podem ter-lhe parecido já plenamente exploradas). De fato, embora faltem referências cronológicas externas, é mais fácil que XLVI, que pertence à última secção de $S_1$, *Humorismos*, seja posterior do que anterior à nossa série.

Mais complexo é o caso de VIII. Essa lírica, segundo declaração do próprio autor (cp. *Prose* de A. Machado, trad. e notas de O. Macrí, e E. Terni Aragone, Roma, 1968, pp. 5-6), foi escrita em 1898: seria portanto o poema de Machado que se pode fazer remontar a uma data mais antiga. Por outro lado, ela é publicada somente em $S_1$, vizinha de VI. Teria acontecido a "atualização" estrutural habitual (não verificável por falta de antecipação em revista) durante o preparo de $S_1$, ou VIII constitui uma matriz — e quão fecunda! — de onde teriam nascido diretamente, como mostram as afinidades, III e VI, mas onde estaria em embrião o próprio tema da fonte? A hipótese, além de ser a mais aceitável no estado presente dos fatos, é bastante atraente: em VIII o tema, ainda não-autônomo, estaria como à espera de ser isolado pelo poeta. Por isso, os símbolos atribuídos à água da fonte parecem um reflexo de símbolos captados de maneira mais imediata no canto das crianças; por isso, a fonte aparece somente depois que se descreveu seu murmúrio. Dupla e lenta aproximação, portanto, da fonte como símbolo e da fonte como objeto concreto. Poder-se-ia opinar que a fonte, que *não* é a do pátio de Sevilha, tenha quase orientado o poeta a interpretar em seguida a *sua* fonte.

Podemos então considerar a lírica VIII como a progenitora de III e VI. Passa por III a imagem das crianças (naquele caso, escolares), que enchem com suas jovens vozes as velhas ruas da cidade, uma cidade que parece morta. Na gama *nuevas, viejas, muertas,* Machado apoiará a costumeira rede de passado e presente: a mocidade dos escolares suscita a lembrança de sua mocidade. Em VIII, as crianças cantam, e são velhas suas canções, como novas suas vozes. Análogos os símbolos confiados ao canto das crianças e ao murmúrio da fonte (já definido em líricas anteriores pelo termo métrico *copla);* eles se encontram com efeito numa relação de integração-progressão no fim da lírica:

> Cantaban los niños
> canciones ingenuas,
> de un algo que pasa
> y que nunca llega:
> la historia confusa
> y clara la pena.
> Vertía la fuente
> su eterna conseja;
> borrada la historia
> contaba la pena (33-42).

Nos versos anteriores, há um contraponto entre os cantos das crianças e o da água; mas precisamente, de maneira original, o canto da água é descrito e interpretado sempre no interior do canto das crianças, por intermédio de uma comparação ("...cual vierten sus aguas/ las fuentes de piedra" 9-10; "...como clara el agua/lleva su conseja" 23-24); a presença da fonte, bem como o lugar do acontecimento, revelam-se em sua objetividade somente no fim da lírica, nos vv. 27-32.

A dívida da lírica VI para com VIII consiste sobretudo no esquema em oxímoro, visível especialmente nos vv. 9-18:

> [...] cual vierten sus aguas
> las fuentes de piedra:
> con monotonías[30]
> de *risas* eternas
> que *no* son *alegres,*
> con *lágrimas* viejas,
> que *no* son *amargas*
> y dicen *tristezas,*
> tristezas de amores
> de antiguas leyendas;

mas também símbolos e imagens secundárias são comuns a ambas: "antiguas leyendas" 16, cp. "leyendas de antigua alegría" VI, 37; "historia confusa" 21, 37, cp. "historias viejas" VI, 38; os "viejos amores" 25 serão depois os "antiguos delirios de amores" VI, 34; o "cristal de leyenda" 32 antecipa o "cristal de alegría" VI, 29. Note-se sobretudo (sabemos quão importante ela é) a indicação precisa da hora: "en las tardes lentas/del lento verano" 3-4; cp. "Fue una tarde lenta del lento verano" VI, 15 [31].

A diferença de estrutura muda, naturalmente, as relações entre os valores conotativos: se em VI há um jogo entre distância *(lejano, lejana)* e superposição cronológica *(este mismo),* de modo que *viejo* terá sobretudo uma função tonal ("vieja cancela" 5, 51; "tarde... vieja" 32; "historias viejas" 38); aqui, presente e passado ainda estão bem distintos, e *viejo,* entrando em oposição com a juventude das crianças *(viejas* cadencias /.../ que los *niños* cantan" 2-5), tem função distanciadora: "lágrimas viejas" 14-15; "viejos amores" 25; a não ser em "plaza vieja" 28, onde a função já é a sugestiva de VI, e lembra o "parque viejo" de *I,* 53 [32]. A subjetividade, embora presente, ainda é dominada pela coralidade, ou melhor, nela está imersa.

(30) Cp. *monotonías,* em rima, em VI, 12 (20 na segunda redação).

(31) Numa correção muito tardia, também a rima entre "la fuente serena" e "contaba la pena" 38-40 virá lembrar a rima de "mi linfa serena" com "dijeron tu pena" de VI, 43-44.

(32) A construção em oxímoro, em sentido lato, encontra-se naturalmente também em poemas estranhos à série. Particularmente semelhante a esse é XLI, de que lembrarei pelo menos: "Que el mismo albo lino/que le vista, sea/ tu traje de *duelo.* / tu traje de *fiesta./* Ama tu *alegría/y* ama tu tristeza..." 7-12; "yo odio la *alegría/* por odio a la *pena*" 19-20.

Os elementos que levam a anexar à linha VIII-VI o poema XLVI são numerosos: o início vesperal, retomado em seguida como refrão nos vv. 11-12 ("La tarde caía/triste y polvorienta" 1-2), que lembra o de VI ("Fue una clara tarde, triste y soñolienta 1), e com maior razão se se observar que *soñolienta* de VI rima com *polvorienta* 3, excetuado o fato de que aqui, por uma audaciosa sinédoque, *polvorienta* se torna atributo da própria *tarde*, um achado expressivo que reaparecerá numa lírica de S₂: "Era una tarde de julio, luminosa y polvorienta" XIII, 12 (cp. ainda "aire polvoriento" XCII, 8); o canto da água definido *copla* 4, como em VI, 10, 14, 18, etc.; a aproximação, sempre a propósito da água, de *amargura* e *dulce armonía* 15, 17: cp. VI, 20 ("clara armonía") e 31 ("amargura"); finalmente, a área lexical de *sueño*, própria de toda a série, mas atribuída aqui à água ("cristal que sueña" 10; "agua que sueña" 18), como em *X:* "el sueño /de tus fuentes" 37-38 (em XXXII, 5, o Amor de pedra é que "sueña mudo" sobre uma água que, por sua vez, "reposa")[33] — para *cristal* indicando a água, cp. as observações feitas acerca de VIII, neste parágrafo.

Mas as afinidades da lírica com as outras residem mais nos significantes do que nos significados; o sentido da lírica é consideravelmente diferente, e não somente pela mudança, certamente notável, do objeto, que não é mais uma fonte, mas um moinho de puxar água *(noria)*, de modo que a água que canta não cai das bicas, mas dos baldes que lentamente se reviram. Neste caso, o sistema semiológico de Machado mudou pouco na forma de expressão, ao passo que se renovaram profundamente a substância e a forma do conteúdo.

A geometria da invenção é totalmente diferente: não há relação entre a água e o poeta, mas uma identificação (não explicitada) do poeta com a mula que aciona o moinho; o canto da água não realiza uma sugestão *ad persónam,* segundo a linha presente-passado, mas tem um valor universal (controlado pela identificação poeta-mula) que, levando-se em conta a inexorável circularidade do movimento dos baldes, sugere a longa fadiga de viver, o pobre consolo do sonho (quase uma hipnose, no giro contínuo da mula vendada).

Sobre essa base, percebe-se que os conteúdos se ordenam de maneira nova: o poema é dividido em duas

---

(33) Estender-se-á depois a XIX, 4; XCVI, 14 (ambas de S₁), e aos *Campos de Castilla* CXII, 5; CXIII, 130 etc.

partes pelo refrão de tom melancólico ("La tarde caía/ triste y polvorienta"); os elementos descritivos passam da primeira à segunda parte cruelmente precisados: se se diz num primeiro tempo que a mula "soñaba.../al compás de sombra / del cristal que sueña" 9-10, descobre-se em seguida que alguém (un "noble,/divino poeta" 13-14: Deus em pessoa?) lhe vendou os olhos, como para favorecer-lhe a imperturbável auscultação da divina harmonia e a evasão para o sonho; os "cangilones/de la noria lenta" 5-6 apresentam-se depois como "eterna rueda" 16, que é a roda irrefreável da vida [34]; assim a aproximação antinômica de *amargura* e *dulce armonía* não aponta mais para o confronto entre um passado que só a memória embeleza e um presente de hipocondríaca e resignada tristeza; ela alude a uma oposição entre a vida, essencialmente dolorosa, e a catarse piedosa da fantasia. O poeta-deus inventor da *noria* (moinho).

> unió a la *amargura*
> de la eterna rueda
> la *dulce* armonía
> del agua que sueña (15-18);

a repetida exclamação "¡pobre mula vieja!" 8, 20 é portanto uma voz de compaixão para com todos os seres vivos [35].

2.1. A expansão e o assentamento do sistema semiológico não se dá somente para frente, mas também para trás. Se o poeta retorna sobre uma de suas composições, ele se acha com a sensibilidade enriquecida, enxerga mais claro nos significados que quis exprimir, domina um maior repertório estilístico, técnico.

Em nossa série de líricas, *I* permite-nos uma primeira verificação desse fenômeno. Publicada em 1901 em *Electra*, ela foi reimpressa em $S_1$ com retoques bastante consideráveis. $S_1$ representa uma fase bem consciente e controlada do gosto machadiano, e os retoques do autor a

---

(34) Diferente a interpretação de ZUBIRÍA, *La poesía de A. Machado*, cit., p. 157, segundo o qual a *noria* (moinho) seria um símbolo do pensamento. Na verdade, em LX, 4 fala-se de "noria del pensamiento", mas dentro de uma simbologia um tanto diferente onde, de qualquer modo, *o pensamiento* é a consciência vital, não o pensamento racional. Em suma, eu veria a *noria* como símbolo da passagem da vida entendida como condenação: em LX, a consciência é inerente a essa passagem, ao passo que aqui ela é prerrogativa do poeta-deus, e é transmitida à mula somente com o corretivo confortador do sonho.

(35) O símbolo da *noria* voltará, unido ao do rio, em XIII ($S_2$); sairíamos dos limites fixados para este capítulo observando, como seria possível, as transformações dos símbolos aquáticos na passagem do tema da fonte para o do rio.

um poema precedente constituem um preciso juízo. O juízo tornar-se-á ainda mais severo em seguida: a lírica será eliminada de todas as edições posteriores das *Soledades* e das *Poesías completas*.

Algumas correções de *I* constituem um aperfeiçoamento de sua estrutura poética, uma valorização de seus símbolos, realizada, eventualmente, com palavras já presentes na lírica. Eis duas correções:

| | |
|---|---|
| ... del mármol del Dolor<br>de un bárbaro cincel estatua<br>    ruda (3-4)<br>al humano lenguaje he traducido<br>el convulsivo gesto doloroso<br>    (22-23) | del Mármol del Dolor<br>— soñada en piedra contorsión<br>    ceñuda — (3-4);<br>el cejijunto gesto contorcido<br>y el éxtasis convulso y doloroso<br>    (20-21): |

tornando mais dramática, e ao mesmo tempo mais extática *(soñada, éxtasis)* a imagem do Titã, elas acentuam a tensão opositiva estátua-água já comentada (1.1.), e se fortalecem mutuamente pela relação entre *contorsión ceñuda* e *gesto contorcido*. Os materiais[36] já estão parcialmente presentes no texto, dado que *soñada* evoca *soñadoras* 15 (16) e *soñar* 61 (53), e *ceñudo* evoca *ceño* 32 (30) e prepara um novo verso em evidente *relais* com os citados:

y el ceño torvo del titán doliente (52).

Poder-se-iam acrescentar ao elenco *adoré*, substituído a *admirando* 17, que vem antecipar *adoro* 43 (37) e *adoré* no novo verso 48; ou um *mágico* que, subtraído a *arabescos* tornados *fúlgidos* 46 (40), reaparece, com mais propriedade, à frente de *sonido* 20 (18) da água, antes sem atributos.

Outras vezes as correções remetem a poemas de $S_1$: são portanto um sinal da volta para trás do poeta, aqui ilustrado:

| | |
|---|---|
| Caía lentamente,<br>y cayendo reía<br>en la planicie muda de la fuente,<br>al golpear sus gotas de ironía<br>    (8-11) | Caía al claro rebosar riente<br>de la taza, y cayendo, diluía<br>en la planicie muda de la fuente<br>la risa de sus ondas de ironía<br>    (8-11): |
| Falta | el rebosar de tu marmórea taza<br>el claro y loco borbollar riente (49-50): |

---

[36] Quando, neste parágrafo, houver dupla numeração para os versos, a primeira remete ao texto de *Electra*, a segunda, entre parênteses, ao de $S_1$.

aqui, *rebosar riente* e *borbollar riente* remetem a *sollozar riente* de *X*, 5 (onde a rima é com *doliente* como na segunda citação) e *XII*, 8 (onde a rima é com *fuente*, como na primeira citação; note-se também a relação entre os dois "novos" *rebosar*); a *marmórea taza* (somente *taza* em 9) é idêntica à de XXXII, 5 e *X*, 28 (no plural); *borbollar* é empregado também em VI, 10 e *risa* em *III*, 8, 15. Tudo isso num remanejamento muito refinado, que se pode sintetizar na passagem do esqueleto *Caía... cayendo reía* ao esqueleto *Caía... riente; diluia...risa.*

O mesmo diga-se para:

| | |
|---|---|
| alegre salmo y lúgubre lamento (26) | alegre copla equívoca y lamento (24) |
| el símbolo gigante se aparece (30) | el símbolo enigmático aparece... (28), |

onde *copla* remete a VI, 10, 14, 18, etc. e XLVI, 4 (cp. 1. 7.), e *enigmático* remete a *enigma* de *III*, 3, 10: acentuando juntamente com *equívoca* o contraste não resolvido em que se baseia a lírica.

Mas a correção mais feliz é a que elimina os aspectos redundantes das partes B e E, apontados em 1.1. com aquele desafinamento da passagem do geral ("En el pretil de jaspe, reclinado,/mil tardes soñadoras he pasado etc." 14-15) para o anedótico ("En las horas más áridas y tristes/ y luminosas dejo/ la estúpida ciudad etc." 51-53). Machado compreendeu que a lírica deve ficar fora do tempo, numa medida simbólica e enigmática; por isso, mudou habilmente o primeiro dos dois trechos:

| | |
|---|---|
| En el pretil de jaspe, reclinado, mil tardes soñadoras he pasado, de una inerte congoja sorprendido el símbolo admirando de agua y piedra, y a su misterio unido por invisible abrazadora hiedra (14-19) | Misterio de la fuente, en ti las horas, sus redes tejen de invisible hiedra 37, cautivo en ti, mil tardes soñadoras el símbolo adoré de agua y de piedra (14-17) |

e substituiu ao segundo, por uma das retomadas que lhe são caras, os mesmos versos (14-17), seguidos de uma sintética visão da fonte [38]. Uma mudança decisiva,

---

(37) A imagem de uma rede de hera estendida ao redor do poeta pelas horas — imagem ainda confusa na primeira redação — retornará em CXLIX (*Campos de Castilla*): "Al corazón del hombre con red sutil envuelve/ el tiempo" 9-10. Em VI, 2-3, a hera aparece ao lado da fonte de maneira não-metafórica: "La hiedra asomaba/ al muro del parque, negra y polvorienta..."

(38) Com a função de remeter aos vv. 31-32, conforme se observou na nota 10. p. 179.

possível somente uma vez descoberta a potencialidade simbólica da fonte que em *I* era esboçada com ímpeto ainda não-disciplinado.

Naturalmente, a interpretação da fonte aprofundada dessa maneira ficava sempre heterogênea com respeito à série criada em seguida; e pode ser um dos motivos da condenação infligida depois à composição, embora não o único (a descrição do Titã e de suas contorsões, entre barroco e *liberty*, é estranha ao gosto das *Soledades*) [39].

3.1. Publicadas ambas em 1903, em *Helios*, e reunidas sucessivamente em $S_2$, LXVIII e LXIX pertencem a um período pouco posterior à elaboração de $S_1$, e são evidentemente gêmeas (a inclinação para os partos gêmeos é uma conseqüência estatística do costume de Machado de desenvolver várias vezes os mesmos temas e subtemas). O conteúdo é quase igual: o jardim e a fonte da infância são evocados no próprio momento em que o poeta não os sente mais como vitais para si próprio, e vitais em si, mas, ao contrário, condenados à murchidão *(mustio, marchito)*: com essa fragilidade, eles podem ser varridos da memória *(llevar)* e acabar no silêncio. Assim, o vento que bate ao coração do poeta anuncia-lhe decidido:

> Me llevaré los llantos de las fuentes,
> las hojas amarillas y los mustios pétalos (7-8),

nem agem de outro modo as fadas (ou Parcas?):

> Lleváronse tus hadas
> el lino de tus sueños.
> Está la fuente muda,
> y está marchito el huerto (3-6).

3.2. Nos poemas publicados em $S_2$, e quase todos mais próximos do *terminus ad quem* (1907) que do marco *post quem* (1903), a fonte, a água, eventualmente a árvore (limoeiro ou cipreste) reaparecem no mais das vezes como breves fotogramas em cores, ou melhor, como *clichés*, ainda que de feitura perfeita. Esses fotogramas, precisamente por causa das dimensões limitadas, mantêm o quadro mais simples: jardim ou parque, hora, fonte e/ou água; eles apresentam velozmente (prenotoriedade) o

---

(39) As duas explicações já foram apresentadas respectivamente, por ALONSO, *Poetas españoles contemporáneos*, cit., pp. 140-42 e ZUBIRÍA, *La poesía de A. Machado*, cit, p. 38.

lugar caro à memória, ou um lugar semelhante a esse, harmonizando-se com o tom da lírica mas geralmente sem exprimir, e sem quase implicar valores simbólicos (antes aderindo aos eventualmente ativos no resto da lírica).

Como se o tempo tivesse tido para a fonte a mesma duração e o mesmo peso que para o poeta, os toques de dissolução já aparecidos em LXVIII e LXIX fazem-se freqüentes: folhas secas, frutos murchos, a pedra, tornada escorregadia pelo musgo verde: "mísero fruto podrido" XVIII, 46; "parque mustio... fronda marchita" LV, 13-16 [40]; "las hojas amarillas y los mustios pétalos" LXVIII, 7-8; "verde mustio" XC, 3; "marchitas frondas" XC, 4; "fuente verdinosa" XIX, 3; "la piedra... de verdín cubierta" XC, 6-7; "verdinosa piedra" XCVI, 16 [41].

A posição e a função desses fotogramas são portanto bastante variadas. Em XIX começa-se precisamente pela invocação aos "verdes jardinillos", às "claras plazoletas", sobretudo à "fuente verdinosa/ donde el agua suena, donde el agua muda/ resbala en la piedra" 1-6 [42]; até que o movimento leve é ultrapassado pelo vento de setembro, pelo turbilhão de folhas do outono; imune a esses estremecimentos de decadência (e não prestando sequer atenção ao poeta que deles participa), a mocinha, cheia somente da magia da tarde. O XXIV é um pequeno quadro de cores puras, de linhas nítidas: o sol, a lua, os canteiros de murta (mas ainda assim empoeirada de "marchito velludo" 6); na conclusão há uma tomada de posse do jardim percebido em sua totalidade, e a voz clara da água liga e conclui como um sinal de duração:

> ¡El jardín y la tarde tranquila!
> Suena el agua en la fuente de mármol (7-8)

Também é uma paisagem o número XC: outono e vento que levanta as folhas amarelas; também a fonte, coberta de musgo, cala-se nessa melancólica espera do inverno:

> El agua de la fuente,
> Sobre la piedra tosca
> y de verdín cubierta
> resbala silenciosa (5-8)[43].

---

(40) Já em LXIX, 6: "marchito el huerto".
(41) Também em XCI, 2.
(42) Sobre a água que *sueña*, cp. XLVI, 18 (aqui em l. 7.).
(43) Cp. com os versos 1-6 de XIX, que acabamos de citar.

Em LI *(Jardín)*, um jardim, que não é certamente *o* jardim, é visto com pena [44], com um fio de decepção; e se seus canteiros parecem "la obra de un peluquero" 6, se a palmeira se torna uma "palmerilla enana" 7, é à água (além do pôr do sol purpúreo) que fica confiada a significação daqueles enigmas da natureza e do tempo que não é mais necessário nomear:

> [...] El agua
> de la fuente de piedra
> no cesa de reír sobre la concha blanca (9-11):

portadora de significados que antes compartilhava com outros objetos, a água retorna aqui, e somente aqui, a um explícito *reír*, como nos primeiros poemas.

3.3. Mais importante continua sendo a função da fonte em XVIII, LV, XCIV e XCVI. Em LV e XCVI repete-se a contaminação com outros temas que já se verificou em líricas de $S_1$ (cp. 1.7.). Inclusive, em XCVI, o tema complementar é bastante próximo do de VIII. Também aqui há crianças que brincam (lá também cantavam), aqui também sua juventude é confrontada com os sinais do tempo e da tristeza: em nosso caso, o inverno nevoso, os ramos esqueléticos das árvores, o velhinho que aproveita o sol escasso. A água é testemunha muda, com uma vaga ilusão de sonho:

> El agua de la fuente
> resbala, corre y sueña
> lamiendo, casi muda,
> la verdinosa piedra (13-16)[45]

*Hastío*, LV, desenvolve o tema o tempo não mais na forma introvertida e saudosista dos primeiros poemas da série, mas na forma bíblica (e becqueriana, como observa Macrí)[46] da inexorável imutabilidade das coisas. Para essa colocação, revela-se precioso o ininterrupto tique-taque do relógio, outro símbolo caro a Machado[47], que precisamente em LV se une ao gotejar da água da fonte,

---

(44) Conforme me assinala Macrí, o poema deve ser lido ao lado de LIII, com a tristeza de "naranjo en maceta", o sofrimento do "potre limonero" crescido em "mezquino tonel de madera": tristeza e sofrimento que lembram, por contraste, os puros bosques de Andaluzia, a fresca laranjeira do "patio querido".
(45) Os quatro versos são quase uma variante dos citados (3. 2.) de XC.
(46) *Ed. cit.*, p. 1152.
(47) Cp. ZUBIRÍA, *La poesía de A. Machado*, cit., pp. 43-45, onde se encontrarão confrontos sucessivos para os versos que reproduzo.

conferindo-lhe por similaridade um som ritmado e, obsessivo (semelhante à obsessão da *noria* em seu giro implácavel):

> Dice la monotonía
> del agua clara al caer:
> un día es como otro día;
> hoy es lo mismo que ayer (9-12);

e *monotonía* parece ter encontrado aqui o sentido mais preciso, ligando-se, observe-se, com *hastío, odiosamente, largamente (ha llorado)*.

No fim do envolvente mas desarticulado poema XVIII, tem-se a impressão de reencontrar o jardim dos primeiros poemas. Mas ele já não é o lugar de dialogar com o passado: é ele próprio o passado que aparece no fundo das "galerías / del alma" (37-38), nova invenção poética de Machado. No fundo das galerias, o demônio dos sonhos parece abrir o conhecido portão de *X* e de VI, e o limoeiro aparece por um momento, numa ilusória beleza já roída pelo verme destruidor. A fonte desapareceu:

> Y el demonio de los sueños abrió el jardín encantado
> del ayer ¡ Cuan bello era !
> ¡Qué hermosamente el pasado
> fingía la primavera,
> cuando del árbol de otoño estaba el fruto colgado[48]
> mísero fruto podrido
> que en el hueco acibarado
> guarda el gusano escondido! (41-48).

3.4. Parece assim que o tema da fonte consegue dominar uma lírica inteira somente em XCIV, onde reencontramos um bom grupo de palavras-guia da série: a *plaza* 1, 6, 9, o *huerto* 2, o *ciprés* 4, a *tarde* 5; e palavras ou sintagmas que se referem mais precisamente a poemas precedentes: a "tosca piedra" (cp. XC, 6) a água que "brota" (cp. *I*, 31), a "hiedra" (cp. *I*, 19; VI, 2), a "marmórea taza" (cp. *X*, 28; XXXII, 5). É porém totalmente nova a concepção aqui expressa; não há mais o problema do passado, mas um sentido de desespero existencial; a água que "brota y brota", que dá o único som entre tantas aparências de morte, insiste numa

---

(48) Cp. "del árbol oscuro/ el fruto colgaba" VI, 24; mas aqui o fruto era "dorado y maduro".

condenação que é a da própria vida. Pode-se portanto dizer que aquilo que era potencial, mas retido dentro de uma dinâmica diferente em XXXII (cp. o comentário em 1.4.) chegou agora à perfeição da negatividade.

A lírica deve ser lida com aproximação da alma penada do v. 10 ("donde pasea el alma su traza de alma en pena") para com os pressentimentos lúgubres aninhados em cada canto da praça: os "ecos mortecinos" (7) das vidraças, as caveiras que parecem assomar nos terraços (8). Mas deve ser lida sobretudo em confronto com LIV, onde na mesma "plaza sombría" (1), com os mesmos "reflejos mortecinos" (6) nas vidraças e as mesmas caveiras evanescentes (9), um eco do passo do poeta parece-lhe ser o da Morte, e ele lhe fala e parece decepcionado porque ela o recusa. Mais uma vez, dois gêmeos, que se interpretam reciprocamente [49]

4.1. Também para os poemas de $S_2$ pôde-se observar, sobretudo nos aspectos lingüísticos, a expansão uniforme do sistema expressivo de 1903 a 1907: a rede de referências entre as líricas incluídas em $S_2$ é densa como a que une as composições aparecidas já em $S_1$. Seria de esperar que as líricas de $S_1$ fossem adequadas parcialmente ao nível alcançado pelo sistema em $S_2$ (analogamente ao que se observou em 2.1. para a passagem de *I* de *Electra* para $S_1$). Uma olhada nas variantes mostra ao contrário que somente VI recebe retoques sensíveis, seguida à distância de VIII, ao passo que as outras líricas permanecem quase inalteradas.

As correções são poucas mas compactas, ou melhor, em dois casos, enquadram-se no rol dos retoques feitos sistematicamente em todos os poemas provenientes de $S_1$.

O canto da fonte e o das crianças apresentavam-se várias vezes como *coplas*, "estrofes" [50]. *Copla* é substituído várias vezes em $S_2$, por *canto* ou *voz*: "La fuente cantaba: ¿Te recuerda, hermano/un sueño lejano mi *copla* (corr. *canto)* presente?" VI, 13-14; "Yo escucho *las coplas* (corr. *los cantos) ...* que los niños cantam" VIII, 1-3; e acrescente-se XXXVII, 7-8, estranho a nosso tema: "soñando amarguras/en las *coplas* (corr. *voces)* de todos los misterios" Nos dois primeiros casos, os que nos

---

(49) Cp. BOUSOÑO, *Teoría de la expresión poética*, cit., pp. 133-35, e ZUBIRÍA, *La poesía de A. Machado*, cit., pp. 57-58.
(50) C p. 1. 7. Aliás, em *I*, 26, *alegre salmo* da redação original havia sido substituído em $S_1$ por *alegre copla*.

interessam, *canto* acaba por constituir uma figura etimológica, ou ao menos uma referência etimológica, junto com o verbo *cantar* ("cantaba... mi canto"; "los cantos...que...cantan"), segundo um modelo já presente na primeira redação de VIII, 31-32: "*Cantaban* los niños/ /*canciones* ingenuas"[51]. Seja como for, em VIII *copla* não deixa sinais, ao passo que permanece em VI nos vv. 18 e 27 (onde quem fala é o poeta, ao passo que no v. 14, citado, quem fala é a fonte: logo, uma espécie de *variatio).*

Uma verdadeira caçada é o que Machado instaura contra o adjetivo *lento* [52]. Em nossa série, *lento* desaparece duas vezes, em contextos quase idênticos: "Fue una clara tarde, triste y soñolienta /*del lento* verano (corr. *tarde de verano)*" I, 1-2; "En las tardes lentas /del lento verano" (versos eliminados em S$_2$)[53]. Aqui também a eliminação não é sistemática; somente em VI permanecem os vv. 15, 26, 41, citados na p. 190. Creio que Machado, no conjunto, tenha desejado reduzir essa insistência esplenética no comprimento das horas e das estações, precisamente para valorizar por cóntraste os lugares em que *lento* pode carregar-se de maior sugestividade. Explica-se assim a queda dos vv. 4-5 de VIII, onde os dois *lento* ficavam estranhos ao significado global da lírica, ao passo que, com respeito a VI, cabe antes referir-se a um delicado sentido da *variatio,* que faz com que os três termos *tarde, verano* e *lento* não se apresentem nunca na mesma posição recíproca.

As últimas correções notáveis estão em VIII, 25 e XLVI, 9-10. Em VIII, 25, "A la paz en sombra", com um eco em *X,* 37 ("tu paz en sombra") é substituído por "jugando a la sombra", que aperfeiçoa as referências internas da lírica, já que se disse no v. 4 que as crianças "en coro juegan", mas também as referências à distância a XCVI, onde "los niños juegan" 12. Em XLVI, 9-10, o "compás de sombra/del cristal que sueña" torna-se "compás de sombra/ que en el agua suena". A correção deve, evidentemente, ser ligada com os versos 17-18, "la dulce armonía/ /del água que sueña", com base numa dupla relação: inicialmente, os dois primeiros versos

---

(51) Ficou, ao contrário, em XLVI, 3-4, *copla* com *cantar:* "El agua cantaba / su copla plebeya".
(52) Um amplo levantamento em MACRÍ, *ed. cit.,* pp. 105-6; notável a análise do brevíssimo XXIII, onde a eliminação se dá duas vezes.
(53) Cp. também XXVII, 1: "Quizás la tarde lenta todavía" (corr. "La tarde todavía"; mas a correção é efetuada somente nas *Poesías completas* de 1917).

pertencem a uma estrofe em que já existe a mula a sonhar, de modo que nos vv. 17-18 é como se o sonho se tivesse transferido à água (e a transferência é sublinhada pela repetição *agua-agua*, em oposição à anterior *cristal-agua*); em segundo lugar, *suena* antecipa a alusão fônica de *armonía*. E aqui não interessa somente a palavra substituída, mas também a que substitui: com efeito, *suena* começa a ser ligado a *agua* precisamente nos poemas de $S_2$: "Suena el agua" XXIV, 8; "no más que el agua suena" XCIV, 12.

Mas o poema a que Machado dedicou os mais longos cuidados é VI. Posso limitar-me a resumir os resultados da análise mais ampla, que incluo em apêndice. Em particular, enquanto a primeira redação, conforme se mostrou aqui (1.6.), estruturava a lírica com base em toda uma série de oxímoros mais ou menos descobertos (sinal da ambigüidade sentimental da nostalgia), a última realiza uma orquestração mais discreta e seletiva; a melancolia indistinta do início abre-se para uma ilusão de alegria no acalentamento do passado, ilusão logo desmentida pelo canto desenganador da fonte, através da denúncia de uma dor indelével que deixa nos últimos versos a declaração de uma tristeza ininterrupta. Tudo isso é obtido discriminando os matizes tonais, ora com vantagem dos alegres, ora dos tristes e melancólicos: na prática, a construção em oxímoro cede o lugar para uma estrutura em contraponto.

4.2. Mas a escassez de correções introduzidas em $S_2$ no grupo da fonte não é sinal de indulgência por parte do poeta; ao contrário, a porta de seu gosto, modificado, era tão estreita que não deixou mais passar em $S_2$ bom número de líricas sobre o tema da fonte: *I, III, X, XII*. São justamente os poemas em que o simbolismo do tema foi esboçado e transformado: é como apagar uma pré-história atormentada para deixar à luz somente uma história de perfeição.

Mas a autocensura tem motivos verificáveis também no plano do conteúdo: Machado condenou o riso da fonte. Nas composições eliminadas, o murmúrio risonho contrapunha-se quer ao tormento da estátua, quer à *rêverie* dolorosa do poeta; esse riso sobrevive somente em VI e VIII, justamente para ser negado em sua verdade, ao passo que nos outros poemas a água cai ou escorre ou estagna segundo o próprio humor do poeta, com a liberdade concedida pela fantasia. Em suma, a autocensura visou a defender a sincronia do sistema, em que a diacronia anterior exercia, debaixo, um impulso demasiado forte, e desagregador.

O tema da fonte voltará a despontar no fecho dos *Campos de Castilla* (CLII). A maravilhosa lírica, dedicada a Juan Ramón Jiménez, é uma homenagem declarada a suas *Arias tristes*, de 1903; falar nela significaria não somente enfrentar a poética dos *Campos de Castilla*, mas também o complicado diálogo entre os dois grandes líricos espanhóis: entrar em outras estruturas, assimilar outros temas semiológicos.

É melhor, por enquanto, que o discurso pare. É uma homenagem ao gosto machadiano, creio eu, concluir com uma beleza não desvendada, com um murmúrio de fonte que espera ao longe.

*Apêndice*
As variantes de *Soledades* VI

A crítica das variantes sempre encontrou numerosos adversários. Uma vez que a obra literária alcançou seu estágio definitivo, acabado e auto-suficiente, as tentativas anteriores do escritor têm (diz-se) pouco interesse. Considerações involuntariamente reforçadas pelos "variantistas" mais ingênuos que, confundindo a definitividade cronológica com a qualitativa, reduzem a análise das variantes a uma salmodia em que o feio deixa o lugar ao bonito, o impreciso ao preciso, e assim por diante. Na verdade, as diferentes fases da elaboração de uma obra são estruturas ou sistemas[54] : a substituição de uma forma, de uma palavra, de um episódio aos precedentes, produz somente em casos raros um incremento localizado de beleza, mas freqüentemente contribui para a instituição de uma nova estrutura ou de um novo sistema, para cuja perfeição global cada nova variante é destinada a dar sua contribuição. Do ponto de vista cognitivo, a possibilidade de confrontar duas ou mais estruturas ou sistemas sucessivos faz com que se captem os elementos do contexto na oposição com os elementos precisos com que

---

(54) Prefiro o primeiro termo no caso de redações acabadas e eventualmente publicadas, o segundo quando as relações de solidariedade se encontrem (pelo caráter provisório da execução), ou sejam consideradas pelo crítico (por motivos teóricos), na sua virtualidade. Pertence à segunda eventualidade o uso que farei, aqui, do termo *sistema*.

eles, no sentimento lingüístico e estilístico do autor, disputaram a preferência (e não numa oposição genérica com seus possíveis "sinônimos" nas instituições lingüísticas e estilísticas).

As variantes do número VI de *Soledades* já atraíram os cuidados dos críticos[55], mas no interior de posições diferentes daquela que aqui esboço. A lírica pertence à série, bastante rica, dedicada à *fuente:* o fluir uniforme da água (seu murmúrio) estimula, precisamente por sua monotonia, o caminho *à rebours* da memória. Nessas composições, a uniformidade do murmúrio é evocada com uma voluntária monotonia de imagens: as palavras, as rimas, os pretextos de diálogos repetem-se quase obsessivamente, mas, ainda assim, em cada caso diversamente matizados no contexto e no significado; como o sentimento do poeta, que transcorre entre melancolia, doçura, dor, numa declinação suntuosa da nostalgia.

A lírica pode assim dividir-se: I) Aproximação do jardim e da fonte (vv. 1-12); II) O canto da fonte: continuidade do passado (vv. 13-26); III) Palavras do poeta à fonte: o passado como ilusão (vv. 27-36); IV) Resposta da fonte: o passado como dor (vv. 37-44); V) Abandono do jardim (vv. 45-52)[56]. E eis uma primeira série de passagens paralelas (indicarei sempre, numa primeira coluna, a secção da lírica a que pertencem os versos, e à versão definitiva farei seguir, entre parênteses, as variantes da primeira redação):

(I)   Fue una clara tarde, triste y soñolienta
      tarde de verano (Del lento verano) (1-2)

(II)  Fue una tarde lenta del lento verano (15)
      Fue esta misma lenta tarde de verano (26)

(III) ... en la tarde de verano vieja (32)

(IV)  Fue una clara tarde del lento verano (39)

É claro que a variante do v. 2 antecipava o v. 15 e era retomada no fim pelo v. 39 (com uma circularidade cara a Machado, e verificável também no esquema da lírica). A correção tem certamente motivos locais: eliminar a quase-rima interna *soñolienta: lento;* substituir à adjeti-

---

(55) Cp. D. ALONSO, *Poetas españoles contemporáneos*, Madri, Gredos, 1952, pp. 103-59; O. MACRÍ, *Studi introduttivi* a *Poesie* de A. Machado, Milão, Lerici, 1969, p. 104. Cito a partir dessa preciosa edição, utilizando seu aparato de variantes, e remetendo uma vez por todas a seu quadro crítico e a suas notas.

(56) Nas primeiras edições, a lírica era dividida, pelo autor, em três partes, correspondentes respectivamente à I. II e III, e à IV e V de minha divisão.

vação tríplice um pouco convencional *(clara... triste y sonolienta)* o *enjambement* entre os vv. 1 e 2, com a eficaz retomada de *tarde* e com distinção entre o objetivo *clara* e os subjetivos *triste y soñolienta*. Mas é mais importante, em minha opinião, o fato de que *lento* [57] já faz alusão a uma duração psicológica, e foi por isso reservado às secções II e IV. Assim, de *clara tarde*, descritivo, passa-se à *variatio* de *tarde lenta* e *lenta tarde*, apropriadas ao monótono canto da fonte; passa-se em seguida a *tarde... vieja*, com o adjetivo, que Machado refere ao passado vivido [58]; finalmente, acentuando o contraste entre aparência alegre e substância triste, à *clara tarde*, porém de um *lento verano*. Uma série de oposições que se entrelaça com a outra, entre passado e presente: "un sueño lejano/mi canto presente" 14, "tu copla presente/es lejana" 18, "ahora/entonces" 44.

A correção feita no v. 2 deve portanto ser considerada em relação não somente com seu contexto, mas com os outros pontos conteudisticamente afins da lírica. Isto resulta ainda melhor da série de variantes relativas ao murmúrio (canto) da fonte. Partamos dos versos das duas primeiras secções:

(I) La fuente sonaba (Lejana una fuente riente sonaba), 4
[ la sonora copla...]
me guió a la fuente. La fuente vertía (a la fuente que
    alegre vertía)
sobre el blanco mármol su monotonía (11-12)

(II) La fuente cantaba (13)
... "mi cristal vertía
como hoy sobre el mármol su monotonía (su clara armonía)
(19-20)

Nota-se imediatamente a oposição entre dois sistemas: o da primeira redação, caracterizado, no tom, pela presença de expressões de alegria *(riente* — atributo rimado de *fuente* —, *alegre, clara armonía)*, na sintaxe pela indistinção do nexo "*fuente*+verbo" (num caso é precedido por *lejana*, e leva o artigo indefinido *una*, noutro está no fim de um período, e com o verbo mediado

---

(57) A tendência, observada de maneira exata por MACRÍ, *op. cit.*, pp. 105-6, para eliminar o adjetivo *lento*, deve portanto ser atribuída ao desejo de selecionar-lhe melhor o significado. Observe-se, por exemplo, que o verso 15 dessa lírica era retomado, idêntico, no n.° VIII ("en las tardes lentas del lento verano"), mas foi abandonado durante a revisão (cp. aparato crítico, *ed. cit.*): uma vez limitada a freqüência do adjetivo, dentro e fora de nossa lírica, ele adquiriu uma função mais específica, na qual se fixou.
(58) Cp. III, 10; VII, 10; VIII, 12, 26; XV, 6; XXXIV, 6, etc.

por um relativo); o da última redação, caracterizado pela neutralidade tonal e pelo destaque produzido pelo isolamento sintático e rítmico (e veja-se, ademais, no v. 12, a fratura com retomada:... *a la fuente. La fuente...* [59].

A passagem entre os dois sistemas enquadra-se numa reelaboração mais ampla, que envolve toda a lírica. Eis uma variante da última secção:

> (V) tu monotonía,
> fuente, es más amarga que la pena mía (alegre, es más
> triste que la pena mía) (47-48)

A redação inicial, com o oxímoro *alegre-triste*, está em relação com a citada dos vv. 11-12, que também esconde um oxímoro, mais leve: *alegre-monotonía*, e está finalmente em relação com dois versos que na primeira redação seguiam o v. 38 e que foram eliminados em seguida:

> Mis claros, alegres espejos cantores
> te dicen riendo lejanos dolores,

eles também com oxímoro implícito entre *claros, alegres, riendo* e *dolores*.

Em suma, a primeira redação estruturava toda a lírica com base nesses oxímoros mais ou menos descobertos, para exprimir a ambigüidade sentimental da nostalgia que apontei no início. Processo aplicado também numa lírica semelhante, a de nº VII ("cual vierten sus aguas Las fuentes de piedra: Con *monotonías.* De *risas* eternas, Que no son *alegres,* Con *lágrimas* viejas, Que no son *amargas* Y dicen *tristezas*...", 7-14), mas que é aqui abandonado em favor de um desenho mais variadamente circunstanciado. Na última redação, sucedem-se, com efeito, a melancolia indistinta do início (I-II), a ilusão de alegria no devaneio sobre o passado por parte do poeta (III), a descoberta da dor no canto desenganador da fonte (IV), o reconhecimento de uma ininterrupta tristeza nas frases conclusivas (V).

Descobre-se agora a motivação das modificações acima destacadas. À ambivalência difusa substituíram-se a maior neutralidade de I (variantes nos vv. 4 e 11) e a

---

(59) Outro destaque, de carácter acústico e expressivo, é o que foi obtido pela substituição de "golpeó el silencio" a "sonó en el silencio" 8, estudada por D. Alonso. Note-se que, ao contrário, repetindo-se a estrofe no final da lírica, nela permaneceu, com seu tom mais amortecido, "sonó en el silencio" 52.

mais pura expressão de dor de V (variante no v. 48); permaneceram, pelo contrário, os termos alegres de III:
    copla riente, 27; claro cristal de alegría, 29; mi alegre leyenda, 31
e a oposição, desejadamente desequilibrada em favor do segundo, entre alegria e dor em IV:

> Yo no sé leyendas de antigua *alegría,*
> sino historias viejas de *melancolía* (37-38);

e é portanto claro que em IV não podiam mais caber, após essa reorganização, os dois versos eliminados depois do v. 38, que ainda eram um eco da ambivalência.

A discriminação dos matizes sentimentais poderia ter numerosas confirmações estilísticas. Observarei somente em II a maiêutica da recordação, realizada através das freqüentes interrogações ("¿ Te recuerda, hermano?" 13, "¿Recuerdas, hermano?" 21 e 25) e através da insistência em *mismo*, que identifica passado e presente ("Fue esta misma tarde" 19, "lo mismo que ahora" 25, "Fue esta misma lenta tarde" 26); em III, a voluntariedade do poeta, marcada pelos simétricos *yo sé* 29, 31, 33; em IV, a freqüência obsessiva de *pena,* 40, 42, 43, e da imagem da sede ("labios que ardían" 43, "la sed" 44); em V, a resolução, mas tão provisória do distanciamento ("Adiós para siempre" 45 e 47). Inútil insistir mais: as mudanças introduzidas pelo poeta na lírica, não relevantes se comparadas em sentido horizontal com as lições primitivas, revelam-se ao contrário decisivas quando ligadas, verticalmente, com as outras, e opostas ao bloco das redações recusadas. A lírica tornou-se, através de poucos mas rigorosos retoques, uma outra[60].

---

(60) Ficam fora de minha análise somente duas variantes. A primeira é no v. 14: "mi canto presente" (mi copla presente). Nas passagens paralelas, vv. 18 e 27, ficou sempre *copla presente* ou *copla riente*. A mudança aperfeiçoa a *variatio,* distingue as palavras da fonte, que usa *canto,* das do poeta, que usa *copla,* e finalmente institui uma outra retomada: "La fuente cantaba: / ¿Te recuerda, hermano,/ un sueño lejano mi *canto* presente?" A segunda diz respeito aos vv. 23-25, e é um verdadeiro retoque tonal, uma vez que elimina a redundância demasiado *cantabile* de versos como: "los claros cantares/ que escuchas ahora./ Del árbol oscuro/ el fruto colgaba, dorado y maduro".

## CONVITE À FARFALLA DI DINARD

Esta coletânea de pequenos escritos, já publicados no *Corriere della Sera* e no *Corriere d'Informazione,* foi imediatamente apontada quando de seu aparecimento[1] e quando de sua mais ampla sistematização[2]. Mas dir-se-ia ter sido o nome de Montale que levou os críticos a uma homenagem de obrigação, e não um verdadeiro interesse pelo livro, ao qual não convém de fato uma análise monográfica e antônoma[3].

---

(1) Neri Pozza, Veneza, 1956.
(2) Mondadori, Milão, 1960. Finalmente (Mondadori, Milão, 1969) saiu uma nova edição, ulteriormente ampliada. Cito por esta, empregando a sigla FD; analogamente, OS = *Ossi di seppia;* O=*Le occasioni;* B=*La bufera e altro.*
(3) Devem contudo ser lembradas as intervenções de S. ANTONIELLI, "Belfagor", XVI, 1961, pp. 512-14 e de M. FORTI, "Aut-aut", 63, 1961, pp. 264-69, mais tarde em *Le proposte della poesia e nuove proposte,* Mursia, Milão, 1971, pp. 169-75.

A FD, em nossa opinião, deve ser focalizada entre a poesia de Montale e o próprio Montale, já que esses escritos nasceram num nível imaginativo que não é mais autobiografia e que ainda não é de todo poesia. (Não seria difícil — no fim tocaremos nisso — indicar capítulo por capítulo, trecho por trecho, como esses escritos se orientam alternadamente para um ou para o outro desses dois pólos.) E convém colocar o ponto de observação um pouco acima (um pouco longe) para captar o funcionamento deste sistema, de que a FD deve ser tomada como verificação, antes de ser consagrada como conseqüência. Um programa que implica o reexame completo de toda a obra montaliana, e de que, por enquanto, nos basta fixar alguns traços.

O elemento autobiográfico é evidente e declarado: seguimos Montale desde os jogos e as fantasias da infância, até os amados estudos de canto [4], a estada e os encontros florentinos. Monterosso, Gênova e Florença são as três capitais sucessivas dessa autobiografia. De um escritor discreto como Montale não cabe esperar exibições ou gulosas indiscrições. E no entanto... Vejam-se enquanto isso os julgamentos cáusticos, os ressentimentos que rasgam freqüentemente a tela precisa da saudade: a aldeia da infância "terra di reclusi, di vittime e di alcoolizzati" (*Donna Juanita*), a cidade da adolescência "quella sua città buonsensaia e commerciale" (*Il successo*). Ou faça-se um recenseamento das mulheres: suas aparições sobrenaturais e ofuscantes ficam confinadas às líricas, ao passo que em FD as mulheres aparecem no mais das vezes agressivas, masculinas (*Le rose gialle, La tempestosa, L'angoscia, Le vedove*) ou como companheiras queixosas, suportadas com estoicismo. (*Il pipistrello, L'angiolino, Reliquie, "Ti cambieresti con...?"*), como se a idealização poética da mulher constituísse um

---

(4) Os reflexos da experiência musical na experiência poética são consideráveis. Para nos limitarmos às fases mais elementares, e utilizando somente a FD, observaremos a sensibilidade para os ruídos, para as vozes, para as tonalidades e colorações: "... non sostenere con un grugnito di consenso il gargarismo che emette Sparafucile [...]. Quel modesto suono di grattugia non è difficile" (*Il successo*); "sprofondare poi nel conclusivo rantolo ultrabasso (fa diesis sotto le righe)" (*Il laceraio spirito*); "l'ultima sillaba s'ingorgò profondissima, come un suono d'organo, coprendo lo stridore degli ultimi tranvai notturni" (*La piuma di struzzo*); "la voce eternamente "in maschera" — *mi mi mi* su tre ottave, uno squittio di marmotta e poi un rantolo di moribondo" (*ibid.*); "dal basso qualcuno abbaiava "Allò allò" nel ricevitore staccato" (*Il pipistrello*); "Dall'alto piove un canto lungo, soave, pungente, mesto e letissimo. Un ghirigoro di luce nel buio.
È una cinciallegra — dice il calzolaio" (*Ti cambieresti con...? '); "Alcune rane riuscivano a insinuare i loro fischietti sfiatati tra i rumori che venivano dall'isola" (*Crollo di cenere*).

contraponto visionário de um fastio para com a feminilidade terrena, integrada nas misérias da convivência. Fastio misto de timidez e de voluntária auto-humilhação. Veja-se a paciente melancolia das respostas nos diálogos dos contos citados, ou mesmo, descendo à mais rasteira rotina familiar, certas observações sobre as criadas: "la nostra *padrona*, l'umile vittima e *tiranna* ch'è rimasta con noi sino alla vigilia delle grandi distruzioni" *(Le rose gialle);* "Palmina speculava incredibilmente sulla *mia attitudine interiore a credermi sempre dalla parte del torto. Padrona* fino all' assurdo, diceva sempre 'noi povere serve', ed io pensavo che fosse davvero maltrattata" *(ibid.);* "Maria era stata fra i quindici e gli ottant'anni *l'arbitra e la regolatrice* della sua nuova casa" *(La donna barbuta).* O fato é que a própria vida quotidiana se afigura sempre a Montale como um limite, somente transponível pela memória. E, ao contrário, "le donne sono particolarmente inadatte alla ricerca del tempo perduto" *(Le rose gialle),* podem até mesmo fazer, dessa procura, o motivo de uma repreensão imobilizadora: "— ma tu vuoi restarci dentro, nel fosso; a pescarci le anguille del tuo passato —" *(Il bello viene dopo).*

Para sobreviver, é preciso tentar evadir do cinzento; e a FD documenta as primeiras e simples alavancas para essa evasão: a curiosidade pelos tipos humanos, o gosto por uma conversação refinada e, em última análise, o esnobismo, inclusive seus reflexos hedonísticos, desde o amor pelas viagens à competência gastronômica. Um anedotário amplamente documentado na FD *(I nemici del signor Fuchs, Il signor Stapps, Dominico, Honey, Cena di San Silvestro,* etc.). Anedotário? Esbocemos uma "localização" das líricas, e encontraremos um repertório geográfico consideravelmente extenso; examinemos sua linguagem, e não saberemos excluir os laços entre as freqüentes alusões exóticas e os recheios poliglotas que, nos diálogos dos contos citados, aparecem na fase mundana originária.

Os amplos afloramentos de terreno existencial observáveis na FD permitem, em várias ocasiões, reconstruir o contexto real de que foram subtraídas as imagens líricas, em prosa ou em poesia. Eis aqui alguns versos de *I limoni* (OS):

> Io, per me, amo le strade che riescono agli erbosi
> fossi dove in pozzanghere

> mezzo seccate agguantano i ragazzi
> qualche sparuta anguilla.

Fácil interpretar a imagem, levando-se em conta inclusive a contraposição com a flora predileta e com as escolhas estilísticas preciosas dos "poeti laureati". Mas eis *L'anguilla* (B),

> che solo i nostri botri o i disseccati
> ruscelli pirenaici riconducono
> a paradisi di fecondazione.

Aqui, o episódio da enguia torna-se símbolo de uma cansativa transferência de amor. Não basta: na FD o fosso das enguias torna-se o da memória:

> [Il Manzanillo] non fa morire, porta via il ricordo di tutto. Dopo saresti come una donna che ha saltato il fosso, che non ha piú paura di nulla. Ma tu vuoi restarci dentro, nel fosso, a pescarci le anguille del tuo passato *(Il bello viene dopo)*.

A persistência dessa imagem brota de uma lembrança infantil sedimentada e decantada. A FD conserva precisamente, no escrito pelo qual estamos citando, a lembrança do "botro melmoso che passava accanto alla mia casa" prosseguindo:

> se è piovuto molto, c'è qualche ristagno d'acqua,
> intorno al quale si affollano le lavandaie. Ma
> ci sono le anguille, le migliori del mondo. Rare,
> piccole anguille giallognole che è difficile vedere
> sotto la superficie grassa del sapone che intorbida l'acqua,

e por aí afora com a descrição da pesca. Por meio de confrontos, poder-se-ia remontar das imagens freqüentes que a caça às aves inspira nas líricas *(Alla maniera di Filippo de Pisis* [O] Il *gallo cedrone* [B], etc.) até as abundantes evocações infantis, mais que de caçadas, de perseguições e fantasias sobre as aves na FD *(La busacca, Il bello viene dopo,* etc).

É como se um Montale inesperadamente caridoso para com seus críticos tivesse desejado fornecer-lhes as coordenadas para orientar os comentários futuros. Basta um exemplo, a releitura de *Fine dell'infanzia* (OS) tendo à mão a FD

> rombando s'ingolfava
> dentro l'arcuata riva
> un mare pulsante:

Il vasto anfiteatro nel quale irrompeva il mare *(La casa delle due palme)*:

> scarse capellature
> di tamerici pallide:

un sottile filare di tamerici *(ibid.)*;

> So che strade correvano su fossi
> incassati, tra garbugli di spini;
> mettevano a radure, poi tra botri,
> e ancora dilungavano
> verso recessi madidi di muffe,
> d'ombre coperti e di silenzi:

mi fa ricordare il botro melmoso che passava accanto alla mia casa. Chissà se c'è più. Serpeggiava, forse si insinua ancora fra rocce e canneti e non si può costeggiarlo che in pochi tratti *(Il bello viene dopo)*;

Il botro asciutto, col piccolo sentiero sopraelevato *(La casa delle due palme)*;

> e noi certo corremmo
> ad aprire la porta
> stridula sulla ghiaia del giardino[5].

in cancello arrugginito e il viale in salita che portava alla pagoda [...] La ghiaia scricchiolò *(ibid.)*[6]

Não se fez menção da cronologia; ela não apresenta problemas senão em poucos casos. Se a FD remonta, segundo as declarações do autor, a 1946-50, é claro que ela concentra num arco muito tenso vicissitudes que a poesia havia filtrado num período de mais de trinta anos. Os escritos da FD são portanto, quando desenvolvem temas das líricas, um itinerário de saudade, uma segunda representação. E um estudo sobre eventuais contigüidades de imagens não pode subtrair-se à suspeita de involuntárias reminiscências das líricas na FD. Um exemplo: parece que, para desenvolver determinado tema (multidão ruidosa reunida à noite para um espetáculo de massa) afloraram, no momento de escrever *Crollo di cenere* (FD), palavras e estilemas de *Buffalo* (O):

> Un dolce inferno a raffiche addensava
> nell'ansa risonante di *megafoni*
> turbe d'ogni colore [...]
> Vaporava *fumosa* uma calura
> sul golfo *brulicante*; in basso un arco
> lucido figurava una corrente
> e la *folla* era pronta al varco. Un negro
> sonnecchiava in un *fascio luminoso*

---

(5) Cp. também: "fa che il passo/su la ghiaia ti scricchioli e t'inciampi / il viluppo dell'alghe" *(Arsenio, OS)*.

(6) Cp. também a "siepe di pitòsfori" desse escrito e o "pallore ondulante oltre la siepe/ cimata dei pitòsfori" de *Vecchi versi* (O).

> che tagliava la tenebra; da un palco
> attendevano donne ilari e molli
> l'approdo d'una zattera:

> Il ponte di barche che portava ai primi posti, in faccia all'isolotto dell'Indiano, era vicino [...]. V'erano passati, poco prima, alcuni personaggi d'alto bordo, avvolti in neri pepli, fra gli scarsi applausi e gli ossequi di un gruppo di piròfori che diradavano il buio con torce *fumose* [...]. Il cielo era tagliato da grandi *fasci luminosi* di riflettori e una folla enorme mareggiava intorno all'isolotto, battuto anch'esso da grossi fari, sul quale correvano registi armati di *megafoni* e di fischietti [...]. Il formicaio dei centomila spettatori *brulicava* tutto.

Nessas retomadas, a FD chega a desvendar o entrosamento progressivo de uma imagem com um núcleo simbólico. Partamos do mesmo *Crollo di cenere*. A narrativa tem em seu centro um dos muitos ingênuos presságios através dos quais se pensa às vezes entrar em contato com o destino. Uma mulher atribuiu um valor de auspício à ordem de sucessão entre a queda da cinza de um charuto que seu homem está fumando e a subida de uma lesma num murinho. Ora, temos, nas líricas, de um lado, em *Carnevale di Gerti* (O), um núcleo simbólico idêntico, expresso por outra imagem:

> [...] Penso
> che se tu muovi la lancetta al piccolo
> orologio che rechi al polso, tutto
> arretrerà dentro un disfatto prisma
> babelico di forme e di colori;

de outro lado, em *Stanze* (O), a mesma imagem numa fase simbólica mais elementar (o pressentimento da caducidade), mas talvez já orientada em sentido mágico:

> In te m'appare un'ultima corolla
> di cenere leggera che non dura
> ma sfioccata precipita [...]
> [...] Oh il ronzío
> dell'arco ch'è scoccato, il solco che ara
> il flutto e si rinchiude!

Quando, porém, as correspondências dizem respeito a B, a relação cronológica aproxima-se da contemporaneidade e os laços entre poesia e prosa se tornam mais delicados e difíceis. Poucos anos separam a *Ballata scritta in una clinica* (B) de *L'angiolino* (FD); mas aqui não nos contentamos em observar as correspondências textuais entre as duas composiçoes, a identidade do objeto central, um despertador de viagem:

> hai messo sul comodino
> [...] la sveglia
> col fosforo sulle lancette
> che spande un tenue lucore
> sul tuo dormiveglia:

È uma sveglia quadrata, chiusa in un bell'astuccio rosso, e se fosse tenuta suo comodino brillerebbe anche di notte perché ha le lancette luminose, di fosforo... (...brulicante allumachío di fuoco...).

Aqui preferimos captar no ar a função catalisadora dos objetos-talismã: em dois episódios distantes, o despertador prodigaliza diferentes porções de mistério.

Quase contemporâneos deveriam ser *Vento sulla mezzaluna* (B) e *Sosta a Edimburgo* (FD). Poder-se-ia ainda falar de integração de contexto, sobretudo levando em conta que a prosa elucida indicações não imediatamente interpretáveis da lírica *(Mezzaluna* no título, *Crescente* no texto):

> L'uomo che predicava sul. Crescente
> mi chiese "Sai dov' è Dio?" Lo sapevo
> e glielo dissi. Scosse il capo. Sparve
> nel turbine che prese uomini e case
> e li sollevò in alto, sulla pece:

A Edimburgo, città dove le piazze principali hanno forma e nome "di crescente", ovvero di mezzaluna, sorge una chiesa dal perimetro poligonale che ha tutt'intorno una scritta [...]. Tale sterminata leggenda [...] dice allo smemorato passante dove il Capo Celeste non si trova, dov'è inutile cercarlo... *God is not where.* Dio non è dove... [...] Un giorno d'estate mi capitò di girare a lungo intorno a quella folta matassa, ritornando continuamente sui miei passi e dicendomi con l'angoscia in cuore e la vertigine in testa: — Ma insomma, dov' è Iddio, dov' è? —

Mas na realidade trata-se de dois desenvolvimentos autônomos, ainda que paralelos. Na forma concentrada da lírica, a resposta é peremptória, atribuição do problema máximo à decepção pessoal ("Il grande ponte non portava a te ..."). Na prosa, a gravidade da pergunta é, não sabemos se adoçada ou tornada mais picante, pela curiosa formulação em forma de negações que se sucedem, pelos matizes de intriga do debate extemporâneo surgido na praça entre os edimburgueses de diferentes credos. E isso remete a uma das fórmulas básicas desses escritos montalianos: conversas, evocações, narrativas bonachãs (na aparência), por vezes birrentas (na

215

aparência), mas envolvidas por inquietações pesadas de ameaça.

Ainda mais intrigantes as relações entre *Reliquie* (FD) e *Per album* (B). Se de fato a prosa for anterior à poesia[7], podemos dizer que captamos o salto do enleio fantástico e incondicional de imagens (animais, segundo uma clara tendência montaliana) para sua antropomorfização carinhosa em atmosfera erótica. Fixemos, por ora, o núcleo comum:

> ... l'Ocapi, quel buffo animale mezzo capra e mezzo porco di cui volevi eternare la memoria [...]. Di' mezzo asino, mezzo zebra, mezzo gazzella, mezzo angelo. Un esemplare unico al mondo, di una specie che si credeva scomparsa da secoli:
>
>> Ho continuato il mio giorno
>> sempre spiando te, larva girino
>> frangia di rampicante francolino
>> gazzella zebú ocàpi.

Em *Reliquie*, a figura do ocapi aparece numa velha foto conservada, com muitas outras, numa caixa de recortes. Uma figura que os protagonistas feminino e masculino tentam trazer, respectivamente, para uma banalidade medíocre ou para uma transfiguração exaltada ("quel buffo animale mezzo capra e mezzo porco" / "Di' mezzo asino, mezzo zebra, mezzo gazzella, mezzo angelo. Un esemplare unico al mondo [...] è troppo delicato per stare tra belve come noi [...] una meraviglia che sembrava oscillare fra il Bedlington-terrier[8] e il tasso, fra la porchetta e il capriolo, fra la capra e l'asinello di Pantelleria [...] un paradiso per gli occhi, una speranza ineffabile per il cuore")[9]. Por certo, reproduz-se também aqui o contraste já observado entre a necessidade de evasão fantástica do homem e o chamado de volta para medidas mais limitadas por parte da mulher. Mas atrás das inocentes lembranças de animais aninham-se evasões bem diferentes, e parece que a mulher "da prosa" as pressente (observe-se a insinuação: "quel buffo animale

---

(7) Conforme me comunicou amavelmente Giorgio Zampa, a prosa foi publicada no dia 28 de agosto de 1948. *Per album*, segundo declara Montale na Nota de B, é posterior a 1950.

(8) Lembramos o "Bedlington" dos *Madrigali fiorentini* (B) e a respectiva explicação no fim do volume.

(9) A passagem da fórmula descritiva "mezzo asino, mezzo zebra, etc." para o assíndeto identificando "larva girino frangia di rampicante, etc." é típico da eliminação poética de qualquer concessão realística. Cp., também, sempre quanto à prosa: "Pantegana? Che cos'è ? [...] una bestia, ma non proprio una bestia: un grazioso animalino da pelliccia, una specie di furetto o donnola o cincilla [...] è qualcosa come una lontra, un castoro, un pelo ch'è una delizia" (*Sera difficile*).

mezzo capra e mezzo porco *di cui volevi eternare la memoria"*). O fato é que não somente o ocapi com seu séquito de comparações serviu mais tarde para indicar a mulher "poética" de *Per album*, mas também um outro animal daquela longa série de recordações: a "volpe rossa" que "s'era imbucata nella sua casetta dentro la gabbia, a Zermatt" servirá para designar a mesma mulher de *Per album* nas líricas imediatamente seguintes.

Em suma: imagens quase sem importância, escolhas gratuitas de uma atenção curiosa e persistente podem oferecer-se a Montale no momento de maior concentração lírica, passando de uma potencialidade procrastinada à nitidez do símbolo. Trata-se de um esquema poético que a FD enuncia claramente, embora de maneira esparsa. Notemos, por enquanto, sempre no texto em foco, um enunciado central e bem sublinhado: "La nostra vita è un bestiario, è un serraglio addirittura" e lembremos que não somente aqui, mas também em outros textos *(Sul limite, L'angoscia)* parece esboçar-se uma irônica periodização autobiográfica através de animais possuídos ou vistos, ao passo que outros ainda *(Il pipistrello, Sera difficile)* trazem uma nova contribuição de anedotas a esse zodíaco.

Com efeito, não é difícil perceber que Montale presta uma atenção excepcional nos animais, dos quais emprega com prazer os traços, inclusive para descrever seus semelhantes[10]. Mas por baixo dessas silhuetas de animais há mais coisas, como nos diz ou nos dá a entender *La piuma di struzzo* (FD):

> Mi chiedo spesso, non quali libri ma quali esseri viventi o defunti io potrei rivedere fulmineamente e involontariamente se fossi posto (facciamo gli scongiuri) davanti a un plotone d'esecuzione o se mi trovassi in procinto di affogare, senza possibilità di scampo in vista. *Uomini o bestie favorite?* Uomini — o donne — che mi furono cari o piuttosto gente di passaggio, individui appena sfiorati che non sospettarono mai di aver preso tanto posto nella mia coscienza?

Entre homens e animais, entre pessoas caras e desconhecidas, o arbítrio da memória, diz Montale com uma *excusatio* psicológica não pedida — lembre-se também que em *L'Arca* (O) o velo de ouro "nasconde i

---

(10) Eis uma pequeníssima exemplificação extraída da FD: "non una bagnante ma un'enorme medusa" *(Donna Juanita)*; "I prediletti allievi si davano il turno attorno alla salma con piccoli squittii in "maschera" (*mi mi mi*) come topi" *(In chiave di "fa")*; "un Tamagno che ha la voce di una zanzara" *(Il lacerato spirito)*; [l'immagine di Dirce è quella] di uno strano uccello da preda raggomitolato, con le piume del naso (del becco) vibranti, etc." (*La tempestosa)*; "[gli occhi di Gabriela sono] gli occhi del gheppio in gramaglie"; [Gabriela] "la fissò come un rapace fissa un pulcino" *(Gli occhi limpidi)*.

217

miei morti/i miei cani fidati, le mie vecchie/serve", e acrescente-se outra frase-chave de *Le rose gialle* (FD): "Dice ch'è un particolare secondario? Non avrebbe avuto tanto peso per lei". Essas decisões nada mais são, portanto, do que a maneira primigênia e fundamental de captar a realidade para Montale: uma realidade que é anterior ao sentimento[11] e portanto também ao afeto, e cujos fragmentos são precisamente o coágulo insolúvel ao redor do qual o sentimento se fixa, âncora da fantasia na verdade ou, quando o tempo tiver transcorrido, garantia de que o passado existiu.

Que um dado aparentemente anedótico — a paixão de Montale pelos animais — possa ser relacionado com categorias dessa envergadura, é o que nos pode confirmar uma outra correspondência entre FD e as líricas: a função de *madeleine* atribuída a objetos humildes ou desprezíveis, digo, sumamente desprezíveis do uso caseiro:

Federigo visitò in fretta l'appartamento e provò un tuffo al cuore, come se avesse incontrato un fantasma di famiglia, quando in fondo a certo sedile li porcellana rilesse la marca di fabbrica. "The Preferable, Sanitary Closet" (*La casa delle due palme):*

Ho proseguito fino a tardi
senza sapere che tre cassettine
— SABBIA SODA SAPONE, la piccionaia
da cui partí il tuo volo: da una cucina, —
si sarebbero aperte per me solo *(Per album*, B).

Toda a infância é concentrada na escrita inglesa do *water-closet*, assim como todo um amor ainda enche as caixinhas sobre a pia.

Assim, a memória dispara para evocações que parecem remotíssimas, seus recortes acendem-se para estímulos insuspeitáveis:

Li ricordo [gli amici] a modo mio, salendo sul tram, bevendo l'aperitivo; li ravviso nel muso di un cane, nel profilo di uma palma, nella traiettoria di un fuoco artificiale. Li ritrovo talora nella pattumiera che il mare sospinge verso il Calambrone, nella fondiglia di un bicchiere di vecchio Barolo, nel balzo del gatto che ieri notte inseguiva una farfalla sulla piazza di Massa (*Le vedove*, FD).

À fenomenologia da memória a obra de Montale oferece contribuições excepcionais: tão variada é a sua

---

(11) "La vita è questo scialo/ di triti fatti, vano/ piú che crudele" (*Flussi*, OS); "La vita che dà barlumi/ è quella che sola tu scorgi./ A lei ti sporgi da questa/ finestra che non s'illumina" (*Il balcone*, O).

atitude para com o passado. E também para determinar isso a FD é preciosa. Acabamos de tocar na arbitrariedade da memória: dessa arbitrariedade pode ser vítima o poeta, mas também outrem, — com uma defasagem perturbadora para quem, como Montale, tem raiva da consistência e da verdade daquilo que já não é. Típica a patética anáfora "Tu non ricordi la casa dei doganieri [...]. Tu non ricordi; altro tempo frastorna/ la tua memoria; un filo s'addipana [...]. Tu non ricordi la casa di questa / mia sera"; e, ao contrário, a persistente fidelidade do poeta: "Ne tengo ancora un capo [del filo che s'addipana]; ma s'allontana / la casa e in cima al tetto la banderuola / affumicata gira senza pietà" *(La casa dei doganieri,* O). Agora, a FD nos oferece a situação inversa: a memória que está viva no outro e não no eu, a existência de um passado, o do outro, em que o eu sobrevive, a descoberta, por fim, de que o passado não é somente real, mas plural: um círculo vicioso para perceber a multiplicidade dos sujeitos. Aludimos a *Sulla spiaggia,* ao cartãozinho misterioso de uma amiga esquecida e depois cansativamente, dolorosamente extraída dos porões da memória. Note-se como Montale reage:

> Io mi credevo in credito verso di me e verso gli altri supponevo che infinite cose tramontate vivessero ancora in me, trovassero nel mio petto la loro ultima giustificazione: mi credevo ricco ed ero invece indigente. Qualcuno che avevo dimenticato m'ha colto di sorpresa; sono io che esisto ancora nella mente di Anactoria o di Annalena, io che sopravvivo in lei, non lei in me [...] Anactoria o Annabella era stata del tutto soppressa dal mio pensiero per quattro cinque sei anni, ed ora è tornata perché ha *voluto* tornare. è lei che mi fa grazia di sé, non sono io che mi degno di ridestarla andando dilettantisticamente alla ricerca del tempo perduto. È lei l'amorevole, la degna intrusa che rivangando nel suo passato s'è imbattuta nella mia ombra ed ha voluto ristabilire nel senso migliore della parola una "corrispondenza".

É um primeiro exemplo, mas um exemplo típico, da extrema complexidade com que os mecanismos da memória agem em Montale. Na univocidade retrógrada e saudosista, que parece inata em qualquer propensão para a recordação, enxerta-se a metafísica montaliana de um absurdo que busca suas saídas e suas respostas no passado ou no futuro ou fora do real: em qualquer lugar, exceto o presente; e enxerta-se um alternado abandono aos sobressaltos dessas visitações de uma vida que já não é ou não mais será.

A FD é rica em esclarecimentos a esse propósito; e bastará apoiar-se nesta frase de *La casa delle due palme:*

> Federigo credette per un attimo d'impazzire e si rese conto di ciò che avverrebbe se la vita trascorsa si potesse "risuonare" daccapo, in edizione *ne varietur* e a consumazione, come un disco inciso una volta per sempre.

Lembra-se imediatamente *Flussi* (OS):

> — Ritornano i fanciulli...; cosí un giorno
> il giro che governa
> la nostra vita ci addurrà il passato
> lontano, franto e vivido, stampato
> sopra immobili tende
> da un'ignota lanterna—.

Mas substituamos *lanterna* por uma "lanterna mágica", ou mais modernamente (passaram mais de trinta anos) um projetor cinematográfico; eis *Il regista* (FD), com seus pedaços de filmes que são pedaços de vida:

> ... stiamo girando il film dei prossimi cinquanta secoli che poi gli interessati vedranno, anzi vivranno, a turno e per il piccolo tratto che li riguarda. Tu, come uomo vivo, appartenevi al film precedente, oh no, non un brutto film, non dirlo, ma certo um po' invecchiato, um po' *démodé* [...]. Avresti figurato meglio nel nuovo film, ma ripeto che non c'è nulla da fare. Sei nato troppo presto. Però non t'impressionare. Posso ficcarti di straforo nel nuovo film, assegnarti una parte *nel ricordo dei nuovi attori* [...] Nessuno ti leggerà, nel nuovo film, ma *tu sarai ricordato come una figura già esistente*, come uno che è vissuto in altri tempi...[12]

Mais um passo e temos *Sul limite* (FD), onde a mesma imagem do filme revela ao autor, que se finge já morto, o fim inclusive trágico de entes queridos: há um esforço de remoção da memória, que conserva, entre outras coisas, o que no passado é demasiado cruel[13]:

> Ho faticato tanti anni per deviare il mio pensiero da questi... amici, ho creduto d'impazzire per questo sforzo e il destino mi aveva persino risparmiato la notizia del vagone impiombato. E ora tu... No, no, è troppo, è troppo... Io volevo che ci fosse qualcosa di *finito* nella mia vita, intendi?, qualcosa che fosse eterno a forza d'essere finito.

Bastariam esses trechos, e os textos a que pertencem, para delinear com clareza a concepção, ou melhor, as

---

(12) Grifos nossos.
(13) Lembrar-se-á a violência com que a memória aflora por baixo de um túmulo de voluntário esquecimento em *Ezechiel saw the Wheel* (B); "Mala mano [...] frugava tenace la traccia,/ in me seppellita da un cumulo,/ da un monte di sabbia che avevo / in cuore ammassato per giungere/ a soffocar la tua voce, / a spingerla in giú, dentro il breve / cerchio che tutto trasforma,/ raspava, portava all'aperto/ con l'orma delle pianelle/ sul fango indurito, la scheggia,/ la fibra della tua croce".

concepções da memória próprias de Montale: mas a isto foram feitas suficientes referências, neste primeiro balanço. Cabe, porém, além disso, documentar uma outra implicação da frase citada de *La casa delle due palme*: o devaneio acerca de um passado — de uma vida — que poderia ter sido diferente daquilo que foi. Reencontramos isso, e com a mesma imagem do disco, em *L'orto* (B):

> [...] Se la forza
> che guida il disco *di già inciso* fosse
> un'altra, certo il tuo destino al mio
> congiunto mostrerebbe un solco solo.[14]

É natural que a fenomenologia da memória comprometa também os mortos. E há pelo menos um caso em que a fuga para o passado (concluído) e a fuga para a idealização neoplatonizante acabam por cruzar-se, mostrando a afinidade dos processos:

> L'ombra che mi accompagna
> alla tua tomba [...
> ...] non ha piú peso della tua
> da tanto, seppellita, i primi raggi
> del giorno la trafiggono, farfalle
> vivaci l'attraversano, la sfiora
> la sensitiva e non si rattrappisce.
>
> L'ombra fidata e il muto che risorge,
> quella che scorporò l'interno fuoco
> e colui che lunghi anni d'oltretempo
> (anni per me pesante) disincarnano,
> si scambiano parole che interito
> sul margine io non odo ...
>
> (*Voce giunta con le folaghe*, B).

E parece-nos que esses encontros com os mortos, que, nas líricas, se os juntarmos, constituem um grande ciclo, mostram certos aspectos do universo montaliano (não só em sentido afetivo) que mereceriam ser aprofundados (mesmo partindo como é de praxe, de *Arsenio*, OS). Numa religião sem fé, essa terna fé em sombras que o tempo dispersará.

Se partirmos do ideal da poesia expresso por Montale depois de OS, em que há ainda "dualismo fra lirica e

---

(14) Uma consideração cáustica em *La piuma di struzzo* (FD): "non sempre si riesce a vivere per chi si vuole"

commento, fra poesia e preparazione o spinta alla poesia", definível neste programa:

> Ammesso che in arte esista una bilancia tra il di fuori e il di dentro, tra l'occasione e l'opera-oggeto, bisognava esprimere l'oggetto e tacere l'occasione-spinta. Un modo nuovo, non parnassiano, di immergere il lettore *in medias res*, un totale assorbimento delle intenzioni nei risultati oggettivi [15].

a primeira diferença entre a FD e O ou a B reside precisamente na aceitação bastante livre das ocasiões — impulso nas páginas de prosa (o que as torna um instrumento hermenêutico precioso). No entanto, a diferença de maior evidência é talvez uma diferença de entonação e de timbre. Aludimos a dois fenômenos peculiares da poesia montaliana: a concentração lexical e a tensão sintática. O léxico da FD é, ao contrário, um léxico prevalentemente coloquial, não isento de adjetivos gastos, de intercaladas comuns ("squisitamente femminile", "il vecchio maestro", "le lenti spesse"; "Che tristezza però!", "e n'ebbero ben donde"), a sintaxe é corrente e simples, e desce à trivialidade mais rasteira quando Montale se engaja numa mimese feroz dos discursos de seus semelhantes, mais odiados que amados. Estamos nos antípodas das líricas.

Mas a distância entre os dois pólos, já se disse, é muito variável. Se nos fosse permitido enunciar uma "lei" seria esta: a uma adjetivação mais pregnante, a uma sintaxe mais tensa, corresponde um começo de amadurecimento lírico. Bastará confrontar o início de dois textos:

> Nella fredda e deserta strada suburbana l'arrivo della Lincoln di Patrick O'C. aveva destato attenzione. L'individuo che n'era uscito — un uomo alto e pingue, non giovane ma ancora aitante, grigio-rossici i radi capelli — dopo aver consultato un suo calepino d'indirizzi si era fatto indicare da un droghiere la casa da lui desiderata, etc. *(Visita di Alastor)*.
> La farfallina color zafferano che veniva ogni giorno a trovarmi al caffè, sulla piazza di Dinard, e mi portava (cosí mi pareva) tue notizie, sarà piú tornata, dopo la tua partenza, in quella piazzetta fredda e ventosa? Era improbabile che l'algida estate bretone suscitasse dai verzieri intirizziti tante scintille tutte eguali, tutte dello stesso colore *(La farfalla di Dinard)*.

(15) MONTALE, E. *Intenzioni (intervista immaginaria)*. In: *La Rassegna d'Italia*, I, 1946, I, pp. 84-89.

A sintaxe do primeiro trecho é, diríamos, a de um narrador médio, inclusive o ablativo absoluto descritivo; a adjetivação não apresenta qualquer esforço de inovação ("fredda e deserta strada", e observe-se a anteposição dos adjetivos; "un uomo alto e pingue"; "i radi capelli"). Sintaxe agitada, vibrante no segundo trecho: um salto repentino da horizontalidade evocativa do início ("La farfallina... che veniva ogni giorno a trovarmi... e mi portava...") para a curva sentimental ("sarà piú tornata, dopo la tua partenza, in quella piazzeta fredda e ventosa?", onde é também eficaz o reaparecimento da "piazza di Dinard" enunciada logo acima como "piazzetta fredda e ventosa") [16]; adjetivos raros e expressivos (l'algida estate bretone", "dai verzieri intirizziti"), metáforas inesperadas ("scintille" em vez de "farfalle"). É um exercício que poderíamos continuar longamente.

*La farfalla di Dinard*, que fecha o volumezinho homônimo é então uma lírica escapada casualmente a B? Por certo a borboleta é uma "occasione" ou um símbolo não raro em Montale que, com algum coquetismo, elevou um tema crepuscular à intensidade angustiada por clarões metafísicos própria de sua poesia; desde a borboleta de *Vercchi versi* (O), que

> fu per sempre
> con le cose che chiudono in un giro
> sicuro come il giorno, e la memoria
> in sè le cresce, sole vive d'una
> vita che disparí sotterra: insieme
> coi volti familiari che oggi sperde
> non piú il sonno ma un'altra noia,

até a de *Per un "Ommagio a Rimbaud"* (B):

> [...] Il volo
> tuo sarà piú terribile se alzato
> da quest'ali di polline e di seta
> nell'alone scarlatto in cui tu credi,
> figlia del sole, serva del suo primo
> pensiero e ormai padrona sua lassú...

---

(16) Um início bastante semelhante oferece *Nel sonno* (B): "Il canto delle strigi, quando un'iride /con intermessi palpiti si stinge,/ i gemiti e i sospiri/ di gioventú, l'errore che recinge/ le tempie e il vago orror dei cedri smossi/ dall'urto della notte — tutto questo/ può ritornarmi, traboccar dai fossi, / rompere dai condotti, farmi desto /alla tua voce".

Ora, a borboleta de Dinard voa sem dúvida para o céu da B. Símbolo de um *amor de lonh*, carregado de uma nostalgia frustrada pela dúvida e pelo temor do nao-real. Mas, o fato de que sentimentos e símbolos já sao vistos criticamente, até mesmo com auto-ironia, reconduz a borboleta à prosa da FD, mais do que a explicitação interna dos símbolos e dos sentimentos: o diálogo entre o peregrino da recordação e a criada chamada como testemunha de sua realidade ("la leggiadra Filli" com "un par d'occhi alla Greuze"; a queda da tensão acende imediatamente o alarme vermelho dessa linguagem acaciana), o balbuciar do homem e o desinteresse enfarado da mulher levam-nos, mais uma vez, para a ingrata terra firme de que a borboleta (ou seu símbolo) levantou vôo fugindo.

## VICTOR CHKLÓVSKI OU AS ESTRUTURAS DA PIEDADE

> A forma [...] é a âncora, ou melhor, a sonda por meio da qual exploramos a vida, extraindo-lhe os farrapos
>
> CHKLÓVSKI

A *Viagem sentimental* tem por subtítulo, ao menos na edição italiana (De Donato, Bari, 1966), *Lembranças 1917-1922. Petersburgo, Galícia, Pérsia, Saratov, Kiev, Petersburgo, Dnieper, Petersburgo, Berlim.* Uma série que, inclusive com seus retornos, representa as peregrinações do autor no período indicado, mas achata numa sucessão cronológica os dois planos temporais da narrativa: o da redação e o dos fatos.

Porque não se trata de um diário, mas de lembranças inseridas por sua vez num esboço de diário[1]. O eixo da lembrança, ao longo do qual Chklóvski-personagem age e observa, entrecorta de vez em quando o da atualidade, onde se encontra Chklóvski-escritor, cada vez menos livre de agir (a não ser de forma negativa pela defesa e pela fuga) mas sempre propenso para observar e sentir. O eixo da atualidade não é menos móvel que o da lembrança: do que se obtém uma perspectiva cambiante e dramática.

Vejam-se as frases de "diário", e portanto datadas com precisão, nas páginas 103, 109, 139, 164, inseridas nas "recordações" da Pérsia de um ano antes: elas já delinearam os traços do futuro que os acontecimentos da Pérsia continham, por assim dizer, potencialmente Chklóvski-diarista confirma e repete Chklóvski-evocador. Mais patético o efeito das interpolações de "diário" na segunda parte da *Viagem* (pp. 167, 185, 224, 231, 233, 234, 319, 322). Agora a grande aventura está encerrada, o bolchevismo venceu e Chklóvski, social-revolucionário, está exilado; escrever acabou sendo confissão, defesa, juízo; também desânimo ("Fui somente uma rocha que, caindo, pode acender um farol para ver onde vai parar", p. 167; "Sou uma rocha que cai, professor do Instituto de História das Artes, fundador da escola russa do método formalista [ou morfológico]. Aqui sou como uma agulha sem linha que passa através de um tecido sem deixar marcas", p. 268); e sobretudo saudade lancinante: as frases de "diário" são um esboço de *Tristia*.

Exprimindo esses sentimentos no eixo do "diário" e interpolando-os nas páginas, mais amplas, das "lembranças", Chklóvski transforma os fatos em destino, coloca nas vicissitudes vividas e narradas a marca da inelutabilidade. Os dois eixos mantêm-se no mais das vezes convergentes (no vértice, o momento em que a data das lembranças está tão próxima a ponto de transformar-se em diário). Do presente, abre-se em leque o feixe de luz lançado sobre o passado.

Mas determinando a existência desses eixos temporais não se esgota a estrutura global da *Viagem*. Com efeito, a tendência básica, que consiste em refletir, a cada

---

(1) Sobre o interesse dos formalistas russos pelos *faits divers* (a *"fattografia"*, como dizem com horrível neologismo), cp. o que escreve V. ERLICH, *Il formalismo russo*. Bompiani, Milão, 1966, p. 130. Uma rápida mas boa análise da *Viagem* foi dada por I. AMBROGIO, "Paese Sera" (supl. *Libri*), 1º. de abril de 1966.

vez, o hoje sobre o ontem, cede o lugar nas últimas trinta páginas a um movimento inverso: o passado que impõe seus direitos ao presente. Um verdadeiro *coup de théâtre* narrativo, que retoma e completa um dos episódios iniciais, talvez o mais belo ( a campanha da Pérsia), lançando uma ponte entre a segunda e a primeira parte da *Viagem*. Trata-se do encontro com Lazaf Zervandov. Pela boca e pelos escritos deste (porque Chklóvski, distribuindo a realidade em duas representações sucessivas, refere antes a narrativa de Lazaf, e depois reproduz — ou finge reproduzir — um relatório escrito deste), ficamos sabendo das últimas fases da odisséia dos assírios e de seu chefe Mar-Šimun. Não é somente um magistral achado construtivo, como se verá[2].

Decompusemos nos elementos principais o conjunto narrativo da *Viagem;* passemos agora dos elementos mínimos aos mais amplos.

Os diferentes blocos são evidenciados não somente pelas unidades cronogeográficas sucessivas, mas por recursos estilísticos. O mais simples é a insistência em frases-refrão que, variando ou desenvolvendo implicitamente suas alusões, penetram no material narrativo quase empurradas a marteladas. É o processo que Chklóvski chama de "imagem transcorrente"[3]. Veja-se, por exemplo, a narração do início da revolução.

As frases-refrão são estas:

Era bonito: o rio transportava todos, a sabedoria consistia em abandonar-se à correnteza (p. 29)

---

[2] Escreve ERLICH, *Il formalismo russo*, cit., p. 262: "Para Chklóvski, como para Aristóteles, a seqüência dos acontecimentos, ou, em outras palavras, o tratamento do tempo numa obra narrativa, é de importância fundamental. Em sua *Teoria da prosa*, ele afirmou várias vezes a natureza convencional do tempo literário, e fez observar que a diferença entre "fábula" e "enredo" consiste freqüentemente em desvios artificiais da seqüência cronológica natural, em "deslocamentos temporais". Para confirmar sua tese, Chklóvski alongou-se na citação de algumas técnicas como a de iniciar a narração no meio ou no fim da obra, de realizar os inesperados *flash-backs* ou de deslocar continuamente a ação de um plano para outro, artifícios comuns, quer a obras extremamente elaboradas como *Tristram Shandy*, quer aos contos de mistério". Veja-se precisamente V. CHKLÓVSKI, *Una teoria della prosa* (1929), trad. de Maria Olsoufieva, De Donato, Bari, 1966, particularmente o cap. sobre Sterne (pp. 143-78). A propósito de Sterne, sintomaticamente, Chklóvski retomou o título deste volume.

[3] A teoria da "imagem transcorrente" é formulada por Chklóvski em "Forma e materiale nell'arte", em *Rassegna Sovietica*, XV, 1964, n. 3, pp. 34-68 (artigo de 1923), na pág. 42. Mas é mais interessante ver a descrição que dela faz o próprio Chklóvski analisando os romances de Pil'njak, em "Pilnjak", em *Rassegna Sovietica*, XVI, 1965, n. 3, pp. 74-82: "O assunto é substituído, mediante nexos entre as diferentes partes, pela repetição dos mesmos trechos, que se tornam imagens transcorrentes" (p. 75); "Lendo um trecho, nós o percebemos continuamente sobre o fundo dado por um outro. Foi-nos dada a orientação para um nexo, nós tentamos interpretá-lo e isso modifica a percepção do trecho" (p. 78). Leia-se, além disso, em ERLICH, *Il formalismo russo*, cit., p. 78.

A massa agia como os arenques ou as carpas na iminência de desovar, obedecendo ao instinto (p. 30);

Era uma páscoa, um alegre, ingênuo, disparatado paraíso carnavalesco (p. 33);

Em geral predominava um estado de espírito pascal, todos se sentiam contentes, confiantes de que tudo era somente o começo de muitas coisas boas (p. 36);

A maioria aproveitava a revolução como umas férias inesperadas (p. 37).

Elas acompanham e ritmam uma descrição em que as pessoas se abraçam a todo passo, em que se confiam aos soldados missões que ninguém sonha executar, em que os automobilistas se comprazem em guiar loucamente seus carros e os reduzem a sucata; atira-se na direção de metralhadoras inexistentes, fazendo vítimas (com os projéteis ricocheteando) entre os próprios revolucionários. Uma explosão de vitalidade e de alegria. (A insistência pode também ser realizada por meio de simples palavras: *fome, morrer de fome, comer* na narração da carestia em Petersburgo, pp. 180 e ss.)

Outros processos são mais refinados. Eles se incluem naquilo que os formalistas (e Chklóvski) chamam "paralelismo". Tome-se uma comparação de tipo tradicional, e tire-se -lhe o *como:* a proximidade dos dois termos do confronto pode produzir um choque, se captada imediatamente; ou a impressão de uma luz repentina, se entendida depois de um esforço interpretativo[4]. Tanto melhor se se introduzirem, além disso, no contexto não-figurado, termos concernentes ao conteúdo da comparação: dessa maneira, fundem-se os elementos antes aproximados de maneira brusca (poder-se-ia falar de irradiação metafórica).

Veja-se, evocada na p. 153, a impressionante transmigração dos ratos da Ásia à Europa em Setecentos: bandos de roedores atravessam o Volga deixando-o cheio de cadáveres, nuvens de aves rapineiras seguem ameaçadoras essa reserva móvel de alimento. Logo depois, Chklóvski relata a desastrosa retirada dos russos da Pérsia; a articulação entre a comparação e a narrativa é

---

(4) Cp. com esta definição, no artigo *"Forma e materiale..."*, cit., p. 55: "Nos casos mais simples o "assunto" pode ser definido como um paralelo desenvolvido em seus termos. Não esqueçamos que o palelismo é conatural da assim chamada "imaginosidade". Por exemplo, dizer de um grande homem que ele é uma torre constitui uma imagem. Como paralelismo, a construção será a seguinte: Como a torre se ergue no meio da cidade, assim um fulano se ergue no meio dos outros homens. A imagem é, pois, uma espécie de paralelo em que se cancelou o primeiro termo".

constituída por "Quanto a mim, com um pequeno bando, subi numa barcaça em Gilenžik": o autor sente-se um rato num bando de ratos. Seguimos pela narrativa não mais metafórica, e encontramos "Não ferrávamos os dentes uns nos outros, não. Comprimíamo-nos nos vagões" (p. 154); "A excitação nervosa que acompanha uma transmigração desse gênero" (p. 155); "Aí nossa vaga conflui na que provinha de Sarakamyš" (*ibid.*); finalmente, e o círculo se fecha (Chklóvski faz alusão a si próprio)[5]:

> Um rato, mesmo tendo atravessado toda a Ásia, não tem muito a dizer. Não sabe sequer se é o mesmo rato que partira de casa (p. 155).

Compare-se essa análise com as variações sobre os "mortos" que combatem (pp. 288-30) e sobre os oficiais demasiado entusiastas em relação a suas divisões, com as quais ao contrário se casaram por interesse (p. 251).

Há finalmente um processo de decomposição, realizado para obter aquilo que Chklóvski chama "*ralenti*"[6]. Ele se aplica entre outros casos à narração de um duelo (pp. 236-237; compare-se o episódio que se poderia chamar "Chklóvski e as granadas de mão", pp. 257-58). Ela começa assim: "Naquela primavera eu me bati em duelo com um fulano". Mas o duelo é esgotado em poucas palavras no fim da p. 237, depois de uma série de elementos temporizadores que alteram os nexos e invertem a ordem tradicional. Numa ata burocrática, a narrativa resultaria ter sido assim conduzida: *a)* Porque os judeus são irritantes[7] e arremedadores; *b)* A burguesia judia é enérgica; *c)* A burguesia em geral é enérgica; *d)* Descrição de uma estufa que se encontrava num apartamento burguês de Petersburgo e do próprio apartamento; *e)* Valor atribuído em 1921, nos tempos da NEP, aos objetos de 1914 como aquela estufa; *f)* Chklóvski, um pintor e uma menina têm o hábito de ir ao apartamento citado em *d* e de aquecer-se por meio da estufa citada em

---

(5) Mas novamente na síntese final (p. 322): "Percorri toda a estrada de Ušnué a Petersburgo junto com soldados fugitivos, *rato malhado*".
(6) Para uma definição geral (de que o exemplo analisado é somente uma subespécie), cp. CHKLÓVSKI, *Una teoria della prosa*, cit., pp. 43-70; ERLICH, *Il formalismo russo*, cit., pp. 245-46.
(7) Na tradução italiana lê-se "gli ebrei hanno il sangue esasperante da piazza del mercato". Parece mais clara a tradução alemã (de R. E. Riedt e G. Drohla, Insel-Verlag, Frankfurt-sobre-o-Meno, 1964): "Die Juden haben Haendlerblut, die auf die Nerven geht" (p. 267). Ao contrário, não é de nenhuma utilidade a tradução francesa (de V. Pozner, Gallimard, Paris, 1963), que omite esse episódio e muitos outros (algumas omissões, mas menores, na tradução alemã).

*d, e: g)* Um jovem judeu (cp. *a)*, rico burguês (cp. *b)*, é noivo da menina (cp. *f)*, que é também burguesa (cp. *c)*; *h)* Fazia muito frio, o que explica a importância da estufa citada em *d; i)* Ódio de Chklóvski pela burguesia definida em *b, c; j)* Chklóvski, não querendo matar à traição o jovem mencionado em *g*, desafia-o para um duelo; *k)* Chklóvski é um imitador por ser meio judeu (cp. *a); l)* O duelo e comentários diversos.

Essa técnica, além de estimular a atenção do leitor, consegue trazer para o primeiro plano elementos ambientais e motivações psicológicas rechaçadas necessariamente para o fundo por um esquema mais tradicional; ela institui uma presença mais completa dos impulsos causais.

O objetivo destas páginas não é (ou não é somente) inventariar alguns dos processos estruturais de Chklóvski ou verificar se eles correspondem a suas posições teórico-críticas.

A *Viagem* não é obra de invenção, mas o relatório — personalíssimo, isto sim — de fatos decisivos para a história da Rússia e do mundo. Chklóvski neles se enredou ou foi enredado; conta-os como sabe, isto é, de maneira admirável; mas, ao contá-los, julga-os e julga-se.

Não merecem talvez ser supervalorizados os julgamentos globais e discursivos: sobre a política militar russa depois da revolução (pp. 87-89); sobre o comportamento do exército russo na Pérsia (p. 147); sobre a planificação (p. 229). Não é fácil, com efeito, dizer em que medida eles, do mesmo modo que as confissões e as autocríticas (pp. 224-25, 290), levam em conta as ciladas a que a situação política podia levar um homem suspeito como Chklóvski; ainda que a impressão imediata seja a de uma extrema sinceridade (que o autor apresenta quase, como uma astúcia: "Durante o período stalinista tive muitos aborrecimentos, mas não fui nunca detido; creio que porque eu havia escrito tudo sobre mim em *Viagem sentimental* e não havia mais nada que pudesse ser descoberto a meu respeito", p. 12).

Os juízos mais incisivos são de qualquer modo expressos justamente por meio das frases-refrão e dos paralelismos estudados acima (a propósito de cuja secreta força de penetração vem à mente aquilo que Chklóvski diz de outros escritores russos: "Deixou-se filtrar Púchkin,

Tolstói na literatura russa por baixo do limite da consciência; se se descobrisse isso não se deixaria que eles passassem" p. 234).

Uma comparação de fundo freudiano explica o nascimento do bolchevismo:

> Um homem dorme e ouve tocar à porta do prédio. Sabe que deve levantar-se, mas não quer fazê-lo. Então inventa um sonho, inclui o toque de campainha nesse sonho, interpretando-a de outro modo; pensa, por exemplo, ouvir a missa da noite de Páscoa.
> A Rússia inventou os bolcheviques como um sonho, como uma motivação da fuga e do saque, mas os bolcheviques não têm culpa se foram sonhados.
> Quem tocara a campainha? Talvez a Revolução Mundial (pp. 87-88).

O acréscimo de um elemento paralelo esvazia sarcasticamente uma declaração de lealismo:

> [...] se então nos tivessem perguntado: 'Com quem estão? Com Kornilov, com Kaledin ou com os bolcheviques?', Task e eu teríamos escolhido os bolcheviques. À pergunta: 'Preferes ser enforcado ou esquartejado?' Arlequim, numa comédia, responde : 'Prefiro sopa' (p. 150).

E outro paralelismo, empregado para criticar as decisões do governo bolchevista sobre a conduta da guerra (o aprendiz de feiticeiro quer queimar os homens e ressuscitá-los rejuvenescidos; consegue somente queimá-los — os bolcheviques desguarneceram a frente de batalha sem assinar a paz, e os alemães irromperam através das linhas abertas), irradia pouco a pouco para toda uma série de reparos contra o regime:

> Mesmo agora [...] nada mais fazem que mudar o objeto de sua fé, mas continuam a acreditar no milagre (pp. 177-78);
> quando observarem [...] esses homens novos, chamados para realizar o milagre, descobrirão no fundo que eles só souberam abrir alguns bares (p. 178);
> não acreditava que os bolcheviques fariam renascer a Rússia das cinzas (p. 184).

até constituir-se em cética epígrafe:

> Nós não acreditávamos, no milagre.
> Os milagres não existiam, a fé não é capaz de suscitá-los (p. 178).

As páginas mais agudas, na sua paradoxalidade, baseiam-se na comparação com um motor a explosão.

Trata-se de um motor a explosão *Gnomo* que continuou estranhamente funcionando mesmo depois que mecânicos incompetentes inverteram os tubos do óleo e os do combustível:

> [...] a máquina que fora ter às mãos dos bolcheviques [...] era a tal ponto imperfeita, que conseguia trabalhar mesmo às avessas.
> Lubrificante em vez de combustível.
> Os bolcheviques têm resistido, resistem e resistirão por mais tempo, graças à imperfeição da máquina de seu governo (p. 222-23).

Aqui o paralelismo forma um todo com o *"ralenti"* como declara, comprazendo-se, o próprio autor (p. 223). Temos com efeito: *a)* O texto de uma divertida circular que determina a todos os mecânicos militares que saibam distinguir os tubos do óleo dos do combustível nos motores *Gnomo; b)* A descrição do motor *Gnomo; c)* A narração da confusão dos tubos e de suas conseqüências; *d)* A difusão da circular mencionada em *a: e)* A comparação citada. Compreende-se imediatamente como o ponto *e* é preparado idealmente pela circular *a* e pela anedota *d:* assim, para ilustrar uma situação geral, obteve-se uma comparação a partir de uma das conseqüências que nela estavam implícitas.

Os juízos políticos sobre acontecimentos políticos não são contudo os elementos básicos do esqueleto da *Viagem*; eles estão incluídos numa categoria mais ampla, a dos juízos humanos sobre fatos históricos. Trata-se sempre de uma atitude política (basta esta espécie de proclamação: "Seria bom se fôssemos menos sabidos e perscrutadores em política. Se em vez de tentarmos fazer a história, tentássemos simplesmente ser responsáveis pelos diferentes eventos que a compõem, talvez não nos tornássemos ridículos. Não é a história que se deve fazer, mas uma biografia.", p. 135), que não cabe, porém, ao crítico avaliar politicamente.

Basta ao crítico tomar nota da mesma; ele encontra imediatamente, a título de confirmação, que a bússola para a *Viagem sentimental* é a piedade. E é precisamente a piedade que sela o juízo de Chklóvski sobre a desastrosa conduta da guerra:

> [...] considero o que acabo de escrever importante: escrevi-o revendo com a mente todos os cadáveres.

Uma palavra ainda: quando julgarem a revolução russa, não esqueçam de lançar no prato da balança que se chama sacrifício, no demasiado leve, o peso do sangue de quem aceitou a morte entre os campos de milho da Galícia, o peso do sangue de meus pobres camaradas (p. 89).

A piedade sugere a Chklóvski novos processos estilísticos (que enriquecem o inventário iniciado acima). Por exemplo, um tipo original de *planctus* (para retomar o termo em uso na Idade Média), ditado por tantas mortes, e freqüentemente de pessoas queridas, que atingiram as afeições do escritor. Um irmão de Chklóvski é fuzilado (pp. 184-85), outro é morto a pancada durante um levante (p. 193), uma irmã morre-lhe de privações durante a longa fome (p. 225), o poeta Gumilëv, marido de Achmàtova, é fuzilado como contra-revolucionário (pp.281-82). O discurso de Chklóvski torna-se quebrado, assindético e apodítico, traça uma espécie de inscrição sepulcral; é típica a alternância de expressões de dor refreada e contudo imperiosa, de condenação, de desânimo, de piedade. Chklóvski sente-se diante de uma realidade cruel, estranha, sobretudo absurda.

O absurdo é captado em pormenores secundários mas aterradores:

> O mais arrepiante do fuzilamento é que tiram do morto os sapatos e o paletó. Ou melhor, obrigam-no a tirá-los antes de ser fuzilado (p. 185);
> Os homens já não têm medo da morte. Já existem canais ordinários para comunicar a uma esposa a morte do marido. Não muda nada, somente se sofre ainda mais (p. 282)

Observações desse gênero podem ser definidas como irônicas, se se partir da lúcida definição de Chklóvski: "entendo por 'ironia' não a 'zombaria', mas o processo que consiste em perceber contemporaneamente dois fenômenos discordantes, ou a atribuição simultânea do mesmo fenômeno a duas séries semânticas" (p. 283)[8]. E a ironia prevalece, cortante, em toda a *Viagem* (por ex.: "Nos muros afixavam-se as listas dos fuzilados, quinze por dia, ração fixa. Os últimos cinco sobrenomes eram invariavelmente de judeus: isto para não fazer discriminações anti-semíticas" p. 250).

---

(8) Cp. sempre na *Viagem*. p. 275: "A arte é fundamentalmente irônica e destruidora. Faz reavivar o mundo. Sua tarefa é criar deformidades através de contraposições"; e em "Pilnjak", cit., p. 75: "Numa obra literária empregam-se habitualmente não os mesmos valores da vida quotidiana, mas suas contradições"

É precisamente da ironia que se pode aproximar um dos processos narrativos mais característicos da *Viagem*: o uso da anedota macabra. Na anedota macabra, a aflição é evidenciada e aguçada pela aproximação de um pormenor cômico: a amargura somente implícita na ironia torna-se um trejeito que se contorce entre o sorriso e o horror[9]

Alguns exemplos:

> A propósito de dó. Haviam-me descrito o seguinte quadro. Um cossaco de pé. À sua frente um lactente curdo, nu, abandonado. O cossaco quer matá-lo, vibra-lhe um golpe e pára para pensar, vibra-lhe outro e pára novamente. Dizem-lhe: "Acabe com ele de uma vez só", e ele "Não posso: me dá dó" (p. 132);
> Um soldado que me contava um linchamento exprimiu-se assim: "Então o morto diz..." "Como, o morto?" "Sim, aquele que iam matar de qualquer jeito diz..." (p. 175).
> Outra breve narração: há três semanas encontrei no trem entre Petrogrado e Moscou um soldado da armada da Pérsia. Contou-me os pormenores da explosão. Assim que ela ocorreu, os soldados, cercados pelo inimigo, à espera de um comboio, entraram a procurar os farrapos dos companheiros e a recompô-los. Levaram nisso muito tempo. Naturalmente partes de corpos foram confundidas. Um oficial aproximou-se da longa fileira de cadáveres. O último fora composto com os pedaços sobrados. Era o busto de um homem de grande envergadura. Fora-lhe aproximada uma pequena cabeça e sobre o peito, cruzadas, estavam duas pequenas mãos desiguais, ambas esquerdas. O oficial ficou observando bem demoradamente, depois sentou-se no chão e pôs-se a rir...rir...rir... (p. 160).

O horror não se descarrega sempre nessa forma introvertida e sombria. Há também o protexto, há o grito, semelhante ao do soldado que durante um *pogrom* se põe a gritar histericamente: "Estão saqueando! Vergonha... Sou um bolchevique... vergonha... É incrível!" (p. 126). O grito de Chklóvski, ainda comissário político, é o telegrama "Regiões do Curdistão visitadas. Em nome da revolução e da humanidade exijo a retirada das tropas" (p. 135, com o comentário: "Este telegrama não agradou: é ingênuo e cômico pedir a retirada das tropas em nome da humanidade"); o de Chklóvski sucumbindo é a invocação:

> Cidadãos
> Cidadãos, parem de matar! (p. 282).

---

[9] O problema das relações entre cômico e trágico foi isolado por Chklóvski também criticamente: "Por que as pessoas choram? O que é o cômico? Em que condições o cômico vira trágico?" "*Forma e materiale...*", cit., p. 54).

A defesa dos valores humanos, a adesão ao imperativo categórico kantiano, são desenvolvidas com pertinácia no livro todo, segundo um desenho de que se podem completar agora os traços antes esboçados rapidamente.

Já se viu como as vicissitudes da ocupação russa na Pérsia são narradas na primeira parte da *Viagem* e retornam, em forma evocativa, em sua conclusão. O retorno é intencional, o próprio autor no-lo diz ("O fim de dois livros [as duas partes da *Viagem*] deve reunir seus motivos. Eis por que direi aqui etc.", p. 317). Aproximemos os dois episódios e teremos o sentido da *Viagem*.

As frases-refrão do primeiro episódio insistem nos sofrimentos das populações persas ("A Pérsia sofria, como de hábito", p. 110; "Os curdos morriam de fome", p. 118; "Assim morriam os curdos na Pérsia", p. 119; "Os outros morriam silenciosa e lentamente; como sabe morrer um ser humano infinitamente tenaz", p. 131; "Sim, a história não esquecerá certos hábitos em relação aos persas e aos curdos", p. 133), e sobre a dureza da ocupação russa (viam-se [...] os bastidores da guerra, seu caráter de rapina", p. 106; "Oprimíamos e sufocávamos, sem nos alimentarmos de carniça", p. 107). Chklóvski sabe e cita a justificação fatalista dos fatos, que invoca, porém, com relutância, a própria índole da guerra ("O caminho continuava, interminável como a guerra. Todos os caminhos da guerra são becos sem saída", p. 132; "Quem era culpado? Aqueles que os (soldados russos) haviam levado até lá, e o crime, já esquecido mas não expiado, da guerra", p. 134). Mas aquilo que Chklóvski não justifica nem perdoa é o "menosprezo pelos seres humanos", que faz esquecer no cárcere, indefinidamente, os presos inocentes (p. 146), o menosprezo pelo qual os curdos "eram mortos, distraidamente, por fastio, pelos russos que sofriam de nostalgia" (p. 118), menosprezo que não sugere um ato de caridade para com as crianças persas, que rondam famintas os acampamentos russos rebuscando o lixo e caindo mortas como moscas; ainda mais grave é a crueldade gratuita, de que demos um exemplo (o cossaco e a criança curda). O coração inchado de Chklóvski confessa:

> A dor e a vergonha do pó de *pogrom* depositaram-se sobre minha alma e "a tristeza, como um exército de negros, ensangüentou-me o coração" (é a segunda parte de uma frase tirada de uma lírica persa) (p. 133).

O episódio final contém o trágico epílogo da situação aqui descrita. Os russos abandonaram a Pérsia e, por conseguinte, também seus aliados mais fiéis, os assírios ("Em janeiro de 1918, os soldados russos voltaram para casa", p. 291; "Os soldados russos foram embora para casa, como água derramada na terra", p. 292; "Depois que os russos foram embora da Pérsia...", p. 303; "Quando os russos foram embora da Pérsia, abandonando os armênios ao seu destino... O destino não admite o acaso; se um homem não for alimentado, morre. Os russos foram embora da Pérsia", pp. 319-20). Os velhos rancores entre assírios, curdos, persas e turcos deflagram cruéis; é uma carnificina alternada, onde as vítimas se tornam algozes para serem depois novamente vítimas, até o último sangue ("Em todo o Oriente, do Irtyš ao Eufrates, espancavam e degolavam-se", p. 298). Por fim os assírios reconhecem que a luta está perdida e iniciam uma longuíssima, trágica anábase rumo a Bagdá, atravessando os montes em caravanas e defrontando-se várias vezes com os persas e os curdos que os perseguem. Falta-lhes a água, morrem-lhes os cavalos, mas continuam a marcha desesperada, abandonando atrás de si as mulheres idosas, as crianças.

É mais uma vez a sorte das crianças que faz disparar a mola da piedade: "Passaram as montanhas, morriam os cavalos, morriam as bestas de carga, abandonavam-se as crianças. Como é sabido, as crianças abandonadas não são uma raridade no Oriente. Sabido por quem? Não sei quem colha notícias no Oriente. Mas o destino não age ao acaso: as crianças abandonadas morrem" (p. 320). Só que, por fim, há alguém que pode atualizar a piedade que se aninha em Chklóvski: o doutor Shed, cônsul americano, que persegue de cabriolé os assírios e recolhe as crianças abandonadas: três mil e quinhentas crianças, três mil e quinhentas vidas humanas atiradas à crueldade dos perseguidores e da fome, que o doutor Shed recupera e devolve aos pais chegados a salvo.

O doutor Shed, único a considerar todo ser humano como um irmão, destemido e desarmado paladino da caridade, torna-se um símbolo. Dedicando o livro a ele, dedicando-o ao doutor Gorbenko "que não permitiu ao povo que trucidasse os feridos gregos em Querso" (p.

322)[10], Chklóvski faz uma clara profissão de fé de seus ideais.

O doutor Shed pôde fazer aquilo que Chklóvski teria desejado; como a um juiz, como ao precursor de uma humanidade mais humana, Chklóvski deposita-lhe aos pés, por lacônicas alusões, todas as suas vicissitudes passadas, num rápido *flash-back*.

Disse antes que na *Viagem sentimental* a reflexão do presente sobre o passado cede o lugar, no fim, à reivindicação do passado no presente; que portanto se equilibram duas perspectivas temporais. Agora se pode acrescentar que o horizonte comum às duas perspectivas é o da consciência.

Chklóvski, nas vestes de teórico do formalismo, escreveu: "Para a literatura, o incêndio, a fome, a dor, não são senão material"[11]. Não é justo pendurar numa frase um pensador versátil e — por excesso de inteligência — indiferente às contradições como Chklóvski. Mas a frase é um dos postulados do formalismo, e volta a ecoar, ameaçadora.

A *Viagem sentimental* teria, portanto, funcionado como uma armadilha perfeita? O esforço estilístico de Chklóvski teria acionado, diabólico engano, nossas propensões sentimentais?

Os artifícios formais apontam para um significado que está além da forma, e isso foi visto[12]; Chklóvski-escritor desmente Chklóvski-teórico. A literatura existe também para que o incêndio, a fome, a dor, não sejam mais a ofensa de um homem para um outro homem.

---

(10) A terceira pessoa a quem o livro é dedicado é um automobilista anônimo, bolchevique, que a Chklóvski dissera: "Senhor instrutor, as máquinas estão-se estragando, os apetrechos enferrujam, peças novas são jogadas por aí, eu sou do partido e não posso ver essas coisas. Senhor instrutor, por que não é dos nossos?" Chklóvski fazia estas considerações: "Não soube responder-lhe. Quem liga para as máquinas está sempre com a razão. Esses homens germinavam como sementes. Contam que no território de Saratov cresceu o trigo semeado o ano passado. Assim crescerá também a nova cultura russa. Só nós podemos acabar, mas a Rússia perdurará" (p. 315). Além de indicar ideais genericamente, embora altamente, humanos, Chklóvski entreviu, **pois também possibilidades de regeneração da própria Rússia.**
(11) Em "Forma e materiale...", cit., p. 67. Cp. ERLICH, *Il formalismo russo*, cit., p. 80.
(12) Poder-se-ia mostrar o mesmo também baseando-se em *Zoo o lettere non d'amore*, Einaudi, Turim, 1966, obra sensivelmente mais trabalhada do que a *Viagem*. Porque por trás de tantos artifícios, ou melhor, graças a eles, toma corpo nas cartas não de amor uma patética declaração de amor à Rússia.

## CAOS E COSMO EM GOMBROWICZ

O título do último romance de Gombrowicz faz alusão, do outro lado da barricada, naturalmente, à imagem clássico-cristã de uma harmonia que, espelho da perfeição e da bondade divinas, projetaria, das esferas celestiais, suas proporções numéricas e sua música sobre o mundo humano e sobre as relações entre homem e divindade, entre alma e corpo [1]. Daí o título *Cosmo*, e à advertência de que ele é "um romance sobre a formação da realidade", ou, como conto policial, "'uma tentativa de organizar o caos"; daí as rigorosas, "clássicas" simetrias segundo as quais são ordenados os acontecimentos e os

---

[1] Uma história fascinante dessa concepção foi escrita por L. SPITZER, *L'armonia del mondo. Storia semantica di un'idea*, pref. de R. Wellek e nota de Anna Granville Hatcher, trad. de V. Poggi, Il Mulino, Bolonha, 1967.

capítulos dos romances (preocupação irônica mas sintomática). Na literatura de hoje, dominada por conceitos de negatividade, de absurdo e de irrealidade, variados mas convergentes, por meio dos quais se ratifica a conclusão do mito da harmonia, Gombrowicz tem uma posição de destaque. A negação de Gombrowicz é acompanhada por um esforço de afirmação (de algum modo), e se é trágica a negação, aplicada porém a entes, a ideais, a convenções cuja transitoriedade seria, senão auspiciosa, pelo menos suportável, mais trágico é, talvez, em sua final inanidade, o esforço em afirmar.

Ordenados cronologicamente, os três romances[2] (que indicaremos pelas iniciais F, S e C; ainda não está traduzido *Trans-Atlantik)* desenvolvem um discurso coerente, sublinhado também pelas ligações narrativas ("Quero contar-lhe uma outra aventura que me aconteceu, talvez das mais desastrosas", S, p. 15; "Outra aventura contarei, mais estranha ainda", C, p. 11) e pela forma autobiográfica. O tema "maturidade e imaturidade" passa de F para S, ao passo que o das simetrias, esboçado mas escassamente ativo em F, é tratado quase sistematicamente em S e em C.

F é um romance satírico; em suas três partes são escarnecidas ferozmente a escola, a burguesia progressista e esportista, a nobreza rural.

O protagonista, homem de trinta anos, transformado em criança pelo pedante Pimko, reúne em si as duas qualidades antitéticas, maturidade e imaturidade, por meio das quais Gombrowicz pensa poder julgar o mundo. Maturidade e imaturidade estão uma para a outra na mesma relação do perfeito para o imperfeito. Mas, do ponto de vista da imaturidade, a perfeição dos adultos aparece como uma fachada de fingimentos e mistificações que não é difícil derrubar, dessacralizar, recorrendo à ajuda das coisas "intragáveis, ruins, vomitórias, desarmônicas, repugnantes e repelentes, oh! diabólicas, que a sensibilidade humana não suporta!" (F, p. 143): assim o adulto-criança Momo tentará destruir a dignidade da família Giovincelli espiando-lhe os comportamentos durante a higiene matinal ("Tenta surpreender o inimigo no banheiro. Olha como ele é, aí... Quando tiverem caído

---

[2] WITOLD GOMBROWICZ, *Ferdydurke*, pref. de A. M. Ripellino, trad. de S. Miniussi, Einaudi, Turim, 1966, pp. 272; *La seduzione*, trad. de R. Landau, Bompiani, Milão, 1962, pp. 225; *Cosmo*, trad. de R. Landau, Feltrinelli, Milão, 1966, pp. 224 (com nota de E. F [ilippini].

suas roupas e com as roupas, como folhas mortas, todo o esplendor da distinção, da elegância, do caminhar, aí sim, poderás cair-lhe em cima, qual leão rugindo sobre a ovelha", F, p. 162).

Os maduros, por outro lado, aparecem não somente predispostos a recair facilmente na imaturidade (daí, por exemplo, as infantis e indecentes risadas que Momo consegue provocar, com sua sutil perseguição, no arquiteto Giovincelli), mas sonhando com a mocidade como um paraíso perdido (as mães que se embasbacam olhando pelo tapume os desastrados brinquedos das crianças, F, p. 31). Precisamente o prof. Pimko revelará grandes sinais de infantilismo em seu descarado enamoramento por Zutka, a "colegial moderna".

As oscilações recíprocas de maturidade e imaturidade correspondem às alternadas vicissitudes das formas. Nossa forma nos é imposta pelos outros, cada um de nós é formado (e portanto também infantilizado) pela opinião alheia ("o homem, no mais profundo de seu ser, depende da imagem de si próprio que se forma na alma alheia, nem que a alma seja de um cretino" F, p. 16). Cada qual é condenado a ter uma máscara, uma *carranca*, e somente pode livrar-se dela assumindo uma outra:

> Venham e aproximem-se, comecem a fazer sua massa, façam-me uma nova carranca para que de novo eu precise fugir na frente de vocês para outros homens e correr, correr, correr pela humanidade afora. Porque não há refúgio ante a carranca senão numa outra carranca, e somente podemos fugir do homem num outro homem (F, p. 272).

Até mesmo a unidade do indivíduo revela-se comprometida por um olhar ainda não desviado pela maturidade:

> imaginava que meu corpo também não era de todo homogêneo, e algumas partes ainda não maduras, e que minha cabeça ria e escarnecia da minha coxa, a minha coxa caçoava da minha cabeça, meu dedo zombava de meu coração e meu coração de meu cérebro, enquanto meu olho ria na cara da minha cara e minha cara fazia troça de meu olho com loucas risadas, de um louco riso fragoroso: membros e partes de meu corpo violentavam-se selvajamente, etc. (F, pp. 13-14).

Daí a teoria das "partes", que corresponde, de maneira que não pode ser casual, à expressa em campo econômico por um estudioso coetâneo e patrício de

Gombrowicz, Oskar Lange[3]; ela inspira a invenção caricatural de Philifor, príncipe dos sintetistas, e do analítico Anti-Philifor. Somente o dinheiro consegue fazer com que Philifor conquiste uma primeira vitória (a amante de Anti-Philifor alcança a consciência de sua unidade diante de um monte, para ela não mais computável, de *zlotys:* tais são as forças de coesão da humanidade!); mas no fim um cômico duelo em que os dois despedaçam, em vez de a si próprios, um, a mulher, outro, a amante (despedaçam, isto é, separam um membro do outro), dá o triunfo às "partes", e novamente lança Philifor em plena e definitiva infância.

A ambivalência do protagonista Momo é portanto uma situação privilegiada para esquadrinhar a ambivalência dos homens, as rachaduras e os contra-sensos de uma época de transição ("talvez eu vivesse uma época, como eu, de transição que, a cada instante, inventava por sua conta mortos e caretas, e torcia seu próprio rosto, vítima de mil convulsões..." F, p. 20); uma época em que o escritor — e é uma autodefinição exata de Gombrowicz — "não escreveria enquanto maduro e em plena posse de sua Forma, mas precisamente pela plena imaturidade em que se acha, e porque se humilha, se ridiculariza e sua no esforço de assenhorear-se da forma; porque ele é aquele que sobe sem ainda ter alcançado o cume e aquele que se conquista sem ainda ter-se conquistado" (F, p. 82).

O empenho polêmico de Gombrowicz diminui nos dois outros romances, como se os objetos da sátira não merecessem ulteriores esforços destrutivos. Permanecem sinais daquilo que Gombrowicz chama, em bloco, de utopia ("O primeiro bradava: Deus! E o outro: a arte! E o terceiro: a pátria! E o quarto: o proletariado!", S, p. 15); permanece o esquema, anteriormente empregado na segunda e terceira partes de F, do personagem-narrador — que acabou por identificar-se com o escritor — que se

---

(3) O problema das "partes" e do "todo" é fundamental para o materialismo histórico. Oskar Lange aprofundou-o desde os primeiros trabalhos, que tiveram repercussão e influência inclusive em ambientes literários: cp. R. JAKOBSON, *Lettres Nouvelles*, fevereiro de 1967, e "Il Contemporaneo" (supl. de *Rinascita*), 24 de março de 1967. A formulação definitiva está no volume *Całość i rozwój w świetle cybernetyki*, Varsóvia, 1962 (trad. ingl. *Wholes and Parts. A General Theory of System Behavior*, Oxford-Londres, 1965). Os "wholes" são os "material systems" de que o materialismo histórico estuda os desenvolvimentos em relação com os movimentos de suas partes, observando como ocorre a formação de "new properties" e "new modes of action". Não somente o sistema social, mas também os "animal organisms" — e aqui chega-se a Gombrowicz — são exemplos de "material systems", e sugerem o estudo de "psychical processes in comparison with the biological properties of an organism". Em última análise, "the motion *of the* system, its development, is [...] a self-generating dialectical process, i.e. one in which contradictions ocurring within the system produce its continual motion and development" (p. 73).

hospeda, juntamente com um amigo, numa família, e insere suas inescrupulosas e viciosas experiências no polígono aparentemente bem sólido de seus componentes. Como se a família, pelo fato de institucionalizar e legalizar hábitos e relações (sobretudo sexuais), continuasse sendo o principal (mais duro) alvo das dessacralizações sistematicamente realizadas pelo protagonista e por seu sócio, apoiando-se sempre no que a sociedade condena ou recusa ("A sujeira! A sujeira!... Apalpávamos à procura do vício, da perversão, da maldade", C, p. 77). Por isso F continua sendo a obra mais variada, inventiva, endiabrada de Gombrowicz: uma vez determinados seus objetivos, procede de maneira mais conseqüente (e obsessiva) em S e C. Os jogos lingüísticos de F, que transparecem eloqüentes inclusive através da tradução (por exemplo, as variações sobre a raiz *cul-:* "culculame, culculario, culculizzare, arciculum"), cedem o lugar em S e C a um exercício de sintaxe e de palavras-chave.

Uma vez destruídas as utopias, resta a natureza. Ao redor de nós, dentro de nós. (À natureza já aspirava o rapaz perverso, Mientus, em F; mas identificando-a com um mundo rural artificial e encarnando-a no mito do "palafreneiro"; com a Natureza em pessoa terçará armas o senhor Frederico de S, p. 161). Ela apresenta-se como uma nebulosa pejada de infinitas possibilidades:

> Tudo impreciso em seus contornos, e tão confuso, tão silencioso e pudibundo, tão mergulhado na espera, tão não-nascido e não-definido que, na realidade, nada era limitado e separado, que, ao contrário, cada coisa se unia com outras coisas no interior de uma massa compacta, alvacenta e apagada, silenciosa (F, p. 270).

Todo objeto impõe-se-nos por sua própria presença (S, p.98); mas se entrarmos a colher um nexo qualquer entre dois objetos ou pessoas, ele constituirá uma estrutura passível de infinitos desenvolvimentos. Da mesma forma que podem nascer desenvolvimentos de eventuais assimetrias, mola propulsora para a gênese de mais novas, mais ricas, simetrias. E desenvolvimentos nascem, finalmente, por transposição analógica de coisa a símbolo e vice-versa: o dedo que Sifone e Mientus usam como arma ostentando-o durante seu duelo (F, pp. 66-67), o dedo colocado na boca do cadáver (C, p. 209) e do padre (C, p. 213), enfia-se (é o termo exato: o dedo sugere outra parte do corpo isomorfa) na série de bocas escancaradas, chupando ou mastigando, no fundo das quais está a da desejada Lena, que o protagonista almeja emporcalhar (C, p. 181).

Trata-se de um verdadeiro estruturalismo romanesco. E todas as vicissitudes de S e C são sustentadas pelo esqueleto dessas aproximações, representáveis e de fato representadas num ponto, por meio de fórmulas:

> Eis agora a FACA.
> Essa faca dá vida à união S (Siemian) - S' (Skuziak).
> Daí um outro composto: (SS') A. Assim A (Alberto) liga-se a (SS') através de A' (o assassínio de Amélia).
> Como porém, A - (CE) obtém-se (CE) - (SS'). Carlos e Henriqueta ligam-se com Siemian e Skuziak.
> Química pura! São laços por enquanto poucos claros, mas já se percebe a TENDÊNCIA (S, p. 167).

Mas não é um jogo intelectualista, nem se trata de romances policiais (como já indicaria a inexistência da explicação do suicídio que conclui C). Antes de mais nada: as conexões assim instituídas não são de ordem lógica, nem pertencem a um racionalismo causal-causalidade, princípios de identidade e de contradição aparecem antes como soluções fictícias em face de uma realidade muito mais misteriosa (veja-se, já em F, p. 258).

Ademais, as conexões iniciais, geradoras, são constituídas por seu mero aparecimento na mente do observador-demiurgo. Será precisamente a insistência de sua mente na direção real captada, ou talvez sua intervenção estimuladora, quem fará que as conexões se cristalizem em realidade, se ramifiquem invencivelmente, tragicamente. O processo que se verifica é o da magia negra: a natureza, após dar sugestões ao homem, imita suas próprias sugestões. Assim, em C, a coincidência entre o pássaro encontrado enforcado e a varinha pendente por um fio no nicho sugere imperiosamente a Witold que mate e enforque o gato; e esse enforcamento *provocará* por sua vez o suicídio de Ludovico.

A força que define e dessa maneira determina a realidade é uma força erótica ("Não creio na filosofia não-erótica. Não confio no pensamento que se liberta do sexo", S, p. 11: trata-se de um erotismo visual e imaginativo, em suma desviado, que se enxerta na situação de imaturidade-maturidade, definida em F. Mas ao adulto de F empurrado para a infância, substitui-se em S um adulto que faz da infância objeto de um deleite admirativo e mórbido, renunciador e maquinador. O ancião Frederico ligou numa estrutura binária os jovens Carlos e Henriqueta, indiferentes um ao outro, e transmite-lhes sua carga sexual até criar a aparência (e o início) de um desejo, e provocar a morte de quem (o noivo de Henriqueta) se opõe àquele desejo, até libertar dos estranhos, por uma série de assassínios somente em aparência independentes, o quadrilátero erótico formado pelo protagonista e por ele (os dois *voyeurs*), e pelas duas crianças.

Em C, o tema da maturidade-imaturidade não aparece mais numa forma explícita (muito embora o velho e infantil Leão constitua um conspícuo resto dele). O jogo das estruturas é libertado de toda superfetação. Mas aquilo que pareceria portanto um passo à frente na construção de uma ordem, qualquer que ela seja *(cosmo* e *caos* são no romance palavras-chave), revela pelo contrário, clamorosamente, sua inanidade.

Aqui também é preciso seguir um discurso bastante rigoroso de Gombrowicz. Desde F aparecia, como inerente à imaturidade, a impotência (p. 46). A impotência de F torna-se em S uma potência negativa, de que é provido de maneira particular o diabólico Ferdinando: "condenado... em sua frigidez, por nada aquecido, ao terror eterno da realidade presente — era do jeito que era" (S, p. 100; segue a atribuição de "impotência cadavérica"). Sua presença na missa, por exemplo, consegue destruir a eficiência da cerimônia sacra: "A missa murchou numa atroz impotência...pendia... incapaz de fecundar!" (S, p. 31).

A impotência de Ferdinando cede o lugar, em C, ao onanismo de Leão. O infantil *pater familias,* cuja participação nas vicissitudes escapa, não à toa, a uma avaliação precisa (mas no fim se revela notável), enuncia uma filosofia dele, a da fuga nos prazerzinhos, da miniaturização e interiorização das volúpias, que, além de revelar os elementos minimais do erotismo de C—bastaria seguir a atenção obsessiva, cheia de evocações sexuais, pelas mãos de Lena (pp. 29, 116) — leva também ao centro do estruturalismo de Gombrowicz.

Com efeito, a constituição da realidade é homóloga para ele ao vanilóquio de Leão:

> É possível que nunca se expresse nada realmente, restituído em seu anônimo devir, ninguém saberá nunca exprimir o *vanilóquio* o

grifo é nosso] do instante nascente, porque nós, nascidos do caos, não sabemos nunca encontrá-lo, pois basta um olhar nosso para que do caos, imediatamente, nasça a ordem...e a forma... (C, p. 38);

e por sua vez a lógica não é senão uma configuração dada pelo observador à casualidade:

> Um puro acaso? Por que não ... só que ele denotava uma certa tendência à logicidade, percebia-se nessa série de acontecimentos um tenebroso elemento enganchador... emanava dele uma certa tendência ao lógico, como nas charadas quando as letras isoladas começam a ter o aspecto de uma palavra (C, p. 47):

trata-se, no fim das contas, de "prazerzinhos":

> Um cadáver absurdo se metamorfoseava num cadáver lógico — só que a lógica era pesada...pertencia demais a mim...era *minha pessoal* [o grifo é nosso] ...era...isolada...*privada* [o grifo é nosso] (C, p. 204).

Ao passo que a polêmica de Gombrowicz tinha como alvo entidades reais, ainda que sobrecarregadas de ridículo (e diante de sua resistência suas armas estilísticas haviam-se magnificamente bem), sua reconstrução não faz senão levantar um castelo de cartas ("Há na consciência algo que a transforma numa ratoeira para si própria", C, p. 9). O que dá origem aos esquemas estruturais de C não é sequer um erotismo intenso, ainda que desviado, como em S, mas um erotismo que tende para o senil e o desmemoriado, ou melhor ainda, o fastio. Todas as investigações que Witold e seu companheiro realizam, evocando e provocando tragédias, têm na base seu fastio de hóspedes ociosos; fastio consciente: "O fastio tem poderes ainda mais ocultos do que o medo! Quando você se enfastia, só Deus sabe do que você é capaz de imaginar!" (C, p. 185).

Longe da harmonia mundial da tradição pitagórico-cristã, livre a visão dos títeres que guardavam o progresso, ausentes qualquer confiança e qualquer programa, as últimas personagens de Gombrowicz voltam a criar: mas em vez da música das esferas, seu universo tem por voz a cantilena ti-ri-ri do tedioso, presunçoso, vicioso Leão.

# O TEMPO CURVO DE GARCÍA MÁRQUEZ

I.

1. *A roda do tempo.* Os cem anos de solidão[1] são os cem anos de vida da cidade de Macondo e da família Buen-

(1) As duas primeiras partes do capítulo dedicam-se a *Cien años de soledad*, a última às obras anteriores de García Márquez (sempre abreviado G. M.). Enumero as obras citadas, fazendo acompanhar a data de publicação pela referência às edições por mim usadas e pelas siglas com que as indicarei:
*La hojarasca* (1955), Buenos Aires, 1969 (H).
*El coronel no tiene quien le escriba* (1961), Buenos Aires, 1968² (CTE; a obra foi traduzida para o italiano por E. Cicogna, juntamente com FMG, com o título *Nessumo escrive al colonnello*, Milão, 1969).
*Los funerales de la Mamá Grande* (1962), Buenos Aires, 1968³ (FMG; avisarei, sempre que me referir em particular à novela epônima).
*La mala hora* (1962), Buenos Aires, 1968² (MH)
*Cien años de soledad* (1967), Buenos Aires, 1968⁸ (CAS; dessa obra há uma tradução italiana de E. Cicogna, Milão, 1968).
Lore Terracini, que leu nas provas de imprensa este artigo, fez-me agudas observações que levei em conta.

día. Esses cem anos têm uma dimensão fantástica que toca uma pré-história mítica (Macondo, construída "a la orilla de un río de aguas diáfanas que se precipitaban por un lecho de piedras pulidas, blancas y enormes, como *huevos prehistóricos*", num mundo "tan reciente, que muchas cosas carecían de nombre, y para mencionarlas había que señalarlas con el dedo", p. 9), lança sondas para uma história mista de lenda ("Cuando el pirata Francis Drake asaltó a Riohacha, en el siglo XVI, la bisabuela de Úrsula Iguarán se asustó etc.", p. 24), e se dissolve num turbilhão apocalíptico ("Macondo era ya un pavoroso remolino de polvo y escombros centrifugado por la cólera del *huracán bíblico*, p. 350; del *viento profético* que ... había de borrar a Macondo de la faz de la tierra", p. 280).

O que caracteriza o tempo do romance é a superposição de uma medida cronística que escande regularmente o ritmo das vicissitudes, e de impulsos supratemporais que antecipam o futuro ou adiam o passado, fazendo girar livremente a roda do tempo rumo aos momentos cruciais do século de Macondo. Esta medida cronística faz-nos acompanhar os desenvolvimentos do povoado de "aldea de veinte casas de barro y cañabrava" (p. 9) a "aldea más ordenada y laboriosa que cualquiera de las conocidas hasta entonces por sus 300 habitantes" (p. 16); faz-nos assistir à chegada de um grupo de imigrados, que trazem uma diferenciação de tarefas e estabelecem relações comerciais com o exterior (p. 39), à tomada de posse do inofensivo "corregidor" governamental (p. 54), infelizmente seguido por seis policiais (p. 81), aos esforços do padre-feiticeiro Nicanor em reconverter ao Cristianismo os indiferentes habitantes, exibindo-se em levitações facilitadas por xícaras de chocolate (p. 77); registra a elevação de Macondo a município, depois da guerra civil liderada pelo lendário Aureliano Buendía (p. 130) e a prosperidade e o incremento demográfico produzidos pela paz (p. 168); conta a construção da estrada de ferro (p. 193), e, sobre os trilhos desta, a chegada dos bananeiros norte-americanos e a "colonização" de Macondo (p. 196); descreve a greve geral (pp. 252-56) e a sucessiva repressão, que termina com a diáspora dos operários antes atraídos pelo *boom*, e com a galopante decadência da aldeia (p. 280).

Mas fica imediatamente claro que os impulsos supratemporais levam a melhor sobre o quieto fluir dos anos. O romance começa precisamente com uma antecipação: "Muchos años después, frente al pelotón de fusilamiento, el coronel Aureliano Buendía había de recordar aquella tarde remota..." (p. 9). E essa antecipação constituirá uma formula recorrente, a ponto de fazer dominar na narrativa o "herói" Aureliano, que se encontrará diante do pelotão de execução somente na página 115. Eis algumas contas desse rosário de fórmulas: "Muchos años después, el coronel Aureliano Buendía volvió a atravesar la región..." (p. 18); "muchos años más tarde, un segundo antes de que el oficial de los ejércitos regulares diera la orden de fuego al pelotón de fusilamiento, el coronel Aureliano Buendía volvió a vivir la tibia tarde de marzo..." (p. 21); "Años después, durante la segunda guerra civil, el coronel Aureliano Buendía trató de hacer aquella misma ruta..." (p. 28); "Muchos años después, cuando Macondo fue un campamento de casas de madera... todavía perduraban... los almendros rotos" (p. 40); "Aureliano, vestido de paño negro, con los mismos botines de charol con ganchos metálicos que había de llevar pocos años después frente al pelotón de fusilamiento..." (p. 75); "Él mismo, frente al pelotón de fusilamiento no había de entender muy bien cómo se fue encadenando..." (p. 87). E, com outras personagens: "Años después, frente al pelotón de fusilamiento, Arcadio había de acordarse del temblor con que Melquíades le hizo escuchar varias páginas..." (p. 60); "Fue ella la última persona en que pensó Arcadio, pocos años después, frente al pelotón de fusilamiento" (p. 82); "Pocos meses después, frente al pelotón de fusilamiento, Arcadio había de revivir los pasos perdidos en el salón de clases, etc." (p. 101); "Años después, en su lecho de agonía, Aureliano Segundo había de recordar la lluviosa tarde de junio..." (p. 159); "Muchos años después seguiría afirmándose que la guardia real etc." (p. 175); "Pocos meses después, a la hora de la muerte, Aureliano Segundo había de recordarla..." (p. 299).

Essas voltas, mais ou menos amplas, da roda do tempo, têm a função primária de apontar, no início de um ciclo vital, a sua conclusão, de maneira que o presente seja inclusive percebido na perspectiva de passado que lhe dará o futuro. Essa perspectiva é claramente uma perspectiva da memória, e é por isso que grande parte das "antecipações" nos levam a momentos mortais (o fuzilamento de Arcadio, a agonia de Aureliano Segundo): especialmente àquelas sínteses de lembranças que coagulam na mente do moribundo e lhe permitem rever, instantaneamente, episódios decisivos de sua vida.

Entre esses momentos mortais prevalece a execução do "coronel" Aureliano, que será, porém, suspensa no último momento por um aventuroso *coup de théâtre*, de modo a conceder ao "coronel" uma longa velhice. Mas não é somente por um de seus freqüentes apelos para a ironia que G. M. antecipa uma morte que não haverá. É porque o "coronel" Aureliano será apenas um sobrevivente da execução, e depois, ainda, de um suicídio frustrado; na verdade a condenação à morte iniciará o fim de suas façanhas e de sua lenda. E então a frustrada morte de Aureliano pode iniciar a série das mortes — efetivas — de Arcadio e dos outros, e simbolizar o tipo de memória mais rico e intenso registrado em CAS: o que possuem os moribundos.

Assim, a trajetória rumo ao futuro (antecipação dos fatos) aparece tão veloz quanto a trajetória para o passado (memória), e o presente já pode ser percebido, não só como tal, mas também como lembrança. Aproximam-se o autor, que sabe o que deve acontecer, e as personagens, que retrocedem no passado.

Mas, se neste caso é, ainda assim, o presente que tem o maior peso, acontece outras vezes ser a memória quem tutela um presente vilipendiado e rejeitado. O massacre de sindicalistas ao qual sobrevivem somente José Arcadio Segundo e uma criança anônima; o trem que, levando os cadáveres para o mar, apaga todo sinal da matança, são para José Arcadio Segundo um pesadelo, para os outros cidadãos (ver-se-á por que) uma macabra mas inconsciente fantastiquice. Os fatos readquirirão sua força trágica na memória, embora mais ninguém queira acreditar neles: "Muchos años después, el niño había de seguir contando, sin que nadie se lo creyera, que había visto..." (p. 258); "Muchos años después, el niño había de contar todavía, a pesar de que los vecinos seguían creyendolo un viejo chiflado, que..." (p. 259). Para José Arcadio Segundo, o tempo inclusive há de parar naquele dia, a memória tornar-se-á obsessão (pp. 285, 295, etc.). Mas não pára somente para ele: também para a fita preta que

Amaranta, autopunindo-se, usará *hasta la muerte* (p. 100), para a espera amorosa de Gerineldo Márquez, *hasta la muerte* (p. 174), para Mauricio Babilonia, atingido à traição e imobilizado *por el resto de su vida* (p. 248), para Meme que, separada de Mauricio, não abrirá mais a boca *en el resto de su vida* (p. 250).

Análogo ao constraste entre o tempo-calendário e as repentinas antecipações ou voltas narrativo-mnemônicas é o contraste entre a medida das distâncias, conforme ela é efetuada de Macondo para o exterior ou do exterior para Macondo. Se os fundadores de Macondo haviam chegado ao lugar da futura cidade depois de catorze meses de viagem através da floresta, se o mensageiro enviado por José Arcadio ao governo "atravesó la sierra, se extravió en pántanos desmesurados, remontó ríos tormentosos y estuvo a punto de perecer bajo el azote de las fieras, la desesperación y la peste" antes de alcançar uma estrada (p. 11), se José Arcadio voltará a caminhar através da floresta virgem por quase um mês, procurando em vão com os companheiros uma passagem para o mundo civilizado, fonte dos "grandes inventos" que os ciganos levam de vez em quando a Macondo (pp. 16-18), ao contrário, os recém-chegados da comitiva de Úrsula alcançarão Macondo em somente dois dias de viagem (p. 38), e Macondo será em seguida um ponto de atração fácil e freqüente.

2. *A "soledad" e a revolta.* Temos portanto dois tipos de tempo: um tempo mental que, saltando por cima dos anos, une momentos de mais intensa consciência, e um tempo-calendário, sujeito a medidas regulares. E dois tipos de distância: uma quase lendária, que divide Macondo do resto do Mundo, e outra, muito mais modesta, que une o mundo a Macondo. Dois contrastes que têm na base uma situação mental que G. M. chama *soledad*. Para José Arcadio Buendía, o síndrome é indicado explicitamente por G. M., a propósito da elasticidade das medidas espaciais produzida pela fantasia: "Cuando se hizo experto en el uso y manejo de sus instrumentos [instrumentos náuticos recebidos do cigano Melquíades], tuvo una noción del espacio que le permitió navegar por mares incógnitos, visitar territorios deshabitados y trabar relación con seres espléndidos, sin necesidad de abandonar su gabinete. Fue esa la época en que adquirió

251

el hábito de hablar a solas, paseándose por la casa sin hacer caso de nadie" (p. 11). Estranha solidão, nessa família patriarcal onde as gerações se sucedem, os filhos legítimos e ilegítimos e adotivos se multiplicam, forçando a contínuas ampliações da morada ancestral: nessa cidade que parece uma bomba de sucção para as populações das redondezas.

A *soledad* é uma situação mental, uma espécie de introversão que, do fundador da família, herdam seus descendentes. Uma introversão que ora aguilhoa suas vítimas a uma atividade irrequieta e heterogênea, ora a uma resolução paranóica para façanhas gratuitas: é elemento fundamental a aversão pelo prático, pelo construtivo, pelo prosaico. Ela ataca José Arcadio Buendía segundo ciclos cada vez mais amplos que alternam com fases de sábia autoridade patriarcal; estimulada pelas magias e pelos truques dos ciganos, leva José Arcadio Buendía a experiências alquimísticas e a explorações, a pesquisas astronômicas e a exercícios fotográficos (entre os quais a tentativa de fotografar, de surpresa, Deus). O apogeu será constituído por uma consciente loucura, que reduzirá José Arcadio a uma vida quase vegetal, enquanto ele pronunciará seus oráculos num latim aprendido sabe-se lá como.

A realidade aparecer-lhe-á então como refletida por espelhos: seu quarto multiplicar-se-á ao infinito, e ele passará de um para o outro acompanhado por um fantasma amigo. Será precisamente um dos quartos de sua fantasia que o acolherá como câmara da morte: porque com a morte a realidade perde todo o seu poder (p. 124).

A variação dos caracteres e dos acontecimentos na família não é senão um sortimento de tipos de *soledad*; permanente em alguns, adquirida em outros, segundo uma rotação que comporta fases e alternâncias, e que é marcada pela repetição dos nomes na numerosa descendência: nomes fatídicos, porque "mientras los Aurelianos — reflete a matriarca Úrsula — eran retraídos, pero de mentalidad lúcida, los José Arcadio eran impulsivos y emprendedores, pero estaban marcados por un signo trágico" (p. 159) (regra confirmada pela exceção, uma vez que a cômica troca dos gêmeos Aureliano Segundo e José Arcadio Segundo dará ao primeiro a sorte e o caráter dos José Arcadio, ao segundo, a dos Aurelianos).

Protótipo dessa *soledad* é certamente Aureliano, que domina grande parte do romance; e, na lembrança, domina tudo. "La adolescencia le había quitado la dulzura de la voz y lo había vuelto *silencioso y definitivamente solitario*" (p. 41; pouco depois o pai observa seu *ensimismamiento)*. O amor é para ele primeiro uma experiência indireta — a aventura do irmão com Pilar Ternera (Aureliano e José Arcadio a vivem juntos, através dos relatos do segundo, "y se refugiaron en la *soledad*", p. 33), — depois um encontro com o impossível: a paixão pela impúbere Remedios, a espera extenuante do momento em que lhe será permitido desposá-la. Uma obsessão, uma cerrada loucura: "La llamó muchas veces, en desesperados esfuerzos de concentración, pero Remedios no respondió. La buscó en el taller de sus hermanas, en los visillos de su casa, en la oficina de su padre, pero *solamente la encontró en la imagen que saturaba su propia y terrible soledad*" (p. 63). Mais imagem que realidade, Remedios dá, por poucos meses, o calor da vida conjugal a Aureliano, e morre de parto. É o último contato com uma afeição humana; o luto lhe inspirará "un sordo sentimiento de rabia que paulatinamente se disolvió en una *frustración solitaria* y pasiva" (p. 88); a volta ainda mais desesperada ao trabalho de ourives (Aureliano fabrica pequenos peixes de ouro) trará a seus lábios "la línea recta de la meditación *solitaria* y la decisión *implacable*" (p. 82).

A carreira de rebelde e de *condottiere* que faz de Aureliano "el coronel Aureliano Buendía", e que domina a história de Macondo e dos Buendía até que o olvido não imponha seu domínio destrutor, é um desabafo daquela raiva, uma maneira de realizar aquela decisão implacável. A indignação pelas violências e pelas intrigas dos conservadores é pouco mais do que uma centelha: ele combate por seu próprio orgulho, como confessa a Gerineldo (p. 121); por pura e culposa soberba, por incapacidade de amor, como constata na hora da volta, achando-se indiferente à mãe, à família, a seus sofrimentos (p. 152), e como compreenderá a própria mãe (p. 214).

Sua teimosa capacidade de instigar novamente a revolta após cada derrota, de reaparecer, quase invulnerável, após cada atentado e cada notícia de sua morte, não tem outra origem senão o esforço vão de encontrar-se e realizar-se a si próprio: "sólo él sabía entonces que su aturdido corazón estaba condenado para siempre a la incertidumbre" (p. 145). Na meta de todo empreendimento há uma solidão maior, de que o poder não faz senão ampliar os limites ("Extraviado en la *soledad* de su inmenso poder...", p. 146; "Se sintió disperso, repetido, y *más solitario que nunca", ibid.):* e será uma tentativa de "ir ainda mais longe", a crueldade, que o levará a matar os poucos amigos desde que estes tentem reconduzi-lo à consciência (consciência moral e consciência da realidade).

Também Aureliano é vítima de um movimento circular; à força de tentativas para quebrar "la dura cáscara de su soledad" (p. 149), acaba por descobrir que seus únicos momentos felizes ele os teve na atividade humilde do laboratório; e volta a fechar-se nele praticamente para sempre, a construir durante toda sua vida peixinhos de ouro, após chegar finalmente "al término de toda esperanza, más allá de la gloria y de la nostalgia de la gloria" (p. 154), empenhado, ao contrário, em "destruir todo rastro de su paso por el mundo" (p. 152). Também os peixinhos de ouro serão por ele destruídos à medida que os tiver fabricado: seu trabalho terá como ideal a inutilidade.

Com uma de suas típicas antecipações, G. M. sintetiza a parábola de Aureliano antes mesmo de narrá-la por extenso; num sumário em que a secura tem uma amarga comicidade, sugere uma impressão de impotência, de que é símbolo sobretudo o sistemático assassínio de todos os filhos do "coronel"

El coronel Aureliano Buendía promovió treinta y dos levantamientos armados y los perdió todos. Tuvo diecisiete hijos varones de diecisiete mujeres distintas, que fueron exterminados uno tras otro en una sola noche, antes de que el mayor cumpliera treinta y cinco años. Escapó a catorce atentados, a setenta y tres emboscadas y a un pelotón de fusilamiento. Sobrevivió a una carga de estricnina en el café que habría bastado para matar un caballo. Rechazó la Orden del Mérito que le otorgó el presidente de la república etc. (p. 94).

3. *O "campo" da "soledad".* Do fundador ao último dos Buendía, Aureliano Babilonia, a vida da família é uma pormenorizada declinação do sentimento da *soledad*. A *soledad* aparece na forma mais explícita na linha "coronel" Aureliano-José Arcadio Segundo-Aureliano Babilonia, ou seja, a dos Aurelianos, se se levar em conta

a provável troca de nomes entre José Arcadio Segundo e Aureliano Segundo.

Em José Arcadio Segundo voltam a acender-se as centelhas das paixões de seu homônimo, fundador da família, e do "coronel" Aureliano. Do primeiro, quando decide ligar Macondo ao mar, aquele mar que José Arcadio Buendía havia alcançado numa épica exploração, enquanto buscava inutilmente, errando o rumo, a estrada que passava não longe de Macondo; a façanha do segundo José Arcadio é caracterizada por sua inutilidade — o canal será navegado uma só vez — e é ridicularizada pelo carregamento que chega no único navio que aporta em Macondo, um carregamento de "matronas espléndidas", que trazem, por certo, um ar de renovação, mas somente nos costumes eróticos da cidade: as "matronas espléndidas" nada mais são que prostitutas. Pelo contrário, os traços do "coronel" Aureliano é que se depositam no rosto de José Arcadio Segundo quando este se improvisa agitador sindical, e provoca a única greve geral dos operários bananeiros. Mas, no resto, a existência anônima de José Arcadio Segundo, especialista em galos de briga e importador de prostitutas, gira em torno de dois centros, que são, na verdade, uma mesma coisa: a lembrança indelével de um fuzilamento, a que quis assistir em criança, e o pesadelo do trem de cadáveres em que acordará, ferido, após a conclusão sangrenta da greve. Procurado pela polícia, refugiar-se-á no laboratório em que também o "coronel" Aureliano passara grande parte de sua vida, e tentará desaparecer para o mundo (o laboratório, lugar de magia, torna-o de fato invisível ao oficial perquisidor). O sentido da solidão de José Arcadio Segundo explicar-se-á assim com uma só palavra: *miedo* (p. 265), e sua memória fixar-se-á, como uma aterrorizada monomania, na cena dos cadáveres amontoados nos vagões (como notará a cega Úrsula, "él estaba en un mundo de tinieblas más *impenetrable* que el suyo, tan *infranqueable y solitario* como el del bisabuelo" (p. 285).

No laboratório vive e morre, bom discípulo do José Arcadio Segundo do fim, o terceiro Buendía dessa linha, Aureliano Babilonia; a realidade com que seus predecessores não haviam sabido defrontar-se ou que eles haviam confundido com seus próprios sonhos permanece-lhe quase desconhecida. Ele conhece o mundo por uma enciclopédia, e vive os fatos de Macondo lendo-os nos manuscritos cifrados de Melquíades, ou mesmo conversando com seu fantasma; somente sai de casa, à parte o período da obsessão amorosa, em busca de livros úteis para a decifração dos proféticos hieróglifos. Tendo-se revelado desde criança "un legítimo Aureliano Buendía, con sus pómulos, altos, *su mirada de asombro y su aire solitario"* (p. 269), ele dá contudo uma nova versão da *soledad*, mais sonhadora e mágica: al contrario de la mirada inquisitiva y a veces clarividente que tuvo el coronel a su edad, la suya era parpadeante y un poco distraída" (p. 289): a *soledad* moral acaba portanto por identificar-se com a solidão física, na medida em que a realidade não é sequer encarada, mas recusada desde o início: "Aureliano parecía preferir el encierro y la soledad, y no revelaba la menor malicia por conocer el mundo que empezaba en puerta de la calle" (p. 295).

Como para o "coronel", a paixão é para Aureliano uma cerrada obsessão: quando ainda não correspondida ela o lança para uma angustiada auscultação dos abraços de Amaranta Úrsula com o marido, numa ansiosa espera de suas risadas e de seus gritos sensuais (p. 325); *ansiedad, ansiedad* é a palavra que retorna na descrição dos tormentos de Aureliano, ao passo que esses tormentos chegam às vezes a concretizar-se em imagens físicas: "le iba torciendo cada vez más las entrañas" (p. 326); "se sacó una tripa interminable y macerada, el terrible animal parasitario que había incubado en el martirio" (p. 332). Quando, finalmente, Aureliano e Amaranta Úrsula podem dar vazão à sua paixão num interminável delírio erótico, o amor revela-se um meio de evasão da realidade ("Perdieron el sentido de la realidad, la noción del tiempo", p. 341) e de ulterior introversão: "Aureliano se iba haciendo más absorto y callado, porque su pasión era ensimismada y calcinante" *(ibid.)*: um cárcere de felicidade ("recluidos por la soledad y el amor y por la soledad del amor", p. 340), um universo particular ("ambos quedaron flotando en un universo vacío, donde la única realidad cotidiana y eterna era el amor", p. 342).

Com Amaranta Úrsula grávida, com o descanso dos sentidos, parece que a *soledad* é vencida, que os dois amantes terão encontrado uma união e um contato de almas: "crearon entre ellos un vínculo de solidaridad" (p. 343); "se iban convirtiendo en un ser único, se integraban cada vez más en la soledad de una casa" (p. 345). Mas é justamente a véspera de tragédia: Amaranta Úrsula morrerá de parto, o filho será devorado pelas formigas, e Aureliano, voltando a seus pergaminhos, será iluminado sobre todo enigma antes de precipitar, com Macondo, no nada.

Em relação às mulheres, a *soledad* desenvolve um papel mais complexo, em que o amor não entra de improviso, mas é um elemento constitutivo do jogo, melhor, um coringa. É típica a concorrência de Amaranta e Rebeca quando se enamoram do delicado, efeminado Pietro Crespi: porque a disputa dará primeiramente a vitória a Rebeca — e Amaranta se encerrará em sua solidão derramando suas afeições sobre os sobrinhos (o pequeno Aureliano José "había de compartir su *soledad*", p. 82) —, depois, arrebatada Rebeca pelo terremoto erótico de José Arcadio, permitirá a Amaranta arrastar um longuíssimo noivado com o Crespi (acontecimentos exteriores materializam a vontade da mulher), nunca coroado pelo casamento, até o suicídio de Crespi. E enquanto Rebeca, depois da misteriosa morte — uxoricídio? suicídio? — de José Arcadio, trancará para sempre seu apartamento como um túmulo, recusando seus semelhantes e o próprio decorrer do tempo, para entregar-se às quimeras da lembrança ("había encontrado la paz en aquella casa donde los recuerdos se materializaron por la fuerza de la evocación implacable, y se paseaban como seres humanos por los cuartos clausurados", p. 139), Amaranta continuará entre os outros, estará a ponto de ter outro amor (por Gerineldo Márquez), provocará as primeiras inquietações nos sobrinhos, mas na realidade será somente fiel à sua invencível solidão ("Se hubiera dicho que bordaba durante el día y desbordaba en la noche, y *no con la esperanza de derrotar en esa forma la soledad, sino todo lo contrario, para sustentarla*", p. 222). Ligadas por um ódio recíproco[2], as duas mulheres preencherão com ele seus ânimos negados para o amor, seus anos de solidão ("Amaranta pensaba en Rebeca porque la soledad le ha-

---

(2) As reiterações verbais do ódio de Amaranta são iguais às do amor de Aureliano por Remedios; na introversão, os dois sentimentos polares revelam uma mesma estrutura. Comparem-se, com efeito, "[Amaranta] *pensaba* en ella al amanecer... y *pensaba* en ella cuando se jabonaba los senos marchitos... Siempre, a toda hora, dormida y despierta... Amaranta *pensaba* en Rebeca" (p. 190), com: "*la llamó* muchas veces, en desesperados esfuerzos de concentración... *La buscó* en el taller de sús hermanas, en los visillos de su casa... todo, hasta la música, le *recordaba* a Remedios" (p. 63). De resto, a homologia do ódio e do amor é sublinhada também por G. M., quando a circunstanciada evocação dos preparativos fúnebres para a morte de Rebeca é feita por Amaranta "con tanto odio que la estremeció la idea de que lo habría hecho de igual modo si hubiera sido con amor" (p. 237).

bía seleccionado los recuerdos", p. 190). E suas vidas serão uma competição interminável, em que cada uma tentará chegar por último à morte; para saborear a morte da outra.

A linha José Arcadio-Arcadio-Aureliano Segundo é aparentemente antinômica à dos "solitários". Nessa linha, os homens são mastodônticos e folgazões, como se tivessem tentado incluir em si, em seu próprio corpo, a maior quantidade possível de real, e como se mais real tentassem possuir com seus sentidos. Típica a descrição de José Arcadio ao voltar de sua fuga com os ciganos: através de confrontos animalescos ("el cuello de bisonte"; "un cinturón dos veces más grueso que la cincha de um caballo", p. 83); ou pelo recurso a cifras hiperbólicas ("después de tomarse dieciséis huevos crudos", p. 83; "Le había dado sesenta y cinco veces la vuelta al mundo", p. 84), ou mediante neologismos ("protomacho", p. 85), sugere-se uma imagem de dimensões espantosas, sobretudo uma energia próxima a das forças naturais (seu passo parece "un temblor de tierra", p. 83; sua respiração é "volcánica", p. 85).

Mas a realidade parece rebelar-se contra essa violência, como se a escolha dos Buendía fosse entre negar a realidade ou serem negados por ela. José Arcadio e Arcadio morrem jovens, e tragicamente. Também suas relações amorosas oscilam entre o limite da fuga em direção a uma solidão mortal ("el ansia atolondrada de huir y al mismo tiempo de quedarse para siempre en aquel silencio exasperado y aquella soledad espantosa", p. 31) e o limite de uma reviravolta destruidora ("al primer contacto, los huesos de la muchacha parecieron desarticularse con un crujido desordenado", p. 36; "Ella tuvo que hacer un esfuerzo sobrenatural para no morirse cuando una potencia ciclónica asombrosamente regulada la levantó por la cintura y la despojó de su intimidad con tres zarpazos, y la descuartizó como a un pajarito", p. 85). Essa grande potência física é semelhante à potência política do "coronel" Aureliano, o desabafo de uma incerteza.

Na verdade, as duas linhas masculinas dos Buendía mostram claros indícios de sua complementaridade, a partir do fato de que nelas aparecem, separados, caracteres que estavam unidos em José Arcadio Buendía, o fundador: a introversão, a dedicação a empreendimentos ciclópicos e inúteis, a corpulência e a força: quando sua loucura explodira em um impressionante *exploit* destrutivo, haviam sido necessários vinte homens para dominá-lo e transportá-lo para a improvisada prisão. Mas G. M. dá-nos uma indicação fundamental dessa complementaridade no caso dos gêmeos José Arcadio Segundo e Aureliano Segundo: tão iguais em pequenos a ponto de serem continuamente confundidos, até assumirem um o nome do outro; e dotados ambos do "aire solitario de la familia" (p. 160). Mais tarde, encontrando a satisfação dos sentidos em Petra Cotes, Aureliano Segundo é arrancado de "su ensimismamiento" e posto em face "a la realidad del mundo" (p. 164), e sucessivamente assume um caráter "vital, expansivo, desabrochado", descobre "el júbilo de vivir y el placer de la parranda y el despilfarro" (p. 177), alcança dimensões comicamente descomunais (p. 219), e uma capacidade devoradora que culmina num torneio pantagruélico *(ibid.)*, ao passo que José Arcadio Segundo, conforme se viu, revela sua natureza "aureliânea"; finalmente, morrendo juntos, assim como juntos haviam nascido, os dois gêmeos voltarão a ser iguais, revelando que a diversidade de fatos realizava um mesmo plano (p. 300).

Outro indício dessa complementaridade é o deslocamento temporâneo das personagens de uma linha a outra, em momentos de crise. Somente um exemplo: Aureliano Babilonia; quando procura conforto para a paixão por Amaranta Úrsula nos braços de Nigromanta, sua força sexual revela-se equivalente e semelhante à de José Arcadio (a mulher "se encontró de pronto con un hombre cuyo poder tremendo exigió a sus entrañas un movimiento de reacomodación sísmica", p. 326); analogamente, suas fanfarronices na casa de tolerância (p. 328) nos levam ao clima rabelaisiano que é típico da vida de José Arcadio. Embora haja um sabor de irrealidade que muda o signo de tudo: "un establecimiento que no existía sino en la imaginación, porque allí hasta las cosas tangibles eran irreales: los muebles... los cuadros con litografías... que nunca se editaron. Hasta las putitas tímidas que acudían del vecindario... eran una pura invención... tampoco esa comida era verdad" (p. 328).

4. *A "soledad" e as "mulheres da realidade"*. Os tipos de *soledad* nos Buendía constituem portanto um "sistema" triangular bastante evidente, com os "Aurelianos" de um lado, os "José Arcadio" de outro e

finalmente as mulheres, principalmente Amaranta e Rebeca. Os "José Arcadio" mergulham prepotentemente na realidade, batendo mais cedo ou mais tarde na sua recusa; os "Aurelianos" são temperamentos fantasistas, que projetam um futuro impossível e acabam por refugiar-se no passado; Amaranta e Rebeca não têm sequer a força de prefixar um futuro qualquer (José Arcadio é que seduz e depois induz Rebeca ao casamento), elas tocam (Rebeca) ou resvalam (Amaranta) na realidade, para logo dela se esquivar, numa definitiva consagração ao passado.

A função fundamental de Úrsula e de Pilar Ternera, as duas matriarcas, legítima e ilegítima, dos Buendía, consiste em permitir as relações interiores e exteriores desse "sistema", e portanto sua sobrevivência (a *soledad* teria como conseqüência natural o isolamento). Aparentemente simples a posição de Úrsula: ela é o contrapeso realista do irrealismo de José Arcadio Buendía[3], e portanto responsável pela continuidade da vida familiar, dos meios de subsistência, etc. À medida que se acentua a loucura do patriarca, é a matriarca quem toma as rédeas da família, e acompanha sua proliferação inicial. Mas Úrsula age também como um pivô temporal: de um lado, com a passagem dos anos, ela conserva as recordações da família transmitindo-as aos descendentes, de outro, ela detém o mito minotáurico da endofilia, em torno do qual (terror e atração) se move o fado do clã.

A função de Pilar Ternera é mais complexa. Adivinha e mulher de costumes fáceis, cabem-lhe as duas tarefas complementares de interpretar o destino e tornar-se instrumento dele. Para várias gerações de machos Buendía ela se identifica com o sexo, em que os inicia e de onde, generosa e consciente do fado, os encaminha ao amor de outras mulheres. Nascem, dela e dos jovens Buendía, crianças que entram na família, encarapinhando-lhe a genealogia e predispondo-se (por ignorância de sua origem) a acasalamentos incestuosos, quiçá com a própria Pilar. Por outro lado, Pilar é a mulher que, em caso de necessidade, sabe ler as precisas e sibilinas mensagens das cartas, e portanto domina com igual

---

(3) A oposição é explícita e nítida. É curioso, pelo contrário, que a fantasia de José Arcadio Buendía e o ativismo de Úrsula levem por vezes a efeitos análogos: é saindo por um momento daquela que José Arcadio *repara* na existência de seus filhos ("solo en aquel instante habían empezado a existir", p. 20), é num momento de repouso deste que Úrsula percebe duas meninas, belas e desconhecidas, que são Amaranta e Rebeca, suas filhas (a segunda, adotiva), p. 53.

facilidade o passado e o futuro da família; assim, embora com o tempo seus contatos com os Buendía se tornem mais espaçados, ela continua sendo, após a morte de Úrsula, a única detentora dos seus segredos. (Essa bivalência de Pilar Ternera dá origem, por motivos óbvios de idade, a um desdobramento em face do último dos Buendía, Aureliano Babilonia: com efeito, ele redescobre a Pilar feiticeira e rica de memórias, ao passo que é Nigromanta (p. 326) quem o inicia no sexo e o prepara para amar Amaranta Úrsula.) Face à realidade empírica representada por Úrsula, Pilar Ternera é a voz de uma realidade irracional e indomável, de que o sexo é o principal instrumento. E, como uma sacerdotisa de primitivos mitos telúricos, Pilar Ternera, transformada finalmente em dona de um bordel, é enterrada sem caixão no centro da sala de baile, num enorme buraco onde as prostitutas mulatas atiram seus brincos, seus broches, seus anéis (p. 336).

E não deve ser esquecida Petra Cotes que, partindo de uma posição de iniciadora sexual como Pilar Ternera, logo se impõe como concubina oficial, e até como objeto de amor: um dos poucos amores normais e duráveis de CAS. Petra Cotes consegue assim arrancar Aureliano Segundo do destino solitário dos Buendía; as tentativas e os projetos de comunicação humana dos Buendía, representáveis através da sintagmática concernente à *soledad* (Aureliano José, escolhido por Amaranta para "compartir su soledad", p. 82; Arcadio e sua mãe Pilar "cómplices en la soledad", p. 135; Aureliano e Fernanda que "no compartieron la soledad, sino que siguieron viviendo cada uno en la suya", p. 305; o "acercamiento entre dos solitarios" que une José Arcadio e Aureliano Babilonia, de modo que uma "insondable soledad ... los separaba y los unía", p. 316) alcançam um êxito completo e serenamente feliz no casal Petra Cotes-Aureliano Segundo: "el paraíso de la soledad compartida" (p. 288). É fato que Petra Cotes — outro fenômeno excepcional em CAS — é capaz também de solidariedade humana, até mesmo de amor pela rival Fernanda; é precisamente Petra Cotes que, no fim, embora na miséria, sustenta Fernanda, ainda mais pobre e sempre orgulhosa, às escondidas desta (p. 302).

5. *"Soledad" e endofilia*. A gama vastíssima da *soledad* nos é revelada pelas atitudes das personagens; poder-

se-ia sintetizá-la, assim como no fim do parágrafo anterior foram sintetizadas suas exceções, através das inflexões semânticas produzidas na palavra *soledad* e em seus derivados pela proximidade ou pela dependência em relação a outras palavras (soledad... ensimismamiento; encierro y soledad; soledad... asombro... miedo; soledad y amor; ou então: la cáscara de su soledad; ou ainda: frustración solitaria y pasiva... incertidumbre; silencioso... solitario; desperso, repetido... solitario; otoñal... solitario; triste y solitario; ou finalmente: meditación solitaria... decisión implacable; mundo infranqueable y solitario). A área semântica da *soledad* oscila, em suma, com os gestos de seus portadores.

Esses gestos, que se sucedem no transcorrer dos anos e no variar das situações, têm um motivo secreto, são predeterminados por um impulso constante que tem um caráter fatal e trágico: a endofilia, até o limite do incesto. José Arcadio Buendía e Úrsula, os fundadores, são primos[4]; seu casamento é consumado sob a ameaça de dar à luz um filho com cauda de porco, como uma lenda familiar dizia ter acontecido a antepassados ligados por consagüinidade. O filho com cauda de porco, que a fortuna poupa aos fundadores (mas, quando o "coronel" Aureliano se torna sanguinário e impiedoso, Úrsula se pergunta se a deformação física não se transpôs numa deformação moral, p. 148), chegará com cem anos de atraso para concluir o delírio erótico dos incestuosos Amaranta Úrsula e Aureliano Babilonia; e será o sinal da extinção da família, como se o curso de cem anos tivesse tido por única finalidade a produção daquele monstro: "Sólo entonces [Aureliano] descubrió que Amaranta Úrsula no era su hermana, sino su tía, y que Francis Drake había asaltado a Riohacha solamente para que ellos pudieram buscarse por los laberintos más intricados de la sangre, hasta engendrar el animal mitológico que había de poner término a la estirpe" (p. 350).

A endofilia, entre os Buendía, é várias vezes realizada, e ainda mais freqüentemente desejada. As primeiras carícias eróticas de José Arcadio a Rebeca entoam um murmúrio carinhoso "Ay, hermanita; ay, hermanita" (p. 85), como se a errônea convicção de serem irmãos multiplicasse os incentivos do amor; e será em seguida o vi-

---

(4) As relações, que chamo de endogâmicas, se confirmadas pelo casamento, e endofílicas em caso contrário, vão no romance desde o incesto propriamente dito a vários tipos de laços entre consangüíneos (primo e prima, tia e sobrinho, etc.).

gário, em vista de sua decisão de se casarem, quem revelará que Rebeca, chegada misteriosamente a Macondo em menina, foi adotada pelos Buendía e cresceu junto com os filhos legítimos. E é no mesmo horizonte de incesto fraterno que nasce a obsessiva atração de Amaranta Úrsula sobre Aureliano Babilonia; somente depois da morte da mulher Aureliano ficará sabendo que ela era sua tia — que havia portanto endofilia, mas diferente. E Arcadio chega ao limiar do incesto arquetípico, o com a mãe; mas Pilar Ternera consegue conjurar o perigo *in extremis*, mediante uma troca de pessoa (pp. 101-2). Mas a personagem em que a endofilia encarna como tentação persistente é Amaranta, que parece buscá-la e afastá-la, em sua virgindade morbidamente prolongada a despeito de dois longos noivados rompidos por ela própria. Amaranta instila o veneno da endofilia em sobrinhos e sobrinhos-netos: em Aureliano José, iniciado desde a infância em brinquedos viciosos, perturbações às quais somente mais tarde saberá dar nome, e depois afastado com a ameaça lendária do filho caudato (p. 132); no último José Arcadio, cuja duvidosa virilidade será sempre polarizada, em seguida, pela lembrança das carícias da tia-avó, recebidas em criança.

E a catástrofe dos Buendía divide-se precisamente em duas cenas: a da endofilia perpetrada (Amaranta Úrsula e Aureliano Babilonia) e a da endofilia como marca mortal. Com efeito José Arcadio concentra em si toda a trajetória da *soledad,* até o *miedo* ("seguía siendo un niño otoñal, terriblemente triste y solitario", p. 309, "insondable soledad", p. 316; mas também o *miedo,* ou melhor, "la costumbre del miedo", p. 317, projetada pelas recordações infantis: "sudando de miedo en un taburete, bajo la mirada vigilante y glacial de los santos acusetas", p. 312; "estaba preparado para asustarse de todo lo que encontrara en la vida", *ibid.*); trata-se de uma *soledad* cheia da lembrança de Amaranta, de uma Amaranta que é a única a poder libertá-lo do medo: "las caricias de Amaranta en la alberca, y el deleite con que lo empolvaba entre las piernas con una bellota de seda, lo liberaban del terror" (p. 312). Assim, essa personagem lutuosa, lânguida e hierática volta à solidão de Macondo para mergulhar na lembrança de Amaranta, tenta reproduzir, num paraíso decadente e ambíguo de crianças coletícias, as sensações que somente Amaranta lhe proporcionara, e morre imerso na "alberca" cara à lembrança, sempre e ainda pensando em sua Amaranta.

Ao contrário, a descomunal virilidade de Aureliano Babilonia, calibrada pela prostituta Nigromanta, parece ter tido como causa final somente o acasalamento com Amaranta Úrsula: Aureliano sai, assim, uma só vez, clamorosamente, da silenciosa meditação de toda sua vida, para cumprir o destino minotáurico da família. E, da mesma forma que a perfumada, mórbida extenuação trazida a casa por José Arcadio é coroada por uma morte aquática e extática, o cumprimento do fado através do acasalamento endofílico desenrola-se em meio a um esboroamento geral da casa, onde já não existe senão o amor — incontestado — dos dois últimos Buendía. Um amor duplamente fatal: Amaranta Úrsula, mulher moderna e extrovertida, volta da Bélgica para Macondo pela atração de um "espejismo de la nostalgia" (p. 320), que esconde em suas fibras o chamado atávico da endofilia.

Esse tema mítico tem como constante não mais uma área semântica, mas um motivo recorrente: o do rabo de porco: um terror primitivo para a noivinha Úrsula, que se recusa por longo tempo ao marido José Arcadio Buendía (p. 26), provocando sem querer uma tragédia, e que atormenta em seguida sua gravidez com presságios angustiantes ("se estremeció con la certidumbre de que aquel bramido profundo era un primer indicio de la temible cola de cerdo" p. 214); uma ameaça desesperada para Amaranta (p. 132); uma realidade para o filho de Amaranta Úrsula (p. 347); uma realidade que se revelará mortal.

A endogamia e a endofilia da família observadas agora em positivo, confirmam-se e precisam-se em negativo. Quem casa ou contrai noivado com os Buendía destina-se à morte ou ao aniquilamento espiritual. Remedios morre poucos meses depois do casamento; Pietro Crespi, depois de consumir-se durante anos na adoração antes de Rebeca, que o abandona arrastada pelo amor endofílico de José Arcadio, depois de Amaranta, que após tantas delongas o rechaça incompreensivelmente, mata-se; Mauricio Babilonia, amante de Meme é alvejado a tiros de espingarda como um ladrão de galinhas, ficando imobilizado para sempre; Santa Sofía de la Piedad consegue sobreviver, mas apagada enquanto pessoa, e logo confundida com uma criada pelos esquecidos.

A única que resiste é Fernanda: resiste porque as deformações mentais de sua educação a lançaram numa alienação mental análoga à dos Buendía. À introversão fantasista e ao ativismo estéril dos Buendía corresponde a mania de nobreza de Fernanda, a ilusão de uma realeza de sangue, a ridícula *pruderie:* Fernanda mantém alta sua dignidade, continuamente ofendida pela família e pela natureza; impermeável ao *humour*, impõe-se cada vez mais como uma personagem comicamente sublime, e até heróica.

A Amaranta, símbolo da endofilia, corresponde pela recusa da exogamia a figura originalmente emblemática de Remedios, a bela[5]. Ela é uma versão sob espécie humana da pantera dos bestiários, que seduz os outros animais com seu perfume para em seguida matá-los. Remedios, a bela, exala "un hálito de perturbación, una ráfaga de tormento", a que nenhum homem consegue esquivar-se; mas esse hálito tem um poder mortal, que faz vítimas em quantidade, deixando seus resquícios inclusive nos cadáveres: "el olor de Remedios, la bella, seguía torturando a los hombres más allá de la muerte, hasta el polvo de sus huesos" (p. 202).

Típica de Remédios, a bela, é a absoluta indiferença, provavelmente a incapacidade, em relação ao amor; inconsciente de seu corpo e de seus atrativos, ela vive como um ser edênico, conformando-se com um mínimo de roupa por uma obrigação que não consegue entender. E é precisamente sua inconsciência que provoca a morte dos apaixonados: quer essa inconsciência apareça como indiferença ou desprezo (tendo como resultado o desespero e a autodestruição), quer ela deixe irradiar todo o poder mortal encerrado na beleza de Remedios quando, indiferente, deixa entrever sua nudez. A maldição de Remedios, a bela, constitui outra variante da *soledad*, uma variante absoluta, sem a dimensão temporal das recordações e dos projetos ("Remedios, la bella, se quedó vagando por el desierto de la soledad, sin cruces a cuestas, madurándose en sus sueños sin pesadillas, en sus baños interminables, en sus comidas sin horarios, en sus hondos y prolongados silencios sin recuerdos, etc.", p. 204).

6. *A "soledad" coletiva*. Também a endofilia da família é uma forma de fuga da realidade: desta vez, da realidade humana. Os Buendía são os fundadores de Macondo, desempenham um papel, freqüentemente de-

---

(5) Ao poder de morte de Remedios, a bela, corresponde com efeito em Amaranta "la familiaridad... con los ritos de la muerte" (p. 236), "sus relaciones con la muerte" *(ibid.)*.

terminante, em todos os episódios de sua boa e má sorte, e contudo permanecem isolados da população: a casa em que continuam vivendo, alargando-a com o seu crescimento tem um aspecto de fortaleza. Na única grande recepção que organizam, são convidados somente os descendentes dos outros fundadores de Macondo, com uma seleção sintomática (p. 59). Outras vezes, pelo contrário, a casa se escancara mas de maneira mais principesca que hospitaleira, mais extravagante que generosa, e seus quartos povoam-se como se fosse uma estalagem: assim é com os primeiros "caçadores de bananas" (oxalá não os tivesse recebido), assim é para os companheiros de Meme criança. Muito ou nada, e nenhuma relação contínua e normal com a aldeia.

Se voltamos o olhar para o exterior, para os habitantes, percebemos que eles apresentam características não muito diferentes das dos Buendía: Macondo aparece como uma série de círculos concêntricos, com uma conspícua força centrípeta a que não corresponde uma análoga força centrífuga. Não somente é curvo o tempo, em Macondo, mas também o universo mental da coletividade. Os fatos de origem externa ocorrem, mesmo de maneira sangrenta, mas encontram somente uma reação passiva; os habitantes não têm condições para entrar em contato com realidades diferentes das de seu horizonte particular. Quando Aureliano Segundo percorre as ruas de Macondo no fim do dilúvio — a cidade está em ruínas, os imigrantes fugiram e o bem-estar se tornou miséria —, vê que os vendeiros árabes "estaban sentados en el mismo lugar y en la misma actitud de sus padres y sus abuelos, taciturnos, impávidos, invulnerables al tiempo y al desastre, tan vivos o tan muertos como estuvieron después de la peste del insomnio y de las treinta e dos guerras del coronel Aureliano Buendía" (p. 281). Interrogados sobre a maneira como sobreviveram aos cinco anos de dilúvio, respondem, com "una sonrisa ladina y una mirada de ensueño" (p. 281), ter-se salvo a nado! São páginas em que retornam implacáveis as palavras *desidia, negligencia, sopor* (p. 292-93).

Basta, para verificar essa atitude de passividade, colocá-la em confronto com as boas e más empresas dos representantes do governo, sobretudo dos militares. Suas intervenções são pesadas e numerosas: perquisições, fuzilamentos e prepotências (pp. 88-93), desfiles carnavalescos dizimados por tiros de fuzilaria (p. 175), uma criança trucidada, juntamente com o avô, porque estabanadamente fez o chefe da polícia entornar o copo (p. 206), os filhos do "coronel" Aureliano fuzilados um após outro (pp. 207 e 317), grevistas atraídos ardilosamente para uma praça e inapelavelmente metralhados (p. 259), sindicalistas detidos durante a noite e exterminados (p. 263). Episódios acerca dos quais G. M. se exprime com uma secura que tem algo da preterição ou da rejeição.

Na verdade, ele nos quer representar uma rejeição realizada pelos próprios macondenses. A aliança de forças econômicas e políticas que aperta Macondo num abraço asfixiante (Macondo sairá dela destruída) é sofrida como uma calamidade não compreendida, ou melhor, como uma série de fatos que caem sobre a cidade sem que esta reaja de maneira ativa, talvez não sabendo ligá-los e interpretá-los. Bem-estar e miséria são aceitos de maneira fatalista; as lufadas de rebeldia — a guerreira do "coronel" e a sindical da grande greve — têm o aspecto de explosões instintivas e desesperadas de raiva (a mesma raiva do "coronel" Aureliano).

Os fatos são submetidos a um duplo cancelamento. Eles são apagados de um lado, com cinismo, pelos aproveitadores; de outro, por uma espécie de recusa abúlica, pelos explorados. Sobre o primeiro tipo de cancelamento vejam-se os "arbitrios que parecían cosa de magia" (p. 255), realizados pelos advogados "ilusionistas del derecho" (p. 256), ao sustentarem a injustificabilidade das queixas dos operários, ou melhor, a inexistência dos próprios operários (p. 256), ou o transformismo fantoche de Mister Brown, proprietário da empresa bananeira, ao mudar de aspecto, de nome e de língua para escapar ao julgamento, a ponto de se fazer registrar publicamente como defunto (p. 263), e sobretudo a eliminação de todo sinal do massacre, o atestado público de felicidade emitido pelos governantes para Macondo (p. 263); o engano das autoridades e a passividade dos habitantes convivem na afirmação cruelmente verdadeira e descaradamente falsa em suas duas metades: "En Macondo no ha pasado nada, ni está pasando ni pasará nunca. Este es un pueblo feliz" (p. 263).

Mas ao engano mistura-se o auto-engano: a carnificina realizada na praça de Macondo, a alucinante cena do trem com duzentos vagões de cadáveres, ficam depositadas somente na memória de uma criança e de José Arcadio Segundo. A convergência da rejeição realizada pelos macondenses e expressa em claros desmentidos ("Aquí no ha habido muertos", p. 261), com a obsessiva persistência da lembrança em José Arcadio Segundo dá ao acontecimento o aspecto de alucinação com que José Arcadio o viveu, surpreendido por um horror não previsível, e lhe tiram as conotações necessárias para sua adscrição nos registros do efetivamente acontecido. José Arcadio encontra, desde o início e cada vez mais com o decorrer do tempo, a descrença geral: fecha-se em sua recordação de pesadelo, testemunha solitária e inútil da iniqüidade.

G. M. confronta, misturando-as nas voltas do tempo, as duas versões; a verdade que ele quer exprimir é uma verdade interior, não um dado histórico. Maneira idêntica de proceder (um *understatement* amargo) na descrição da fuzilaria que se mescla ao foguetório do carnaval: identificando os mortos com suas fantasias, o autor transforma a cena num final de balé ("quedaron tendidos en la plaza, entre muertos y heridos, nueve payasos, cuatro colombinas, diecisiete reyes de baraja, un diablo, tres músicos, dos Pares de Francia y tres emperatrices japonesas", p. 175).

Com essa maneira de aludir à realidade através de deformações, enganos e auto-enganos, G. M. realiza, portanto, uma análise antropo-sociológica precisa; seu discurso, baseado em obsessões atávicas (a *soledad)* e em predisposições fatais (a endofilia), revela-se articulado segundo uma cadeia de metáforas de uma condição humana bem localizada e determinada. Perseguindo seus sonhos e percorrendo os míticos labirintos da endofilia, os Buendía representam um drama, cujos elementos estão muito além deles, além da inventada mas muito verdadeira Macondo, entre os habitantes de uma Colômbia assaltada pela "civilização" e pela exploração industrial, incapaz, no momento, de reação.

II.

1. *Símbolos e metáforas entre abstrato e concreto.* Comparando a gama da *soledad* com os vários tipos de inadaptação à realidade, empreguei com objetivo descritivo um conceito prático-empírico da realidade, útil para

definir por contraste a posição existencial dos homens de CAS. É chegado o momento de nos colocarmos numa outra perspectiva, a das próprias personagens, e de vermos o que a realidade é para eles. Tarefa mais fácil, já que o romance está construído precisamente nessa perspectiva: G. M. adota a visão dos fatos própria das personagens, como se verificou no fim do último parágrafo.

O que caracteriza essa perspectiva (e está na base do tom fabuloso do livro) é a ressonância imediata dos fatos espirituais na ordem do concreto: um materializar-se geral das metáforas, um traduzir-se dos traços de caráter e dos sentimentos em atos simbólicos ou em objetos. Nos casos mais simples trata-se de uma versão familiar e zombeteira do processo do "atributo épico" (presente, ao contrário, em forma tradicional no apelativo "Remedios, la bella").

É um "atributo épico", por exemplo, a "bacinilla de oro con el escudo de armas de la familia", em que Fernanda tem, desde criança, "hecho sus necesidades" (p. 179). Essa "bacinilla", que segue Fernanda em suas viagens e em sua decadência, é um símbolo tangível e irônico da ilusão nobiliárquica; defender sua "bacinilla" inclusive nos momentos mais difíceis é, para Fernanda, reafirmar em face de qualquer obstáculo a convicção de sua superioridade de casta (p. 183). E um atributo épico é a fita preta que envolve a mão de Amaranta: ela cobre as queimaduras com que a mulher se puniu por ter levado ao suicídio Pietro Crespi — mas torna-se símbolo de sua desesperada e torva virgindade (p. 222).

Outras vezes o âmbito do símbolo é mais amplo, cobre as conclusões de toda a experiência vital da personagem. Assim, os peixinhos de ouro que o "coronel" Aureliano continua a fabricar, e depois a fundir para refabricá-los novamente, ou a mortalha que Amaranta incansavelmente tece, desmancha e retece "no con la esperanza de derrotar en esa forma la soledad, sino todo lo contrario, para sustentarla" (p. 222): trabalhos em que a operosidade tem a finalidade única de ocupar uma alma separada do tempo e das vicissitudes exteriores, de instituir um círculo vicioso ("hacer para deshacer", p. 267) que é um preciso símbolo da frustração extrema (p. 238).

E é comum a concretização em reflexos materiais de caracteres e situações mentais. As personagens de CAS por exemplo, têm como traço distintivo um cheiro ou um perfume, que os precede e a eles sobrevive: o "olor mordiente" de Melquíades (p. 13); o "olor de humo" das axilas de Pilar Ternera (pp. 29, 72, 101), que guia a obsessão erótica de José Arcadio e mais tarde de Arcadio, na procura da mulher; o "hálito de espliego" que anuncia o impecável Pietro Crespi (p. 70), e que fica como seu rastro na lembrança de Amaranta (pp. 99-238); o "olor a pólvora" (pp. 118-19) indelével não somente no cadáver de José Arcadio assassinado (ou suicida), mas também no cemitério onde ele é sepultado ("el cementerio siguió oliendo a pólvora hasta muchos años después", p. 119; somente uma couraça de concreto conseguirá sufocá-lo), e ainda muitos anos depois ao redor de sua esposa Rebeca (p. 139). Também os impulsos de suas almas se materializam: a sensibilidade de Amaranta tece, em torno de Pietro Crespi, "una telaraña invisibile, que él tenía que apartar materialmente con sus dedos pálidos y sin anillos" (p. 97); sua melancolia, até, concretiza-se perceptivelmente: "Amaranta, cuya melancolía hacía un ruido de marmita perfectamente perceptible al atardecer" (p. 174).

O caso mais extraordinário e poético é o das borboletas amarelas que cercam como uma auréola Mauricio Babilonia (fica-se sabendo mais tarde que "las mariposas nocturnas llaman la mala suerte", p. 248), e que chegam inclusive aonde ele próprio não pode e desejaria: enchem a casa dos Buendía quando Fernanda o põe à porta (p. 243), levantam, batendo as asas, um sopro perturbador (p. 245), anunciam a chegada do homem à namorada Meme (pp. 245 e 246), continuam finalmente a circundar Meme no banheiro de seus encontros clandestinos, depois que um tiro de espingarda deteve Mauricio que chegava para o último encontro (p. 248). Piedosas, elas acompanham ainda Meme quando esta parte para sempre de Macondo, emudecida pela dor (p. 250), e anunciam-lhe a morte de Mauricio (p. 251).

E não se esqueçam (mesmo que reproduzam modelos etnográficos e bíblicos) as materializações do destino em signos: quando os dezessete filhos, vestígios vivos dos itinerários noturnos do "coronel" Aureliano (as mães levavam as filhas para a cama do herói durante sua lendária guerrilha), convergem para a casa do pai, o vigário Antonio Isabel traça em suas testas cruzes de cinza que, descobrem eles, ficam indeléveis como um sinal de eleição e de morte. É precisamente nessas cruzes que farão pontaria os não muito misteriosos sicários do governo, empenhados na eliminação da descendência de Aureliano (pp. 207 e 317).

2. *A natureza animada*. Entre a natureza e as almas há, portanto, uma comunicação contínua: a natureza sabe mandar mensagens fisicamente perceptíveis, as almas sabem mover a natureza. A direção do primeiro tipo de relação ainda é o da metáfora objetiva. Tal é, por exemplo, o vento dos túmulos que deposita uma pátina de salitre sobre os móveis e sobre as paredes (p. 102). Ou a tempestade silenciosa de flores amarelas que, após a morte de José Arcadio Buendía, cai sobre Macondo durante toda a noite, cobrindo as ruas e os telhados de uma tapeçaria compacta e uniforme. Com efeito, como revela Melquíades, "las cosas tienen vida propia, todo es cuestión de despertarles el ánima" (p. 9). E parece precisamente ter uma alma o sangue do assassinado (ou suicida) José Arcadio, que desce a escada, percorre com precisão o itinerário rumo à casa paterna, atravessa seus quartos e corredores e chega à cozinha para dar a Úrsula a trágica notícia: Úrsula seguirá docilmente seu fio vermelho, até dar de cara com o cadáver. Os dois percursos são indicados — precisa sugestão — por uma série de verbos de movimento no perfeito: o sangue *salió... atravesó... salió... siguió... descendió... pasó... dobló... volteó*, etc.; Úrsula *siguió... atravesó... pasó... atravesó... siguió*, etc. (p. 118).

É finalmente uma metáfora múltipla e infinitamente poética o galeão que José Arcadio Buendía, em busca da inencontrável estrada para o mundo civilizado, acha depois de sua longa marcha. Já, por sua posição, o galeão alude a algo que transcende os limites da experiência e do senso comum: intato e inverossímil, ergue-se entre as palmeiras e as samambaias, num ar encantado; o mar está a dezoito quilômetros, mas José Arcadio, homem do irreal, não se pergunta como o navio, com toda a mastreação intata, pôde avançar tanto pela terra adentro. O galeão, cujo encontro decide José Arcadio a voltar, põe-se como a meta de sua empresa de explorador, fracassada porque nascida nos limites da fantasia e não nos da realidade. Como tal, ele tem uma explícita estrutura simbólica:

> Toda la estructura parecía ocupar un ámbito propio, *un espacio de soledad y de olvido, vedado a los vicios del tiempo* y a las costumbres de los pájaros (p. 18).

Mas, outras vezes, a natureza, que é mais sábia do que os homens, transmite a estes mensagens precisas, em forma de presságios que os Buendía podem é claro interpretar, já que pertencem àquela realidade mais ampla e mais viva, mágica, que a *soledad* os prepara a penetrar. O menino Aureliano vê uma panela no fogo, e anuncia que ela vai cair; imediatamente a panela "inició un movimiento irrevocable hacia el borde, como impulsada por un dinamismo interior, y se despedazó en el suelo" (pp. 20-21); outros pequenos prodígios através de utensílios domésticos anunciam a José Arcadio Buendía a volta de Úrsula (p. 37); o leite fervido que se transforma em vermes comunica a Úrsula o fuzilamento (depois frustrado) do "coronel" Aureliano (p. 156). Mensagens de aspecto caseiro, numa família que as recebe sem grande surpresa, a elas predisposta e depois acostumada.

Naturalmente os presságios podem ficar limitados à fechada interioridade. Seu destinatário mais freqüente é o "coronel" (pp. 41, 62, etc.), a confirmar que o ápice da *soledad* coincide com o da sensibilidade para com as coisas arcanas: para ele os presságios "se presentaban de pronto, en una ráfaga de lucidez sobrenatural, como una convicción absoluta y momentanea, pero inasible" (pp. 112-13). O mesmo Aureliano prenuncia a morte de José Arcadio Buendía (p. 123); desta morte aparece informado, de maneira igualmente misteriosa, o índio Manaure que volta depois de anos de ausência porque "sabe" que José Arcadio Buendía está para morrer; Amaranta, com perfeita saúde, é visitada pela Morte que lhe comunica com precisão o dia de seu fim iminente, permitindo-lhe preparar-se para ele com serenidade (p. 238); Úrsula sabe que terá de morrer no fim do dilúvio, e Santa Sofía de la Piedad detecta poéticas premonições caseiras, mas também cósmicas, quando sua hora está para soar (p. 291).

Finalmente, a natureza pode recuperar e multiplicar energias humanas aparentemente dissipadas. Permanece estéril, com efeito, a sólida, exuberante harmonia sexual que liga Aureliano Segundo a Petra Cotes, antes e depois do casamento dele com Fernanda; mas tal harmonia encontra uma ressonância na fertilidade quase monstruosa de seu gado. A multiplicação do gado dos dois amantes (que instituem inclusive a partir daí rendosas rifas) apresenta assim um diagrama análogo ao do entusiasmo recíproco; quando seus sentidos estiverem cansados achar-se-ão ainda mais pobres do que antes.

Em suma, as vicissitudes dos homens são acompanhadas e ecoam na natureza, freqüentemente com uma ampliação própria de um pantógrafo. E aos círculos concêntricos em que se distribuíam antes os Buendía, depois os habitantes da cidade, acrescenta-se outro, ainda mais amplo, o da natureza participante e substancialmente trágica. A parábola secular dos Buendía, desde as origens patriarcais até a dissolução endofílica e minotáurica, é acompanhada, com efeito, de fenômenos e convulsões naturais, e o aniquilamento da família desenvolve-se no interior de um turbilhão bíblico que apaga Macondo da face da terra.

Inútil percorrer as diferentes fases desse contorno natural. Basta lembrar o torpor do pântano em redor de Macondo recém-construída (de onde milhares de canários e pintarroxos entoam um concerto que atrai os viajantes) ou lembrar a exploração de José Arcadio Buendía e de seus companheiros pela floresta virgem: sonâmbulos "alumbrados apenas por una tenue reverberación de insectos luminosos". Mas essa companhia discreta torna-se uma força cósmica no fim da história quando Mister Brown decide pôr fim à pendência com os trabalhadores tão logo termine o temporal (que nem sequer começou); e um dilúvio, obediente, cai sobre Macondo, durando cinco anos, e completando sua destruição, iniciada pela "colonização" sem escrúpulos e acentuada pelas lutas sindicais.

Assim como a vicissitude social tem um formidável paralelo no dilúvio (os americanos exploradores e a natureza aparecem como aspectos de uma mesma força destruidora), assim a celebração do rito endofílico de Amaranta Úrsula e Aureliano Babilonia ocorre enquanto a cidade, que cai aos pedaços após o dilúvio, é envolvida por um calor tórrido, atravessada por lagartixas, ratos e formigas, candidatos à posse definitiva de suas ruínas. Abandonando-se ao ciclone erótico, os amantes não somente se desinteressam da casa ameaçada, mas produzem eles próprios outros danos, em seus desabafos cegos. Eles se acasalam cercados por colunas silenciosas de formigas; as mesmas que, daí a pouco, devorarão o filho monstruoso de seu amor.

Sobre tudo isso descerá um vento destruidor, que de Macondo não deixará nem mesmo a lembrança.

3. *Hipérbole e comicidade*. É como se a realidade global, em CAS, tivesse dimensões vastas [6]. O espaço, que em conseqüência disso se estende entre a realidade empírica e uma realidade arcana de repentinas e freqüentes revelações, é muito apto e predisposto para o desenvolvimento da hipérbole. Já são hipérboles, em certo sentido, as metáforas corpóreas que acabam de ser examinadas. Mas as hipérboles mais características são aquelas em que é a realidade empírica que se espraia nas regiões da magia. Eis, por exemplo, os efeitos do ímã que Melquíades carrega pela atônita Macondo; um fenômeno natural e limitado transforma-se em milagre pelo simples dilatar-se de suas medidas:

> los calderos, las pailas, las tenazas y los anafes se caían de su sitio, y las maderas crujían por la desesperación de los clavos y los tornillos tratando de desenclavarse, y aún los objetos perdidos desde hacia mucho tiempo aparecían por donde más se les había buscado, y se arrastraban en desbandada turbulenta detrás de los fierros mágicos de Melquíades (p. 9).

Ou, então, veja-se como as hipérboles que ilustram as conseqüências do dilúvio acabam por dar a imagem de um "mundo às avessas" de tipo fabuloso:

> Lo malo era que la lluvia lo trastornaba todo, y las máquinas más áridas echaban flores por entre los engranajes si no les aceitaba cada tres días, y se oxidaban los hilos de los brocados y le nacían algas de azafrán a la ropa mojada. La atmósfera era tan húmeda que los peces hubieran podido entrar por las puertas y salir por las ventanas, navegando en el aire de los aposentos (p. 268).

Essas hipérboles esclarecem-nos muito bem a posição de G. M. em face do mundo que inventou. É uma

---

(6) Constatam-no os macondenses numa ocasião modesta mas impressionante para primitivos como eles, isto é, quando, pela primeira vez, se exibe na aldeia um espetáculo cinematográfico. Perturbados, eles concluem que "ya nadie podía saber a ciencia cierta dónde estaban los límites de la realidad" (p. 195).

posição de distanciamento tal, que permite ao escritor dominar do alto do tempo, ou melhor, de fora dele, as peripécias das personagens; mas essa posição implica em G. M. uma atitude mimética, no sentido de que ele adota as perspectivas existenciais de suas personagens (não há mimese sem distanciamento). Esse mimetismo utiliza posturas de cantador de estórias ou de narrador popular, que G. M. mostra claramente.

Daí a natureza ambígua das hipérboles acima observadas: G. M.-contador de estórias nos proporciona hipérboles que G. M.-escritor sabe que nos farão sorrir; mas G. M.-contador não sorri, partilha eventualmente da admiração das testemunhas de acontecimentos admiráveis. Isso não impede que o confronto entre real e fantástico seja uma das condições ideais para o nascimento do cômico. Ainda mais quando, como no caso de G.M., o fantástico é enxertado na *routine* do quotidiano, e o narrador deixa que o *divario* aja por si, enriquecendo-lhe os efeitos, pelos da surpresa e da *nonchalance*.

Cômica é, por exemplo, a amanuense diligência com que Amaranta risca de um registro os dezessete filhos do "coronel" Aureliano à medida que as balas dos sicários os eliminam, visando as cruzes de cinza que eles têm na testa (p. 207). E há o mesmo tipo de comicidade no caderno de notas que a mesma Amaranta, morrendo, preenche com os nomes e as datas de falecimento das pessoas às quais se dispõe levar, no além, uma caixa de cartas de seus parentes, amavelmente convidados a aproveitar o excepcional carteiro (p. 239).

Mais complexamente orquestrada é a narração do extravagante presente de Natal mandado pelo pai a Fernanda: um magnífico caixão bem pregado e selado, com endereço em caracteres góticos. Enquanto Fernanda corre os olhos pela carta que o acompanha, suas crianças, impacientes, abrem, com dificuldade, o caixão, e nela encontram o mais imprevisível presente de fim de ano: o cadáver do avô, que, morrendo, deu instruções para ser despachado à filha.

Uma comicidade freqüentemente macabra, como se vê, mas com um efeito de esvaziamento dramático; e, no fundo, a morte física é um acontecimento do quotidiano mesmo, ao passo que as ansiedades de nossas solitárias personagens pertencem às esferas do arcano. A tal ponto que Amaranta, que prolongou sua vida na esperança de saborear a morte de Rebeca, quando é convenientemente avisada de que perderá a competição, prepara-se para o fim com uma serenidade exemplar.

Trata-se de outro exemplo, talvez o mais característico, da comicidade de G. M. Porque todo o aparato funerário se põe em movimento com a interessada de pé e gozando de perfeita saúde: o carpinteiro que tira as medidas de Amaranta para o esquife tem gestos de um alfaiate que está preparando um terno; o solícito pároco que veio para a última confissão deve esperar que a iminente defunta saia do banho, onde ela cortou até mesmo diligentemente os calos; finalmente é a própria Amaranta que, após vestir-se e pentear-se segundo as precisas instruções da Morte, se deita no caixão e olha pela primeira vez depois de quarenta anos para seu rosto devastado pelo tempo (pp. 239-241).

Nestes e noutros episódios, o cômico emerge mais nitidamente da superfície da narrativa. Mas o cômico aninha-se, mais sub-reptício, em todo o romance: com efeito, os heróis da *soledad* estão continuamente em contato com a natureza física, quotidiana, ou com personagens de envergadura mais comum; e o cômico pode disparar, a qualquer momento, a suas costas. A dimensão cômica condiz particularmente com José Arcadio Buendía, em cujo entusiasmo primitivo a lógica se mistura com o irracional, o seguro com o sonho. José Arcadio Buendía atira-se de olhos fechados em cada uma das experiências sucessivas, perseguindo objetivos científicos (tal é, para ele, mais do que utilitária, inclusive a fabricação do ouro) com um preparo e estruturas próprias de um homem medieval; não é à toa que seu consultor é o cigano Melquíades, último dos alquimistas.

José Arcadio Buendía, personagem exaltada e exaltante, toca cem vezes o cômico, mas lhe sobrevive. Toca-o quando procura a estrada para "los grandes inventos", isto é, as cidades e a civilização, mas erra a direção e se acha em face do mar deserto; toca-o quando "descobre" com a ajuda de instrumentos astronômicos que a terra é redonda (para Macondo é uma revelação, ainda que Galileu tenha morrido há dois séculos); toca-o quando sacrifica em seu *atanor* as belas moedas de ouro do dote de Úrsula; toca-o quando, colocada a mão sobre o bloco de gelo artificial exibido pelos ciganos, exclama, solene "Estes es el gran invento de nuestro tiempo" (p.

23). Mas percebemos que nosso sorriso exprime uma deplorável distância do mundo da fantasia.

O cômico resvala também no "coronel" Aureliano, por exemplo quando ele, depois de ratificar sua própria derrota, tenta o suicídio. O médico, a quem ele pergunta "el sitio exacto del corazón", marcou-lhe em vez disso no peito, com tintura de iodo, o único ponto através do qual uma bala não pode lesar nenhum ponto vital; assim, o disparo de Aureliano acaba sendo praticamente inofensivo, e uma cena heróica desliza para a farsa (p. 156). Desta vez a comicidade é amarga; o atrito com a realidade desemboca na frustração e na condenação ao silêncio: "uno no se muere cuando debe, sino cuando puede", meditará o "coronel" (p. 209). A comicidade aqui mede a desproporção entre ambições e capacidades realizadoras, é uma forma de crítica imanente a este mundo de heróis predestinados ao fracasso.

4. *Os fantasmas*. Nesta realidade dilatada e percorrida por forças arcanas, sujeita a leis misteriosas, os fantasmas são de casa. Com a maior naturalidade: os vivos os encontram sem estranhá-los, entretêm com eles relações habituais, travam atentos diálogos. Naturalmente é a clarividência da estirpe dos solitários que tem o privilégio desse comércio com os espíritos[7]. É ao velho e enlouquecido José Arcadio Buendía que reaparece a alma de Prudencio Aguilar, por ele morto em duelo (pp. 73, 124); são quotidianos e normais os encontros do fantasma de Melquíades com Aureliano Segundo (p. 161), e depois com Aureliano Babilonia (p. 251, etc.); a ultracentenária Úrsula, transferida, por méritos de velhice e de cegueira, do rol das personagens ativas e prosaicas para o das sonhadoras, encontra no quarto seus ascendentes e seus filhos mortos antes que ela (p. 289).

Os fantasmas e os Buendía são irmanados pela mesma sensação de *soledad*. Nestes ela é uma marca hereditária, naqueles identifica-se com a desolação da morte. Melquíades, com suas virtudes sobrenaturais, volta uma primeira vez da região dos finados, declarando que "había estado en la muerte, en efecto, pero había regresado porque *no pudo soportar la soledad*" (p. 49); depois de uma nova morte, seu fantasma fixará sua residên-

---

(7) Diferente, e mais próximo da narrativa popular, o caso da sombra de Prudencio Aguilar, que induz José Arcadio Buendía, seu matador, e Úrsula a abandonar Riohacha.

cia no laboratório dos Buendía. Ainda mais desesperada a sobrevivência de Prudencio Aguilar, de quem se diz "la inmensa desolación... la honda nostalgia con que añoraba a los vivos, la ansiedad, etc." (p. 27); e mais adiante "tan intensa la añoranza de los vivos, tan apremiante la necesidad de compañía, tan aterradora la proximidad de la otra muerte que existía dentro de la muerte" (p. 73), que ele acaba por ficar amigo de seu assassino, José Arcadio Buendía, com quem vem "distraerse en los tediosos domingos de la muerte" (p. 124).

A amizade da vítima com o matador é um índice superlativo dessa desesperada fuga da solidão: os Buendía, quanto mais se torna irreparável seu *ensimismamiento*, tanto mais encontram o conforto da familiaridade com os fantasmas; e por sua vez os fantasmas sabem poder encontrar evasão da solidão da morte junto aos Buendía. Assim como se alarga para os Buendía, ao redor da realidade empírica, o halo de uma realidade arcana e ilimitada, assim, a escassa comunicabilidade com os semelhantes encontra a compensação de um diálogo, que pode inclusive ser longuíssimo (Aureliano Segundo e Aureliano Babilonia), com os mortos.

Mas os fantasmas de CAS estão sujeitos à consunção e à destruição como os vivos: a nova vestimenta prolonga sua existência somente por tempo determinado. Avançando para um definitivo aniquilamento, os fantasmas continuam a envelhecer: quando Prudencio reaparece ao velho José Arcadio Buendía, este fica "asombrado de que también envejecieran los muertos" (p. 73); quando o visita pela última vez, o fantasma está "casi pulverizado por la profunda decrepitud de la muerte" (p. 124). Depois dessa visita, José Arcadio morre (p. 125): é portanto a proximidade da morte de José Arcadio que provoca a decrepitude do fantasma; ou melhor, a morte de José Arcadio deve coincidir com a do fantasma (que de fato não aparece mais).

Os fantasmas morrem quando se extingue a lembrança dos vivos. Essa "lei" aparece com evidência no caso de Melquíades. Ele aparece pela primeira vez a Aureliano Segundo com um aspecto de quarentão, isto é, como o haviam visto, quando crianças, Aureliano e José Arcadio (trata-se de uma lembrança hereditária, transmitida de geração para geração, p. 161); mostra-se, muitos anos depois, a Aureliano Babilonia, e já não é senão um "anciano lúgubre" (p. 301); trata-se novamente da "materialización de un recuerdo que estaba en su memoria [de Aureliano] desde mucho antes de nacer" (p. 301). Cada vez mais transparente, finalmente invisível, Melquíades declara ir embora tranqüilo "a las praderas de la muerte definitiva", porque sabe que Aureliano está finalmente no caminho para decifrar os pergaminhos em que ele narrou a história passada e futura de Macondo, e sabe que com essa decifração Macondo, e os habitantes, e toda memória acabarão no nada.

Os fantasmas são, em conclusão, a materialização da lembrança, como diz Melquíades, o que evidencia o nexo *soledad*-memória já várias vezes apontado de maneira alusiva. E deve-se precisar que a memória de nossas personagens não constitui um "demorado deleite", uma melancolia crepuscular: ela se limita a vislumbres de realidade capturados milagrosamente por esses introvertidos sonhadores, e vislumbres quase sempre sintomáticos em relação a seu destino. Uma análise precisa temos a propósito de Amaranta:

la soledad le había *seleccionado los recuerdos*, y había incinerado los entorpecedores montones de basura nostálgica que la vida había acumulado en su corazón, y había purificado, magnificado y eternizado en los otros, los más amargos (p. 190).

Assim, Amaranta continuará a bordar em torno da já remota rivalidade com Rebeca, José Arcadio Segundo a girar em torno da lembrança do fuzilamento visto em criança e da do trem carregado de cadáveres, Meme a sentir o "olor de aceite" e as asas de borboleta em torno de Mauricio Babilonia, José Arcadio a estremecer pelas carícias recebidas de Amaranta nos seus primeiros anos. A memória tem um ápice e um término: o ápice na presença da morte, quando passam por um último instante as imagens da realidade armazenada (pense-se nos mecanismos da memória do "coronel" Aureliano e de Arcadio ante o pelotão de execução: I, 1), o término, quando a morte faz o sinal a que não se pode mais subtrair-se: a morte do "coronel" Aureliano anuncia-se como anulação das lembranças (p. 229).

5. *Magia, memória e tempo*. Magia, memória, tempo: estamos no ponto em que esses temas devem revelar-nos sua unidade, várias vezes indicada de maneira alusiva, ou mesmo fragmentariamente fixada.

A magia encarna-se em Melquíades. Desde a primeira página de CAS, o cigano entrelaça sua vida com a história de Macondo: suas sugestões lançam José Arcadio nos caminhos do irrealismo, a lembrança de sua figura e de suas experiências permanece grudada na memória dos filhos e, como um legado testamentário, dos descendentes. Melquíades redivivo se estabelece na casa dos Buendía, e aí escreve em sânscrito os pergaminhos que, decifrados um século mais tarde, descobrir-se-á conterem precisamente a crônica profética dos cem anos que acabam de transcorrer. Melquíades morto continua a freqüentar, como fantasma, o laboratório onde escreveu seus oráculos, mantendo-o milagrosamente imune de todo estrago do tempo: aí ele guia Aureliano Segundo e Aureliano Babilonia à façanha de decifração, milagrosa como a da profecia. O laboratório, caro a Melquíades, torna-se assim um lugar privilegiado para as revelações; ele cai repentinamente sob a jurisdição do tempo e da consunção geral quando Melquíades sofre a última morte, e quando soa para Macondo a hora final. Melquíades atravessou séculos de vida graças a seus poderes sobrenaturais; e por sua vez lança o olhar para além de sua própria morte, em seu ato de escrever a crônica do século de Macondo. Ele está portanto acima do tempo humano, e tem a mesma capacidade de fazer correr para frente e para trás a roda dos acontecimentos que vimos ser utilizada sem parcimônia por G. M. Uma atitude que a epígrafe dos pergaminhos de Melquíades exprime de forma icástica: dois presentes durativos que se seguem na mesma frase à distância de um século precisamente ("El primero de la estirpe *está amarrado* en un árbol y al último se lo *están comiendo* las hormigas", p. 349); com efeito, Melquíades, em seus pergaminhos, "concentró un siglo de episodios cotidianos de modo que todos *coexistieran en un instante*" (p. 350).

Se Melquíades sabe percorrer com a mente os labirintos do tempo, o sangue dos Buendía neles se debate sem descanso. Com efeito, no interior dos cem anos fatais, os caracteres e as atitudes, às vezes até mesmo as ações dos membros do clã se repetem e se evocam. Observam-no Úrsula e Pilar Ternera, as "mulheres da realidade": "Es como si el tiempo diera vueltas en redondo y hubiéramos vuelto al principio (p. 169); "el tiempo no pasaba, sino que daba vueltas em redondo" (p. 285); "la historia de la familia era un engranaje de repeticiones irreparables, una rueda giratoria que hubiera seguido dando vueltas hasta la eternidad, de no haber sido por el desgaste progresivo e irremediable del eje" (p. 334). Aliás, a velhíssima Pilar Ternera, quando Aureliano Babilonia chega a seu "burdel zoológico", tem a impressão de que "el tiempo regresaba a sus manantiales primarios" (p. 333), a tal ponto que Aureliano se assemelha com o "coronel", como ele "marcado para siempre y desde el principio del mundo por la viruela de la soledad" *(ibid.)*. Também os ciganos, voltando, perto do fim da história, para Macondo, repetem com o mesmo sucesso os velhos jogos, os truques que haviam extasiado os primeiros habitantes (p. 293).

Basta um ato de fantasia ou de saudade para que a roda do tempo oscile sobre seu eixo ou se detenha à vontade. Os sobrinhos-netos de Úrsula inventam-lhe encontros com seus velhos, organizando por brincadeira suas lembranças senis (p. 278); Pilar Ternera isola-se no passado, de modo a poder considerar o futuro (que em moça interrogava com as cartas) perfeitamente revelado e estabelecido; José Arcadio Buendía convence-se de que "la máquina del tiempo se ha descompuesto" (p. 73), e interrompe o cômputo de seus dias numa inamovível segunda-feira, depois de procurar inutilmente, nas coisas que o cercavam, "algún cambio que revelara el transcurso del tiempo" (p. 74). Mais uma vez a loucura revela-se clarividência. No fim da história, José Arcadio Segundo e o pequeno Aureliano Babilonia descobrem que "José Arcadio Buendía no estaba tan loco como contaba la familia, sino que era el único que había dispuesto de bastante lucidez para vislumbrar la verdad de que también el tiempo sufría tropiezos y accidentes, y podía por tanto astillarse y dejar en un cuarto una fracción eternizada" (p. 296). O limitado decurso cronológico — a história fechada nas margens de um século — é compensada no interior do período pela real ou presumida repetibilidade dos eventos.

E contudo o eixo da roda do tempo vai gastando, e com ele a memória. Já se vê, no clã dos Buendía, que às vezes não se confia na reminiscência, mas as lembranças são depositadas no papel (o "coronel" Aureliano confia a composições poéticas sua paixão amorosa e suas empresas guerreiras) ou são reconstruídas sistematicamente, como para adiar-lhes a extinção: isto acontece ao aproximar-se a derrocada final, em melancólicas sessões de Aureliano Babilonia e Pilar Ternera, concentrada, esta, na evocação da longa história. Ainda mais cruéis são os estragos da memória na aldeia: à medida que ela desce a encosta da fatalística inatividade, embaçam-se os atos dos Buendía (p. 324); a personagem fatal do "coronel" torna-se um nome sem referência precisa (p. 344); e a própria história de Macondo é equivocada e falseada (enquanto o prisioneiro voluntário, mas lúcido, Aureliano Babilonia, atesta sua verdade contra todos, p. 295).

A verdade tem, pois, seu único suporte na memória, prolongável pela escrita (como entrevê o "coronel" Aureliano, tornando-se poeta). No início da história de Macondo, o nexo entre verdade, memória e escrita havia sido profeticamente revelado, no contorno confiante e ativista, inclusive vagamente cômico, no nosso caso, que caracteriza suas origens. Explode entre os Buendía e depois em toda a aldeia, a peste da insônia. A conseqüência principal dessa infecção é que os habitantes caem numa vigília ininterrupta, e portanto numa atividade tal que logo todas as tarefas são esgotadas, e é preciso inventar jogos e passatempos para preencher as horas. Mas há outra conseqüência mais sub-reptícia e subversiva: a perda da memória.

É Aureliano quem percebe seus primeiros sinais, e José Arcadio Buendía decide colocar sobre cada coisa um cartãozinho com seu nome (mesa, cadeira, relógio, etc.). E dado que com os nomes ameaçam apagar-se também as noções, a luta contra o olvido torna-se mais sutil, redigem-se "normas para o uso" ("Esta es la vaca, hay que ordeñarla todas las mañanas para que produzea leche y la leche hay que hervirla para mezclarla con el café y hacer café con leche", p. 47) e até atos de fé como o grande cartaz no meio da praça, com a solene afirmação de que "Dios existe" (ibid.). O inesgotável José Arcadio inventa até mesmo um dicionário giratório em que se podem recordar diariamente as noções mais indispensáveis[8].

Também esta luta, percebe-se, teria chegado ao fim com o esquecimento da escrita, se Melquíades não tivesse voltado para curar seus amigos. Seja como for, a escrita prolonga, embora não eternize, a memória:

Así continuaron viviendo en una realidad escurridiza, momentáneamente capturada por las palabras, pero que había de fugarse sin remedio cuando olvidaran los valores de la letra escrita (p. 47)

---

(8) Trata-se de uma "máquina para lembrar". É um motivo que reaparece em outros pontos de CAS: notável o fato de que a ligação, às vezes automática entre objetos e memória, seja chamada "máquina de recordar" (p. 308), onde a velha e finalmente só Fernanda procura evocar as ilusões juvenis vestindo os paramentos de pretensa rainha.

E há uma fase intermediária que vale a pena notar: a irrupção da fantasia no passado de cada um, à medida que este se apaga. Os homens tornam-se, pois, vítimas condescendentes da ilusão, criando para si uma realidade imaginária tão confortável quanto gratuita. E a adivinha Pilar Ternera não interroga mais as cartas para saber o futuro das pessoas, mas para entrever, igualmente enigmático e sombrio, o passado. É precisamente a atitude em que a encontramos, velhíssima, no fim da história: os fatos se repetiram, mas não mais se repetirão.

Não se podia anunciar mais claramente, desde o início do romance, o particular encadeamento entre passado e futuro, entre tempo e memória, entre memória e escrita, que é a hipótese de trabalho a que toda a narrativa se adapta. E com efeito a hipótese reaparece, completamente desenvolvida, nas últimas páginas.

6. *O escritor, desdobrado com seu símbolo.* Nas últimas páginas, Aureliano Babilonia, único sobrevivente dos Buendía depois que morreram, de parto, Amaranta Úrsula e, pelas formigas, o filho monstruoso, encontra a chave para interpretar enfim os pergaminhos de Melquíades. Ele se concentra com todas as forças de seu ser numa leitura que se revela o ato resolutivo e final: com efeito, nos pergaminhos está, prevista com exatidão pelo cigano, toda a história de Macondo até sua extinção da face da terra; e a extinção de Macondo coincidirá com o fim da leitura.

Assiste-se assim a uma convergência irresistível: entre a história vivida pela família Buendía e a história profetizada; entre o tempo linearmente percorrido pelas personagens e a supratemporalidade da visão; entre o destino dos Buendía e o de Macondo, cuja extinção é simultânea; entre a destruição e o fim da memória (o turbilhão que apaga Macondo ainda está "lleno de *voces del pasado*, de murmullos de geranios antiguos, de suspiros de desengaños anteriores a las nostalgias más tenaces" p. 350, mas seu resultado é a cidade "arrasada por el viento y *desterrada de la memoria* de los hombres" p. 351); entre a verdade e a magia (Macondo é definida "ciudad de los espejos, o los espejismos", p. 351); entre o conteúdo dos pergaminhos e o do romance.

Melquíades, cujos pergaminhos contêm a mesma história que nos é narrada por CAS, é, portanto, um símbolo do próprio escritor, de sua capacidade de transcender a direção única do tempo e de prolongar-lhe a duração (a memória). Mas Melquíades tem também a peremptoriedade do vidente, de que o escritor participa à medida que sabe transformar-se em juiz do mundo e dos homens que inventou; e é precisamente Melquíades-García Márquez quem sentencia a irrepetibilidade e a cessação dos fatos narrados, confirmando que atrás do narrador-cúmplice estava (e nós entrevimos) o narrador-juiz:

> todo lo escrito en ellos [los pergaminos] era irrepetible desde siempre y para siempre, porque las estirpes condenadas a cien años de soledad no tenían una segunda oportunidad sobre la tierra (p. 351).

Mas CAS é um pouco o conto profético de Melquíades, um pouco o lúcido relatório do escritor moderno: a mimese e o distanciamento têm no desdobramento entre o cigano e G. M. uma sugestiva metáfora. O percurso de G. M. supera e une, com seus retornos, a saga naturalista e o conto fantástico à Borges.

III.

1. *Como funciona o "sistema" de CAS*. O "funcionamento" deste romance, se a análise aqui realizada se aproxima da verdade, está agora claro. Temos personagens em que se reapresenta, persistente e infinitamente variada, uma condição psicológica que G. M. sintetiza pelo termo *soledad*. A trama das vicissitudes é determinada pelo impacto dessas personagens com a realidade, da qual elas tendencialmente fogem, ou pelo encontro com personagens que, ao contrário, estão inseridas na realidade. Macondo é um espelho das vicissitudes dos Buendía, a tal ponto que reproduz sua parábola até a extinção; *soledad* configura-se aí como uma condenação à passividade em face dos impulsos econômicos e políticos exteriores.

As vicissitudes das personagens desenvolvem-se sob a influência de uma espécie de fado: a atração endofílica, que deve provocar e de fato provoca, no fim, a concepção de uma criança monstruosa. Assim, agem no interior da *soledad* duas forças temporais em direção oposta: a psicológica, que tende a encerrar as personagens num mundo de memória, e a biológico-mítica, que as impele na direção do cumprimento do destino minotáurico.

A presença de forças arcanas e o predomínio da fantasia alargam as medidas do real. Assim, entre o empírico e o arcano, desenvolve-se uma troca contínua que tem sua atuação ideal num jogo de símbolos e de hipérboles, de metáforas e de materializações: os objetos revelam-se signos, os signos se manifestam com um peso de matéria. Uma série de deslizamentos e de fricções numa gama matizando-se entre magia e comicidade.

Também o escritor tem seu símbolo, no cigano-profeta Melquíades. O contraponto entre a perspectiva do vidente e a do narrador reproduz e amplia a bidirecionalidade do tempo já presente no nível das personagens. E fecha numa circularidade perfeita uma história cuja matéria trágica se dilui em fábula maravilhosa pela precisa razão de que o real, a matéria, são rechaçados ou transcendidos.

Este esboço de esquema poderia facilmente ser submetido a uma drástica formalização ou, quem sabe, ser representado graficamente num "modelo". Tomem-se as personagens: elas podem ser ordenadas em um sistema, desde que se valorizem as oposições (José Arcadio Buendía e Úrsula; ou então os "Aurelianos" e os "José Arcadio"), desde que se considerem as variantes combinatórias (as diferentes realizações, ao longo da história da família, de cada "tipo"), desde que se constatem as neutralizações (por exemplo, entre José Arcadio Segundo e Aureliano Segundo) e assim por diante. Mas, à parte as violentações, que se inclinariam para a falsificação, o "modelo" não poderia levar em conta a bidirecionalidade temporal que é, para fins narrativos, ainda mais importante do que a classificação dos tipos ou do que a genealogia de casamentos e acasalamentos, nem registrar os contatos entre a realidade empírica e forças arcanas, que autorizam e galvanizam a exuberância semiológica de CAS.

Prefiro, após ter constatado a importância do tempo em CAS, situar-me agora no eixo de um outro tempo: o do escritor G. M. É claro que o passar de olhos em suas obras anteriores a CAS será feito aqui em função de CAS, isto é, prescindindo (mas não sempre) do estatuto de "sistema" que a cada uma dessas obras diz respeito. Trata-se somente de rastrear temas e processos, de modo a ilustrar CAS, ora por contraste, ora através de constatações de continuidade.

*2. As outras obras de G. M. como intérpretes de CAS.* As outras obras de G. M. ambientam-se em Macondo ou em aldeias próximas e ligadas por vicissitudes comuns. Entre essas obras há uma rede de referências no sentido de que aquelas já apresentam personagens ou fatos narrados em seguida em CAS, e de que inversamente em CAS se encontram sumariamente citadas estórias já desenvolvidas naquelas. Assim em CAS, p. 69, anuncia-se (do ponto de vista cronológico) "el carnaval funerario de la Mamá Grande" de FMG, em CAS, pp. 119 e 291, alude-se à pretensa passagem do Judeu Errante, objeto da estória *Un día después del sábado* (FMG) e de algumas linhas de MH, p. 49; em CAS, p. 270, lembra-se o extravagante médico comedor de capim que domina, apesar de morto, H. Nas obras anteriores, por outro lado, as empresas do "coronel" Aureliano Buendía constituem um freqüente *terminus post quem:* ele domina a história sem ainda entrar nela. Outras personagens já estão desenvolvidas: sobretudo Rebeca, forte em sua solidão, e destemida face à suspeita de uxoricídio que a cerca (H, pp. 19, 61-64; FMG, pp. 87-97); mas como ela ainda não entrou na esfera fatal dos Buendía, assim está imune ao halo de solidão espectral que a envolverá em CAS. Mesmo o aniquilamento bíblico de Macondo já estava previsto desde H ("ese viento final que barrerá a Macondo, sus dormitorios llenos de lagartos y su gente taciturna, devastada por los recuerdos", p. 129).

Sempre no interior dessa funcionalização diacrônica vale a pena respigar, nas outras obras, temas, motivos, tendências, que têm em seguida destaque em CAS. Freqüente, por exemplo, a sensação de um destino que guia os acontecimentos humanos: percebe-o o coronel de H (p. 99) e percebem-no várias vezes os atores de MH. Também a endogamia faz sua rápida aparição: os bisavós de Isabel eram primos (H, p. 39), e a Mamá Grande domina uma rede de cruzamentos "dentro de la cual los tíos se casaban con las hijas de las sobrinas, y los primos con las tías, y los hermanos con las cuñadas, hasta formar intricada maraña de consanguinidad que convirtió la procreación en un círculo vicioso" (FMG, p. 129). Já os protagonistas têm um cheiro pessoal inconfundível (FMG, p. 110), e o cheiro de jasmim é sentido a distância de anos, fiel como os fantasmas (H, p. 66). Mas esses motivos não estão ainda organizados num sistema coerente como em CAS.

Aproxima-nos mais de CAS o tema da recusa ou da inadaptabilidade ao real. Vai-se da viúva de Montiel, que "no había estado nunca en contacto directo con la realidad" (FMG, p. 78), ao padre Antonio Isabel, "que andaba habitualmente por las nebulosas" (FMG, p. 90), que amava, "extraviarse por vericuetos metafísicos" (FMG, p. 93), que se tornara finalmente — e aqui aparece a ironia de G. M. em relação a uma atitude que, contudo, deve ser congenial nele — "tan sutil en sus pensamientos que hacía por lo menos tres años que en sus momentos de meditación ya no pensaba en nada" (FMG, p. 93); e há também o curioso Martín sempre "más abstracto e irreal" (H, p. 73), sempre imerso em "una vaga atmósfera de irrealidad" (H, p. 72), a tal ponto que ele desposa Isabel e lhe dá um filho sem que esta consiga vê-lo como uma pessoa de carne e osso, e que desaparece em seguida, misteriosamente, deixando somente uma levíssima suspeita de ter enganado todos. E não se deve esquecer, embora poucas linhas lhe sejam dedicadas, o funcionário do correio que envia pelo telégrafo seus poemas de amor a uma colega que ele nunca viu (MH, p. 100).

Em H, p. 58, Adelaida parece um esboço de Fernanda: com sua exibição de um luxo que, ao distingui-la, a isola dos outros e do mundo, com sua *pruderie* anacrônica, su1da à vida do mundo. Mas há duas personagens sobretudo que poderiam ser parentes chegados dos Buendía: o enigmático médico de H, que pára de exercer, para não mostrar os documentos que revelariam seu nome (é um ex-combatente, talvez de alta patente, das campanhas de Aureliano) e se encerra, inclusive fisicamente, na espantosa solidão, oprimido pela suspeita de um assassínio (sua amante Meme desapareceu misteriosamente) e pelo ódio dos concidadãos, depois que se recusou a curar os feridos durante as carnificinas que encerraram a guerra civil. Nesta solidão, ele espera a morte que depois, impaciente, procura, enforcando-se.

E outro é o inesquecível coronel de CTE, também velho companheiro de Aureliano. Vive com a esposa numa decorosa miséria, esperando a aposentadoria à qual tem direito há quinze anos: toda sexta-feira ele está presente à chegada do barco postal, e percorre com ânsia sempre renovada os endereços das cartas que chegam a outros, nunca a ele. Espera quase metafísica, porque no fundo ele sabe que a aposentadoria nunca chegará. Mas a expectativa se dirige ao mesmo tempo a outra esperança mais próxima e sólida, segundo o processo de concretização das metáforas, elevado à máxima potência mais tarde em CAS: a esperança no sucesso do galo de briga, cujo alimento tira, literalmente, da própria boca e da boca da mulher.

O galo é um símbolo bivalente. Ele materializa as esperanças do coronel, mas ao mesmo tempo é o despojo de uma precedente e maior tragédia: o assassínio do filho do coronel, que criou com paixão o animal, pela polícia. Assim, através do galo passa um laço de solidariedade com o povo espezinhado, a vitória do galo poderia ser a única desforra possível dos vencidos, e do próprio coronel reduzido à fome: uma desforra que — é fácil prever — não haverá.

Em CTE, mas também nos outros volumes, as referências políticas são menos veladas do que em CAS. Elas nos levam a um momento em que a reação governamental retomou as rédeas, e se afirma sobre o cansaço e a prostração de recentes fuzilamentos, vinganças, violências. Assim, rondam as páginas desses livros *alcaldes* venais e desenvoltos no uso da lei (tanto em H, p. 37, como em MH, p. 86, seus discursos contorcidos tornam-se milagrosamente límpidos à pergunta "Cuanto?"), proprietários enriquecidos pelos bens dos justiçados que, quem sabe, eles próprios denunciaram (don Sabas de CTE e de MH, José Montiel de FMG e MH). Os antigos conspiradores estão reduzidos a fazer circular panfletos, ou no máximo podem tirar a satisfação, como o dentista de FMG, pp. 23-26 e de MG, pp. 68-70 (é uma cena retomada substancialmente, com modificações que valeria a pena examinar), de fazer expiar ao *alcalde* uma parte de seus pecados extraindo-lhe um dente podre sem anestesia ("Aquí nos paga veinte muertos, teniente", FMG, p. 25). Sobre isso tudo, o verniz de uma aparente serenidade: "Este es un pueblo feliz", diz em MH, p. 89, o *alcalde*, com uma frase que já encontramos em CAS.

G. M. tem sempre o seu jeito impassível; mas à remoção estudada em CAS aqui correspondem alusões densas e aproximações horripilantes. Pode-se controlar assim a existência de uma atenção moral severa, de um julgamento seguro, e ter a confirmação de que o caráter mais alusivo de CAS é uma conseqüência artisticamente inatacável do clima fabuloso e irreal que domina o romance. Os outros livros nos dão, pois, a chave daquilo que CAS nos deixou entrever: confirmam-nos, por exemplo, a "verdade" do famoso massacre de sindicalistas (FMG, p. 100), desenvolvem a análise sociopsicológica da indolência plantada nos macondenses pelo fim do *boom* bananeiro (H. p. 122; CTE, p. 84), sugerem condenações demasiado evidentes para que seja necessário explicitá-las.

3. *Rumo à "visionariedade do real"*. Gravitam em torno de um único "caráter" H e CTE, ainda que no segundo os fios que convergem para o coronel já formem um pequeno mapa da aldeia. Em FMG há, pelo contrário, um arcabouço coral, que continua em MH e CAS. O arcabouço coral de FMG é, porém, obtido por justaposição, tratando-se de novelas, ainda que freqüentemente ligadas; o de MH tem, ao contrário, uma complexidade e um rigor que levam muito perto de CAS.

Os pasquins que, afixados de noite nas casas, tornam 'oficiais" os mexericos antes sussurrados, no mais das vezes exatos, e provocam escândalos, crimes de honra e crises de loucura, são uma espécie de confissão pública da aldeia e de sua má consciência, e apertam numa rede de medo as várias personagens. Os pasquins representam a vitalidade de memórias que se desejavam enterradas, e poem-se já na espiral passado-presente que conhecemos através de CAS. (De resto em CAS há uma espécie de citação do episódio, quando, durante a peste da insônia, acontece de todos verem não somente as imagens de seus próprios sonhos, mas também as dos sonhos alheios, p. 45.) Tema do romance, que gira em torno de um *alcalde* ativo, corrupto e preocupado, é ainda assim a intersecção do plano da memória, que contém pecados mal cobertos por uma aparente moralidade, e do plano da insubmissão à opressão política, mal dissimulada por uma "legalidade democrática" que não engana ninguém. Com efeito, além dos pasquins, circulam manifestos clandestinos da oposição, e o *alcalde*, começando, a contragosto, a investigar sobre os pasquins, acaba por revelar, com o interrogatório mortal de um divulgador de panfletos, a natureza repressiva do governo, e por desencadear o início de uma guerrilha.

CAS aperfeiçoa as experiências construtivas de MH mas sobretudo substitui o controle por um impulso fantástico antes contido por G. M. Fundamental foi, creio eu, a decisão de remontar a uma época muito anterior ao "coronel" Aureliano[9], a tempos de pioneiros e patriarcas, que são mais aptos a serem fecundados pelo mito, freqüentados pela magia. Os prodígios e as profecias de Melquíades, o destino minotáurico, a própria propensão endofílica, encontraram nessse ambiente primitivo uma base para a parábola que se encerra em anos próximos a nós. Houve, portanto, da parte do escritor, um ato de distanciamento; e uma forma de distanciamento é também o contínuo nexo entre o conto e os pergaminhos misteriosos, de maneira que o romance se cruze por momentos com as enigmáticas previsões do adivinho. O distanciamento permitiu, por outro lado, uma afirmação da comicidade, que nos outros livros se detinha na fase da ironia ou do sorriso contido.

A importância do distanciamento e da explicitação do ato narrativo encontra confirmação no conto epônimo de FMG, um dos escritos melhores de G. M. e dos mais próximos a CAS. O ato narrativo é explicitado desde o início, num alegre tom de pregão, falsamente solene ("Esta es, incrédulos del mundo entero, la verídica historia de la Mamá Grande", p. 127), até as linhas finais do conto ("Sólo faltaba entonces que alguien recostara un taburete en la puerta para contar esta historia, lección y escarmiento de las generaciones futuras, etc.", p. 147). Esse destacar-se e colocar-se em primeiro plano do narrador permite amalgamar fatos, mesmo distantes, e centrifugá-los alegremente, destacando-se da minuciosa observação realista dos outros escritos, da insistente atenção aos diálogos, aos silêncios, aos estados de espírito. Basta dizer que os diálogos (impecáveis, não há o que dizer) dos volumes e dos contos precedentes cessam totalmente na novela FMG, e quando recomeçam em CAS têm uma essencialidade que tende freqüentemente para a afirmação absoluta, o aforismo histórico; e que em compensação o tecido narrativo se vale, na novela FMG e em CAS, de uma sintaxe endiabrada, turbilhonante, extremamente diferente da sintaxe muito mais controlada dos outros escritos.

Esse distanciamento dos fatos e das personagens, sempre tomados com rigor, mas lançados num turbilhão

---

(9) A alusão inicial às façanhas de Aureliano conserva, de qualquer maneira, para o "coronel" a função de marco que ele tem nos outros livros, embora naqueles seja um ponto de referência *post quem*.

que é o espaço da visão fantástica, faz do último G. M. um "visionário da realidade". Um exemplo magnífico disso é a novela FMG com seu cáustico deslizamento do narrativo levemente épico ao satírico, ao grotesco. Tendo alicerçado o conto numa descrição cômico-solene da morte da virgem matriarca, monumental "rainha" de Macondo, G. M. sai pela tangente do simbolismo satírico; a Mamá Grande, uma vez perdidos seus traços humanos, torna-se uma burlesca metáfora do "bempensantismo" reacionário e sem escrúpulos: seu testamento espiritual alinha com efeitos irresistíveis todos os lugares-comuns da mentalidade conservadora, desde as cores da bandeira ao perigo comunista, dos direitos do homem às rainhazinhas da beleza, desde a imprensa "libre pero responsable" à Atenas americana, da pureza da linguagem à moral cristã; sua ação "benfazeja" revela-se baseada no uso cauteloso de mixórdias eleitorais, no armamento secreto dos próprios partidários e no socorro público às vítimas destes, na distribuição desabusada de prebendas e sinecuras.

Depois a hipérbole grotesca e o cômico se confundem numa dança selvagem. Enquanto o cadáver da Mamá Grande se decompõe no clima tropical de Macondo, sob uma pirâmide de telegramas e é preciso providenciar-lhe o embalsamamento, o parlamento passa meses a achar um expediente por meio do qual o Presidente possa, contra a praxe, participar dos funerais. Enquanto isso, de Castelgandolfo, onde acompanhava uma conhecida investigação policial (uma mulher decapitada, sua cabeça em paradeiro misterioso), até o Papa decide presenciar as exéquias; os sinos de São Pedro misturam suas badaladas às que ecoam de Macondo, quando ele se encaminha para a América numa gôndola carregada de revendedores de bugigangas, esperançosos de bons negócios. Finalmente, seguida pelo Santo Padre que se abana com um leque e pelo Presidente, que chegou por obra e graça de um sofisma legal, a Mamá Grande vai para o túmulo envolvida numa "eternidad de formaldehído". O fausto da cerimônia esconde a sombra dos abutres e a esteira de imundícies deixada pelo cortejo; mas a todos chega como um vento o suspiro de alívio das multidões. O mundo pode ainda mudar, talvez. A ironia e a ambígua comicidade de G. M. exprime esse *talvez*.

## COLEÇÃO DEBATES

1. *A Personagem de Ficção*, A. Rosenfeld, A. Cândido, Décio de A. Prado, Paulo Emílio S. Gomes.
2. *Informação. Linguagem. Comunicação*, Décio Pignatari.
3. *O Balanço da Bossa*, Augusto de Campos.
4. *Obra Aberta*, Umberto Eco.
5. *Sexo e Temperamento*, Margaret Mead.
6. *Fim do Povo Judeu?*, George Friedmann.
7. *Texto/Contexto*, Anatol Rosenfeld.
8. *O Sentido e a Máscara*, Gerd A. Bornheim.
9. *Problemas de Física Moderna*, W. Heisenberg, E. Schroedinger, Max Born, Pierre Auger.
10. *Distúrbios Emocionais e Anti-Semitismo*, N. W. Ackerman e M. Jahoda.
11. *Barroco Mineiro*, Lourival Gomes Machado.
12. *Kafka: pró e contra*, Günther Anders.

13. *Nova História e Novo Mundo*, Frédéric Mauro.
14. *As Estruturas Narrativas*, Tzvetan Todorov.
15. *Sociologia do Esporte*, Georges Magnane.
16. *A Arte no Horizonte do Provável*, Haroldo de Campos.
17. *O Dorso do Tigre*, Benedito Nunes.
18. *Quadro da Arquitetura no Brasil*, Nestor Goulart Reis Filho.
19. *Apocalípticos e Integrados*, Umberto Eco.
20. *Babel & Antibabel*, Paulo Rónai.
21. *Planejamento no Brasil*, Betty Mindlin Lafer.
22. *Lingüística. Poética. Cinema*, Roman Jakobson.
23. *LSD*, John Cashman.
24. *Crítica e Verdade*, Roland Barthes.
25. *Raça e Ciência I*, Juan Comas e outros.
26. *Shazam!*, Álvaro de Moya.
27. *As Artes Plásticas na Semana de 22*, Aracy Amaral.
28. *História e Ideologia*, Francisco Iglésias.
29. *Peru: Da Oligarquia Econômica à Militar*, Arnaldo Pedroso D'Horta.
30. *Pequena Estética*, Max Bense.
31. *O Socialismo Utópico*, Martin Buber.
32. *A Tragédia Grega*, Albin Lesky.
33. *Filosofia em Nova Chave*, Susanne K. Langer.
34. *Tradição, Ciência do Povo*, Luís da Câmara Cascudo.
35. *O Lúdico e as Projeções do Mundo Barroco*, Affonso Ávila.
36. *Sartre*, Gerd A. Bornheim.
37. *Planejamento Urbano*, Le Corbusier.
38. *A Religião e o Surgimento do Capitalismo*, R. H. Tawney.
39. *A Poética de Maiakóvski*, Bóris Schnaiderman.
40. *O Visível e o Invisível*, Merleau-Ponty.
41. *A Multidão Solitária*, David Reisman.
42. *Maiakóvsky e o Teatro de Vanguarda*, A. M. Ripellino.
43. *A Grande Esperança do Século XX*, J. Fourastié.
44. *Contracomunicação*, Décio Pignatari.
45. *Unissexo*, Charles Winick.
46. *A Arte de Agora, Agora*, Herbert Read.
47. *Bauhaus — Novarquitetura*, Walter Gropius.
48. *Signos em Rotação*, Octavio Paz.
49. *A Escritura e a Diferença*, Jacques Derrida.
50. *Linguagem e Mito*, Ernst Cassirer.
51. *As Formas do Falso*, Walnice Galvão.
52. *Mito e Realidade*, Mircea Eliade.
53. *O Trabalho em Migalhas*, Georges Friedmann.
54. *A Significação no Cinema*, Christian Metz.
55. *A Música Hoje*, Pierre Boulez.
56. *Raça e Ciência II*, L. C. Dunn e outros.
57. *Figuras*, Gérard Genette.
58. *Rumos de uma Cultura Tecnológica*, Abraham Moles.
59. *A Linguagem do Espaço e do Tempo*, Hugh Lacey.
60. *Formalismo e Futurismo*, Krystyna Pomorska.

61. *O Crisântemo e a Espada*, Ruth Benedict.
62. *Estética e História*, Bernard Berenson.
63. *Morada Paulista*, Luis Saya.
64. *Entre o Passado e o Futuro*, Hannah Arendt.
65. *Política Científica*, Darcy M. de Almeida e outros.
66. *A Noite da Madrinha*, Sérgio Miceli.
67. *1822: Dimensões*, Carlos Guilherme Mota e outros.
68. *O Kitsch*, Abraham Moles.
69. *Estética e Filosofia*, Mikel Dufrenne.
70. *Sistema dos Objetos*, Jean Baudrillard.
71. *A Arte na Era da Máquina*, Maxwell Fry.
72. *Teoria e Realidade*, Mario Bunge.
73. *A Nova Arte*, Gregory Battcock.
74. *O Cartaz*, Abraham Moles.
75. *A Prova de Gödel*, Ernest Nagel e James R. Newman.
76. *Psiquiatria e Antipsiquiatria*, David Cooper.
77. *A Caminho da Cidade*, Eunice Ribeiro Durham.
78. *Escorpião Encalacrado*, Davi Arrigucci Junior.
79. *O Caminho Crítico*, Northrop Frye.
80. *Economia Colonial*, J. R. Amaral Lapa.
81. *Falência da Crítica*, Leyla Perrone-Moisés.
82. *Lazer e Cultura Popular*, Joffre Dumazedier.
83. *Os Signos e a Crítica*, Cesare Segre.
84. *Introdução à Semanálise*, Julia Kristeva.
85. *Crises da República*, Hannah Arendt.
86. *Fórmula e Fábula*, Willi Bolle.
87. *Saída, Voz e Lealdade*, Albert Hirschman.
88. *Repensando a Antropologia*, E. R. Leach.
89. *Semiótica e Literatura*, Décio Pignatari.
90. *Limites do Crescimento*, Donella H. Meadows e outros.
91. *Manicômios, Prisões e Conventos*, Erving Goffman.
92. *Maneirismo: O Mundo como Labirinto*, Gustav. R. Hocke.
93. *Fenomenologia e Estruturalismo*, Andrea Bonomi.
94. *Cozinhas, etc.*, Carlos A. C. Lemos.
95. *As Religiões dos Oprimidos*, Vittorio Lanternari.
96. *Os Três Estabelecimentos Humanos*, Le Corbusier.
97. *As Palavras sob as Palavras*, Jean Starobinski.
98. *Introdução à Literatura Fantástica*, Tzvetan Todorov.
99. *O Significado nas Artes Visuais*, Erwin Panofsky.
100. *Vila Rica*, Sylvio de Vasconcellos.

SÍMBOLO S.A. INDÚSTRIAS GRÁFICAS
Rua General Flores, 518  522  525
Telefones  51 6173  51 7188  52 9347
São Paulo  Capital  Brasil